집부 통신

3월은 겨우내 혹독한 날씨로 우리를 괴롭혔던 동장군이 물러가고 따뜻한 봄이 찾아오는 달입니다. 또 학생들에게는 새학기가, 취업준비생들에게는 본격적인 채용 시즌이 돌아오는 시기이기도 하지요. 날씨가 풀리면서 추위로 움츠러들었던 몸이 펴지고 푸릇푸릇하게 돋아나는 새싹들을 보다 보면 왠지 모를 상쾌한 기분과 함께 '진짜 시작'이라는 생각이 들곤 합니다. 새해 첫날과는 또 다른 마음가짐으로 시작하게 되는 느낌이라고나 할까요? 어쩌면 '봄'이라는 단어 자체가 가진 의미 때문일지도 모릅니다. 봄은 사계절 중 가장 첫 계절을 뜻하기도 하지만, 인생의 한창때나 희망찬 앞날 또는 행운을 비유적으로 이르는 말로도 사용되곤 합니다. 새싹이 파랗게 돋아나는 봄철이라는 의미를 지닌 '청춘(靑春)'은 젊음 혹은 젊음이 가진 과감한 도전정신이나 열정, 풋풋함 등을 지칭하는 대명사로 사용되기도 하죠. 이처럼 봄, 그리고 청춘은 인생의 아름다운 한순간을 꽃피울 수 있는 시기이지만, 경쟁이 만연한 현대사회를 살아가며 학업과 취업 또는 경제적인 이유 등으로 온전히 이를 만끽하지 못하는 사람들이 많은 것 같아 안타까운 마음이 들 때가 많습니다. 물론 성공을 위해 그리고 목표를 이루기 위해 누구보다 열심히, 치열하게 사는 것도 좋지만, 때로는 인생에서 한 번뿐일 지금 이 순간을 온전히 느끼고 누릴 수 있는 시간도 가지면서 살아가셨으면 좋겠습니다.

발행일 | 2023년 2월 25일(매월 발행)   발행인 | 박영일   책임편집 | 이해욱   편집/기획 | 김준일, 김은영, 이세경, 남민우, 김유진, 박영진
편저 | 시사상식연구소   표지디자인 | 김지수   내지디자인 | 장성복, 채현주, 곽은슬, 윤준호   마케팅홍보 | 오혁종   동영상강의 | 조한
인쇄 | 미성아트   발행처 | (주)시대고시기획   등록번호 | 제10-1521호   창간호 | 2006년 12월 28일   대표전화 | 1600-3600
주소 | 서울시 마포구 큰우물로 75[도화동 538번지 성지B/D] 9F   홈페이지 | www.sdedu.co.kr

2 0 2 3 공공기관
채용박람회
프리뷰

2023 공공기관 채용정보 박람회가 2월 1일에서 2일까지 양일간 개최됐다. 최초로 오프라인과 온라인에서 동시 진행된 이번 박람회에는 전국 138개 공공기관이 참여했으며, 채용설명회와 상담 및 컨설팅 등 다양한 프로그램을 만날 수 있는 모처럼의 알찬 자리였다. 이번 호에서는 2023년 공공기관의 채용규모와 채용설명회에서 나온 주요 기관 현직자의 이야기를 엿보도록 하겠다.

2023 공공기관 채용규모 TOP 10

단위 : 명

순위	기관	인원
1	한국철도공사	1,440
2	국민건강보험공단	660
3	한국보훈복지의료공단	568
4	국민건강보험공단 일산병원	390
5	근로복지공단	386
6	한국수력원자력	300
6	중소기업은행	300
8	한전KPS	233
9	한국농어촌공사	220
10	한국토지주택공사	180

자료/인크루트

2023년 공공기관 채용규모 줄어들어

정부가 밝힌 2023년 공공기관 신규 채용규모는 2만 2,000명+α로, 2017년 이후 6년 만에 가장 작은 수준이다. 앞서 공공기관 정원의 2.8%인 1만 2,442명을 줄이겠다는 계획을 밝힌 정부는 인위적 구조조정이 아닌 퇴직·이직 등 자연감소를 활용한다는 방침이지만, 그럼에도 신규 채용규모 축소에 영향을 미친 것으로 보인다. 한편 정부는 2023년부터 공공기관 채용 때 내는 토익(TOEIC)·토플(TOEFL) 등 어학성적 인정기간을 기존 2년에서 최대 5년으로 연장한다는 방침도 홍보했다.

한국철도공사, 5년 연속 채용규모 1위

취업포털 인크루트의 분석 결과, 박람회에 참여한 138곳의 공공기관 중 한국철도공사가 2023년에도 어김없이 가장 많은 인원을 채용하는 것으로 알려졌다. 주요 순위를 살펴보면 한국철도공사가 사무와 기술직무에서 총 1,440명의 채용을 계획했다. 다음은 국민건강보험공단으로 총 660명(신입 620명, 경력 40명), 한국보훈복지의료공단은 전일제 신입 기준 568명을 채용하겠다고 발표했다.

분야별로 보면 상위 10개 기관 중 고용보건복지 분야가 4곳으로 가장 많았고, 사회간접자본·에너지에서 각각 2곳, 금융과 농림수산환경이 각각 1곳으로 조사됐다.

한편 2023년에는 채용규모를 뚜렷하게 밝히지 않은 기관이 상당수로 나타났다. 2022년에는 채용계획 미정을 밝힌 기관이 10곳이었으나 2023년에는 50곳으로 늘어났다. 국민건강보험공단과 한국보훈복지의료공단의 경우 2022년에 비해 채용규모를 일정 폭 줄인 것으로도 나타났다.

이번 박람회의 각 기관별 채용설명회에서 나온 현직자들의 말!말!말!과
채용지원시 염두에 둘 포인트를 짚어보도록 하자.

현직자들의 말!말!말!

KORAIL 한국철도공사

① 2023년에는 채용형 인턴(신입사원)으로 채용이 시작되며, 기존 보훈·고졸뿐 아니라 모든 합격자를 대상으로 한다.

② 한국철도공사의 최대 장점은 입사 후 직무에 적응이 어려울 때 차량 내 다른 직무로 이동이 가능하다는 것!

③ 한국철도공사는 다른 기관과 달리 순환근무가 없고, 10년간의 전보제한이 있다. 지역·권역을 선택하여 배치된 후 근무하게 된다.

근로복지공단

① 근로복지공단의 경우 면접과 필기전형 점수를 합하여 합격자를 결정한다. 그 비율이 공개되지는 않으니, 채용공고문을 잘 숙지하고 회사의 인재상 등을 상세히 파악해야 한다.

② 서류전형 시 전문자격과 전산자격 또는 실무와 관련된 전공교육사항에 대한 배점이 크다.

③ 행정직은 정기공채로, 의료직 등 특수직군은 대개 수시채용으로 선발한다.

인천국제공항공사

① 면접은 1차와 2차로 나누어 치르는데 1차에서 논술·직무역량·영어면접을 본다. 근무지가 국제공항인 만큼 근무 시 맞닥뜨릴 수 있는 상황과 이에 영어로 대처하는 역량을 평가한다.

② 논술의 경우 실무·문제해결 능력을 묻는 문제가 출제되고, 주안점을 잘 파악해서 글을 풀어내는 역량을 보는 것이다. 영어논술은 실무뿐 아니라 사회 이슈에 대한 주제가 출제될 수도 있다.

한국전력공사

① 한국전력공사라는 기관의 영업특성(전력구입·판매)을 먼저 이해한 후 자기소개서와 면접을 준비하도록 하자.

② 체험형 인턴제도를 통해 신입사원 채용을 진행하고 있고, 일정기간을 거쳐 정규직으로 전환하게 된다. 단, 고졸채용의 경우 산업기사 자격증을 보유해야 하니 유념할 것!

건강보험심사평가원

① 기타 공공기관 유경험자의 경우 채용 시 가산점은 인턴체험에만 반영된다. 심평원에서의 인턴 경험이 있을 때에는 추가가점이 부여된다.

② 필기전형에서 특히 심사직의 경우, 법률 관련 문항이 출제된다. 회사의 홈페이지 또는 발행되는 전자책의 내용을 참고해서 심평원이 구체적으로 어떤 일을 하고 어떤 설립 목적이 있는지 파악하면 도움이 될 것이다.

03 월

SUN	MON	TUE	WED
			1 대 안동청소년문화센터 청소년 운영위원회 모집 마감 공 대한민국 청년정책 공모전 접수 시작
5 대 갈맷길 대학생 홍보대사 모집 마감 대 서울청년정책네트워크 모집 마감 채 한국산업단지공단 필기 실시	**6**	**7** 대 Young Hands 대학생 기자단 모집 마감 대 동해 영상홍보단 모집 마감	**8**
12 자 CS Leaders 관리사 실시 자 TOEIC 제484회 실시	**13** 공 도전한국인 영상 공모전 접수 마감	**14**	**15**
19	**20**	**21**	**22**
26 자 TOEIC 제485회 실시	**27** 공 건설·교통신기술 슬로건 공모전 접수 마감	**28**	**29**

공모전·대외활동·자격증 접수/모집 일정

❖ 일정은 향후 조율될 수 있습니다. 참고 뒤 상세일정은 관련 누리집에서 직접 확인해주세요.

THU	FRI	SAT
2 대 울산 청소년활동페스타 대학교 학과체험 부스 운영팀 모집 **시작** 대 원주시 대학생 관광 서포터즈 모집 마감	**3** 대 청주시 청소년참여위원회 모집 마감 공 대한민국 대학생 패키징 공모전 접수 마감	**4** 채 중소기업유통센터·한국철도공사 필기 **실시** 채 서울평생교육진흥원 필기 **실시** 자 가맹거래사 필기 **실시**
9 대 대전 유청수 축제기획단 모집 마감 채 세종학당재단 필기 **실시**	**10** 대 청소년 거리상담 지원활동가 모집 마감 공 야간관광 특화도시 숏폼 공모전 접수 마감	**11** 채 서울도시주택공사 필기 **실시** 채 한국저작권위원회·한국문화관광연구원 필기 **실시** 자 관세사 필기 **실시**
16	**17** 대 기아챌린지 ECO서포터즈 모집 마감 공 청주시 규제개혁 아이디어 공모전 접수 마감	**18** 자 FAT·TAT 2급 **실시** 자 한국실용글쓰기 **실시** 자 TESAT(테셋) **실시**
23	**24** 대 경남 아동청소년 성착취 피해예방 아웃리치 서포터즈 모집 마감 공 도전.안전사회 아이디어 공모전 모집 마감	**25** 채 전라남도공공기관 통합채용 필기 **실시** 자 회계관리 1·2급, 재경관리사, ERP정보관리사 **실시**
30	**31**	

대외활동 Focus — 5일 마감

2023 서울청년정책 네트워크 참여자 모집

서울청년정책네트워크
서울특별시에서 청년정책을 제안하고 모니터링하며 제도개선을 위한 공론의 장을 여는 서울청년정책네트워크의 참여자를 모집한다. 신청 이후 서울시의 시정참여 기본·심화교육을 이수해야 한다.

채용 Focus — 4일 실시

SBDC 중소기업유통센터

중소기업유통센터
중소벤처기업부의 산하기관인 중소기업유통센터에서 인재를 모집한다. 정규직과 무기계약직 등 29명을 선발하며 4일에 NCS와 전공 필기시험을 치를 예정이다.

공모전 Focus — 24일 마감

2023년 아이디어공모전 도전.안전사회

도전.안전사회 아이디어 공모전
행정안전부에서 안전시설과 관리, 사고예방 등 안전한 사회를 실현할 수 있는 정책 아이디어 기획을 공모한다. 응모자격에 제한은 없으며 공모분야는 학교, 감염병, 사업장 안전 등 총 10가지다.

자격증 Focus — 4일 실시

가맹 거래사

가맹거래사
가맹사업거래와 관련한 사업성 검토, 정보공개서·가맹계약서의 작성이나 수정 등 가맹사업과 관련된 업무를 수행하는 가맹거래사 자격 필기시험이 4일 치러진다. 시험과목은 경제법, 민법 등 총 5과목이다.

Vol

193
CONTENTS

March

HOT ISSUE

1 가스 · 전기 요금 인상으로 서민부담 가중   10

2 국민의힘 전당대회 본경선 막 올랐다   16

3 최대 강도 7.8에 여진까지 … 튀르키예 · 시리아 지진   20

4 이대로면 2055년 기금 소진돼 … 국민연금 개혁 추진   24

5 이상민 탄핵안 가결 · 직무정지 … 헌정사 첫 국무위원 탄핵소추   25

6 2023년 세계성장률 전망 올린 IMF, 한국만 전망치 1.7%로 내려   27

7 곽상도 '화천대유 50억' 무죄 … 대장동 수사 암초 만나   28

8 한미, 확장억제강화 재확인 … "한미일 공조로 북 불법자금 차단"   30

9 애플페이 국내 도입 공식 확인 … 3월 초 출시 전망   31

10 불붙은 노인연령 상향 논란 … 무임승차 · 연금 · 정년 기준연령까지   33

11 실내마스크 착용 의무 해제 … 대중교통 · 병원선 꼭 써야   34

12 실업급여 · 직접일자리 축소 … 일자리정책 패러다임 전환   36

13 홍콩 야권인사 47명 기소 … 최대 규모 국가보안법 재판 돌입   37

14 인권 검증대 오른 일본 … 위안부 · 오염수 등 개선권고 잇따라   39

15 광고요금제 · 계정공유 차단 … 넷플릭스 전략에 엇갈린 반응   40

16 조각투자 시장 열린다 … 토큰증권 발행 · 유통 제도화   42

17 인도, 금지법에도 조혼악습 여전 … 위반자 2,000여 명 체포   44

18 영국 교사 · 공무원 등 최대 50만명 파업   45

19 '철거 위기' LA 흥사단 옛 본부, 보훈처가 사들였다   47

20 정부, 제4통신사에 28GHz 최소 3년 독점제공   48

2023.03.

간추린 뉴스	50
포토뉴스	54
팩트체크	56
뉴스픽!	58
이슈평론	62
세계는 지금	64
찬반토론	66
핫이슈 퀴즈	70

필수 시사상식

시사용어브리핑	74
시사상식 기출문제	80
시사상식 예상문제	86
내일은 TV퀴즈왕	92

취업! 실전문제

최종합격 기출면접	96
대기업 최신기출문제	100
공기업 최신기출문제	116
한국사능력검정시험	132
면접위원을 사로잡는 답변의 기술	142
합격을 위한 레벨업 논술	146
이달의 자격증 정보	150

상식 더하기

생활정보 톡톡!	154
집콕러를 위한 홈필라테스	156
유쾌한 우리말·우리글 상식	158
세상을 바꾼 세기의 발명	160
미래로 가는 IT	162
잊혀진 영웅들	164
한입에 꿀꺽! 쉬운 인문학	166
문화가 산책	170
3분 고전	172
독자참여마당	174

HOT
ISSUE

이달의 뉴스   10

간추린 뉴스   50

포토뉴스   54

팩트체크   56

뉴스픽!   58

이슈평론   62

세계는 지금   64

찬반토론   66

핫이슈 퀴즈   70

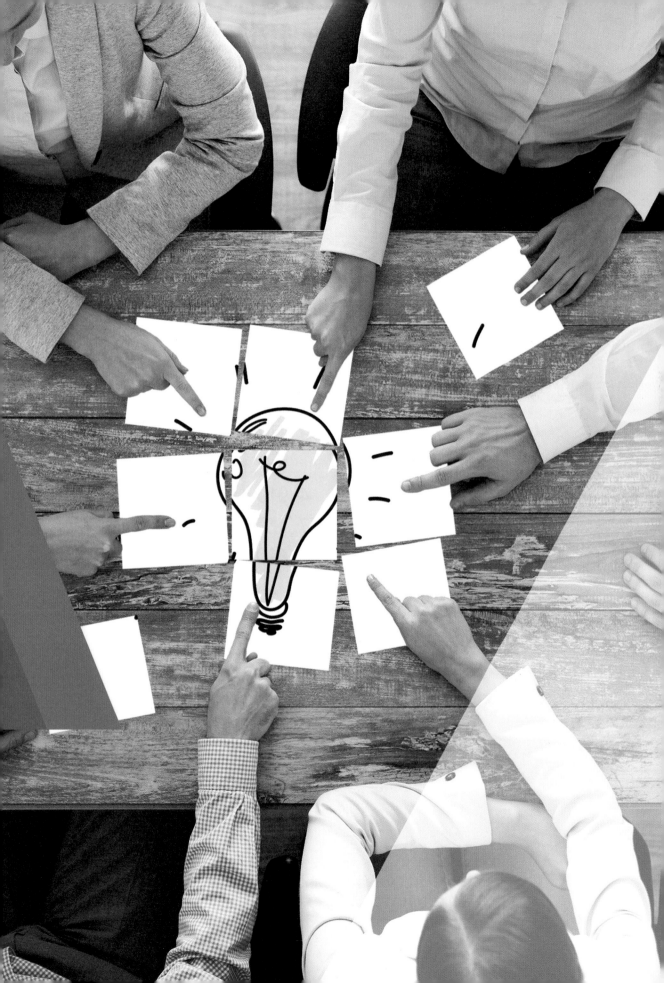

수중 (입주자용)

108.81㎡/자동이체

			귀하	
27,280	세대전기료	458kWh		82,600
25,710	공동전기료			11,460
20,840	TV수신료			2,500
7,100	승강기전기료			5,030
3,150				
1,500	세대수도료	39㎥		39,370
250				
1,370	기본열요금			4,910
620	난방	154㎥		247,110
480	공동열요금			10,690
440				
20,540	온수	15㎥		68,930
2,560				
	음식물	19.75kg		

당월부과액 : 584,440
할인총계 :
미 납 액 :
미납연체료 :

납 기 내	2023.1.31까지
584,440 원	

※ 납부기한을 넘겨 납부하면
연체료가 일할계산 되어
다음달 관리비에 포함됩니다.

관리사무소

수납인

1위

가스·전기 요금 인상으로
서민부담 가중

1월 설 연휴 끝자락부터 전국에 올겨울 최강한파가 닥친 가운데 도시가스 · 열 요금 인상 등으로 난방비 폭탄을 맞았다는 가구가 속출하면서 설 밥상 최대 이슈는 정치가 아닌 단연 난방비였다. 한파가 이어지면서 1월 난방수요가 증가한 탓에 2월 고지되는 난방비에 대한 우려도 컸다. 이처럼 '난방비 폭탄'으로 국민부담이 커진 데 이어 상반기에 각 지자체별로 버스, 지하철, 택시 등 대중교통 요금 인상안이 발표된 데다가 하반기에는 이미 30~40%로 외환위기 이후 가장 많이 오른 전기, 가스 등 에너지요금의 재인상까지 예고돼 있어 서민부담이 더욱 커질 전망이다.

2월 통계청 국가통계포털(KOSIS)에 따르면 1월 전기, 가스 및 기타 연료물가지수는 135.75(2020년=100)로 2022년 같은 달보다 31.7% 올랐다. 이는 외환위기 당시인 1998년 4월(38.2%) 이후 24년 9개월 만에 가장 높은 상승률이다. 국제 에너지가격 상승에 따른 원가부담이 공공요금에 본격적으로 반영되면서 물가도 고공행진을 펼치는 양상이다.

1월 전기·가스 등 연료물가 32%↑

전기, 가스 및 기타연료의 물가는 소비자물가지수를 지출목적별로 분류했을 때 산출되는데 전기료, 도시가스, 취사용 액화석유가스(LPG), 등유, 지역난방비, 부탄가스 등 주로 가정에서 쓰는 연료들의 물가동향을 보여준다. 따라서 1월 연료물가지수는 한겨울을 맞는 1월 에너지물가 부담이 1년 사이 크게 커졌다는 의미다.

전기요금 인상폭

	2022년 10월	인상폭	2023년 1월
전기요금 합계	46,382원	+4,022원	50,404원
기본요금	1,600원		1,600원
전력량요금	41,006원	+3,500원	44,506원
기후환경요금	2,241원	+522원	2,763원
연료비조정요금	1,535원		1,535원
부가가치세	4,638원	+402원	5,040원
전력산업기반기금	1,710원	+155원	1,865원
청구금액합계	52,730원	+4,579원	57,309원

자료 / 한국전력

도시가스는 2022년 한 해 동안 4·5·7·10월 4차례에 걸쳐 총 36.2%가 인상됐다. 이에 정부는 일단 겨울철 난방비 부담 등을 고려해 1분기 가스요금은 동결했다. 난방요금을 끌어올리는 주요요인인 LNG 수입단가가 2022년 9월(t당 1,470달러)을 기점으로 하향 안정세를 보인 데 따른 조치라는 게 정부 설명

이다. 그러나 이상한파의 영향으로 11월 대비 수요가 급증하면서 많게는 1년 전 대비 2배, 11월 대비 10배에 가까운 고지서가 날아들었다.

1월 한파로 동파된 서울의 수도계량기

도시가스가 공급되지 않은 지역에서 주로 사용하는 서민연료인 등유 또한 1년 전보다 37.7% 상승했다. 도시가스가 아닌 지역난방으로 난방을 하는 열요금 역시 2019년 8월 이후 약 3년 만에 올랐다. 지역난방 가구에 부과되는 열요금은 집단에너지 사업자가 도시가스요금에 연동해 조정하기 때문이다. 한국지역난방공사에 따르면 1Mcal(메가칼로리)당 주택용열 사용요금(난방·온수 사용량을 계량기로 검침해 부과하는 요금)은 2022년 3월 말까지 65.23원이었다가 4월 66.98원, 7월 74.49원, 10월 89.88원으로 잇달아 인상됐다. 2022년 한 해 인상률만 총 37.8%에 달한 것이다.

이런 영향으로 본격적인 동절기가 시작된 12월의 관리비 고지서를 받아든 주민과 자영업자 사이에서는 난방비 인상폭을 보고 깜짝 놀랐다는 반응이 잇따랐다. 설 연휴 기간 급등한 난방비가 화제에 오른 가운데 주택마다 설치된 보일러로 난방하는 개별난방방식보다 중앙난방이나 지역난방의 난방비 인상 폭이 훨씬 크다는 얘기가 정설처럼 나돌기도 했다. 맘카

페와 카카오톡 단체대화방 등 인터넷 커뮤니티에서는 난방비를 포함한 관리비 부담이 2022년 대비 2배가량 증가했다는 주장도 나왔다.

이는 난방비 외에도 전기요금을 비롯한 그 밖의 공공요금도 일제히 올랐기 때문이다. 전기료는 2022년 4·7·10월에 이어 1월에도 인상돼 1년 전 같은 달보다 총 29.5% 상승했다. 이는 1981년 1월(36.6%) 이후 42년 만의 최고치다. 이 때문에 전기난로나 온풍기, 라디에이터 등 전기를 사용하는 난방장치가 난방비 인상 체감도를 높이는 요인으로 작용했다.

지하철, 버스 등 공공요금도 들썩

대중교통 요금도 전국 곳곳에서 줄줄이 인상되고 있다. 2월 1일 가장 먼저 서울 중형택시 기본요금이 3,800원에서 4,800원으로 26% 올랐다. 여기에 더해 기본거리는 현행 2km에서 1.6km로, 거리당 요금은 현행 132m당 100원에서 131m당 100원으로, 시간 요금은 31초당 100원에서 30초당 100원으로 각각 조정됐다. 이로써 주간(오전 4시~오후 10시)에 7km를 이동했을 때 택시비가 1만 1,000원(종전 9,600원)이 됐다. 결과적으로 요금 미터기가 더 빨리 오르기 시작하고, 오르는 속도도 더 빨라졌다.

버스요금은 강원도가 1월 시내버스 요금을 1,400원에서 1,700원으로 올린 것을 시작으로 울산시와 대구시도 시내버스 요금인상을 검토 중이다. 충북도와 대전시는 시내버스 요금 인상요인이 충분하지만 아직은 시기상조라는 입장이고, 경남도와 광주시는 시내버스나 지하철 요금 인상계획을 세우지 않았다. 서울시의 경우에는 2023년 예산안에 지자체 도시철도 PSO*(Public Service Obligation, 공공서비스의무)가 정부예산에 반영되지 않자 1월 29일 지하철·

버스 요금 인상계획을 발표하면서 '300원 인상안'만 거론했으나 후에 슬그머니 선택지(400원 인상안)도 추가하고 전문가 그룹과 함께 공청회를 열어 본격적인 의견수렴 절차를 갖겠다는 입장을 밝혔다. 또 2월 4일 버스요금 인상과 관련해 버스만 타더라도 일정거리를 초과할 경우 추가요금을 내는 '거리비례 요금제'를 추진하려다 이틀 만에 철회하기도 했다.

PSO

> 국가 등이 공익적 목적으로 특정한 서비스 제공 의무를 사업자에게 부과하는 행위로서 공공서비스의무 또는 공적서비스의무라고 한다. 전기, 가스, 전화, 교통, 우편, 금융처럼 서비스를 제공하는 주체가 상업적 이익의 관점에서는 제공될 수 없거나 제공되기 어려운 각종 공적인 서비스를 제공하게 하는 의무를 말한다. 버스요금 할인이나 적자노선 유지로 빚어지는 적자를 정부가 의무보조금으로 지원해주는 것이 대표적이다.

다른 공공요금의 '도미노 인상'도 이어지고 있다. 일단 중앙정부 차원에서 전기·가스 요금이 인상됨에 따라 지자체가 영향력을 미치는 도시가스의 소매공급 비용 인상은 불가피하다. 상·하수도 요금 인상도 상당수 시도에서 예정돼 있다. 서울은 이미 1월 1일부터 1t당 480원이던 가정용 상수도 사용단가를 100원 올렸다. 경기, 전남, 강원처럼 도내 쓰레기 종량제봉투 가격을 인상하는 지역이 있는 광역지자체도 있다.

정부, LNG 수입가격 상승에 따른 불가피한 조치

정부는 난방비 급등이유를 도시가스 요금에 연동되는 액화천연가스(LNG) 수입가격이 올랐기 때문이라고 설명한다. 1월 20일 산업통상자원부에 따르면 2022년 LNG 가격은 MMBtu(열량 단위)당 34.24달러로 2021년(15.04달러) 대비 128% 올랐다. 이 때문에 관세청 자료를 기준으로 2022년 국내 LNG 수입물량이 4,639만 4,832t으로 2021년(4,593만

1,842t) 대비 1.0% 증가하는 데 그쳤음에도 수입액은 2021년 254억 5,278만달러(약 31조 4,494억원)에서 2022년 500억 2,218만달러(약 61조 8,174억원)로 폭증했다. 수입물량은 고작 1% 늘었는데, 지불한 돈은 거의 200%가 된 셈이다.

그러면서 전 정부 책임론을 들고 나왔다. 국민의힘은 문재인정부가 가스가격이 2~3배 오를 때 난방비를 13%만 인상해 요금인상 부담을 윤석열정부에 떠넘겼다고 비판했다. 그러나 이런 비판에는 근거가 부족하다. 일단 국제 가스요금은 윤석열정부 출범 이후인 2022년 7월(3분기)부터 천정부지로 치솟았고, 문재인정부 시절 안정세였던 환율 또한 윤석열정부 출범 이후 급속도로 상승했다. 가스가격 상승에 고환율로 체감가격이 올라간 것은 윤석열정부 시기라는 것이다. 또한 국내 가스요금은 문재인정부(4·5월)와 윤석열정부(7·10월)에서 각각 2차례씩 올렸다.

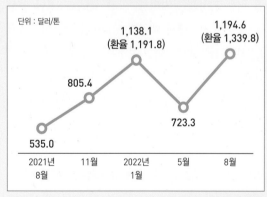

2022년 LNG 수입가격 추이

단위 : 달러/톤

		1,138.1 (환율 1,191.8)		1,194.6 (환율 1,339.8)
	805.4			
535.0			723.3	
2021년 8월	11월	2022년 1월	5월	8월

자료 / 산업통상자원부

요금인상 부담을 차기정부에 떠넘겼다는 국민의힘의 비판이 힘을 잃는 이유는 또 있다. 문재인정부 시절 대통령선거와 지방선거를 앞두고 국민의힘은 에너지요금 인상에 줄곧 반대입장을 취했다. 윤석열 대통령 역시 후보시절인 2022년 1월 13일 '전기요금 인상계획을 전면 백지화하겠다'는 공약을 발표했으며, 당선된 직후 4월에는 대통령직 인수위원회 전체회의에서 안철수 인수위원장의 입을 통해 '전기요금, 가스요금 같은 공공요금을 한시적으로 동결하겠다'고 전한 바 있다.

문재인정부가 겨울철 난방비에 큰 영향을 미치는 주택용 도시가스요금 인상을 억제해온 건 사실이다. 하지만 이는 코로나19 팬데믹이라는 특수상황에서 국민생활과 경제에 미칠 악영향을 최소화하기 위한 불가피한 조처라는 게 당시 정부의 설명이었다.

가스공사 영업이익 배당 ··· 사모펀드 버스사 매입

정부는 에너지요금 인상의 이유로 한국전력공사(한전)와 한국가스공사(가스공사)의 누적된 적자를 들었다. 특히 하반기 요금 재인상을 예고한 가스공사의 누적손실이 약 9조원(2022년 12월 기준)에 이른다고 밝혔다. 정부는 가스공사의 경영 정상화를 위해서는 당장 4월부터 메가줄(MJ)당 39원을 추가로 인상해야 한다는 입장이다. 앞서 1년 동안 5.47원을 올린 것과 비교했을 때 이보다 7배가량을 더 올리겠다는 것이다.

그러나 실제 2022년 가스공사의 실적은 나쁘지 않다. 증권사에서 제시하는 가스공사의 2022년 영업이익 전망치는 1조 8,585억원 수준이다. 즉, 2조원 가까이 영업이익을 낸 것이다. 2023년 역시 2조 3,225억에 이르는 영업이익을 기록할 것으로 전망하고 있다. 이에 가스공사는 도시가스 사업자, 발전사 등을 대상으로 도매업을 하는 가스공사의 독특한 구조, 원재료값이 떨어져 차익이 생겼을 때 가스비를 내리지 않고, 그 차익으로 미수금(자산)을 회수하는 구조 때문에 나타나는 착시효과라고 설명한다. 공시된 영업이익은 장부상의 이익이라는 것이다.

또한 가스공사는 도시가스 원료인 LNG를 해외에서 사 와서 도매요금을 책정한 후 도시가스 사업자, 발전사 등에게 가스를 공급한다. 그런데 LNG 가격이 상승했을 때 정부가 물가안정을 이유로 주택용에 대해 '원료비 연동제'를 유예하면서 실제로 큰 손실이 발생했다고 설명한다. 원재료를 비싸게 사서 민간에 이보다 낮은 가격에 공급해서 실제로는 적자를 봤다는 것이다.

그러면서도 가스공사는 표면적으로 조 단위의 영업이익을 기록했다는 이유로 대주주들에게 배당금을 지급할 계획으로 보인다. 현재 대주주는 정부와 한전이다. 가스공사는 지금까지 장부상 손실이 없을 때 매년 순이익의 23.5~40.8%의 배당금을 지급해 왔다. 따라서 기조대로라면 공사지분의 26%와 20%를 보유한 정부와 한전이 수백억원대의 배당금을 받아갈 것으로 예상된다. 기획재정부도 배당 추진을 부인하지 않고 있다. 서민들에게는 난방비 폭탄으로 고통분담을 안긴 정부가 거액의 배당금을 챙겨가는 셈이다.

버스회사를 둘러싼 사모펀드(PEF)의 움직임도 발빠르다. 최근에 사모펀드 운용사들이 서울과 수도권 시내버스 인수에 적극적으로 뛰어들고 있다. 한 사모펀드 운용사는 인천의 2개 시내버스 회사지분을 인수했다. 이에 따라 이 운용사가 소유한 인천지역 준공영제 시내버스회사는 9개로 늘어났다. 인천 시내버스 준공영제에 참여하는 업체가 34개인 점을 고려하면 약 26%를 점유한 셈이다.

코로나19로 경영난을 겪고 있는 지역 시외버스업계들도 속속 사모펀드 지배하에 들어가고 있다. 적자로 경영난을 겪고 있다는 버스업계에 사익실현을 최우선으로 하는 사모펀드업계가 뛰어드는 이상한 현상에 대해 시민단체들은 민영화로 가려는 것 아니냐며 반발하고 있다. 민영화되면 요금이 대폭 인상될 수밖에 없다. 이에 시민단체들은 "버스와 같은 대중교통은 이제 준공영제를 버리고 '완전공영제'로 가야 한다"고 목소리를 높였다.

여론 악화에 정부, "상반기는 최대한 동결할 것"

한편 공공요금 인상으로 인한 여론이 악화하자 윤석열 대통령은 2월 15일 용산 대통령실에서 관계부처 장관들이 참석한 가운데 제13차 비상경제민생회의를 주재하고, 공공요금 문제에 대해 2023년 상반기 최대한 동결하겠다는 방침을 내놨다. 윤 대통령은 모두발언에서 "전기·가스 등 에너지요금은 서민부담이 최소화되도록 요금인상의 폭과 속도를 조절하고 취약계층을 더 두텁게 지원하겠다"고 밝혔다. 최상목 경제수석도 브리핑에서 요금인상의 불가피성을 설명하면서도 "인상속도를 완만하게 늦추는 동시에 에너지 공기업의 재무구조개선을 위한 노력도 강력히 추진하겠다"고 말했다. 2023년 하반기 공공요금 인상여부와 관련해서는 "상황을 봐서 판단할 것"이라고 언급했다.

한편 서울시도 정부의 이러한 기조에 호응해 지하철·버스 등 대중교통요금 인상시기를 2023년 하반기로 조정하기로 했다. 시 관계자는 "대통령의 발언에 호응하는 차원에서 인상시기를 조정하기로 했다"면서도 "인상 자체는 불가피한 상황"이라고 말했다. 앞서 시는 2022년 12월 말 무임승차 등으로 누적된 적자를 더는 감당할 수 없어 대중교통 요금을 올리겠다고 발표한 바 있다. 시는 요금인상에 따른 시민부담을 덜기 위해 정부에 노인 등 무임승차로 인한 손실분을 보전해달라고도 요구하고 있다. 시대

2위

국민의힘 전당대회
본경선 막 올랐다

유흥수 국민의힘 전당대회 선거관리위원장이 2월 10일 여의도 당사에서 예비경선 여론조사 결과를 발표했다. 김기현 · 안철수 · 천하람 · 황교안 당 대표 후보가 3 · 8 전당대회 본경선에 올랐다. 4명을 뽑는 최고위원 본경선에는 김병민 · 김용태 · 김재원 · 민영삼 · 정미경 · 조수진 · 태영호 · 허은아 후보, 1명인 청년최고위원 본경선에는 김가람 · 김정식 · 이기인 · 장예찬 후보가 각각 진출했다. 본경선에 진출한 후보들은 2월 13일 제주도를 시작으로 전국을 돌며 권역별 후보 합동연설회를 열고, 본경선은 3월 8일 '당원 투표 100%'로 치러진다.

내 나라! 하민국

국민의힘 제3차전당대회

나은 미래 서약식

국민의힘
PEOPLE POWER PARTY

한 꺼풀 벗겨진 후보군, 본격 당권 레이스 시작

6명이 경쟁한 국민의힘 당 대표 예비경선(컷오프)에서는 현역의원인 김기현(4선)·안철수(3선) 후보와 원외인사인 천하람 전남 순천갑 **당협위원장***, 황교안 전 미래통합당(국민의힘 전신) 대표가 컷오프를 통과했다. 현역인 조경태(5선)·윤상현(4선) 후보는 탈락했다. 각 후보는 저마다 3월 8일 열릴 전당대회(전대)에서의 최종승리를 자신했다. 특히 지지층 대상 여론조사에서 선두를 놓고 다투는 김·안 후보는 모두 '대세론'을 내세우면서 남은 레이스 기간 당심을 사로잡는 데 총력을 다하겠다고 각오를 다졌다.

당협위원장

당원협의회 또는 지역위원회의 위원장을 말한다. 당원협의회는 지역구별로 당원을 관리하고 교육하며 당원간의 친목을 도모하기 위한 조직이다. 선거 때에는 마땅한 후보자를 추리기도 한다. 보통 보수정당에서는 당협위원장, 진보정당에서는 지역위원장이라고 칭한다.

김 후보는 자신을 지지하는 당내 친윤(친윤석열) 그룹 압박으로 전대 불출마 결정을 한 나경원 전 의원을 적극적으로 끌어안는 등 전통적 지지층 결집에 힘을 쏟고 있다. 김 후보 측은 "앞으로도 김 후보나 전 의원과 공개 행사장에서 조우하거나, 별도로 만나 '연대'의 의미를 다지는 일정을 이어갈 계획"이라고 전했다.

안 후보는 전대 레이스 초반 '윤심' 논란 등으로 상대로부터 네거티브 공세를 당했다고 판단하고, 본선전략을 '정책'과 '비전'에 초점을 맞추면서 궤도를 수정할 방침을 내세웠다. 안 후보 측 관계자는 "당 차원에서 전체후보가 비전 발표회를 한 차례 했지만, 개인적으로도 정책선거를 위한 비전 발표회를 또 열 예정"이라며 "당의 혁신방안에 대한 전략을 강조하겠다"고 말했다.

이준석 전 대표의 지지를 받는 천 후보는 본선진출이 확정된 뒤 페이스북에 "더 이상 당이 퇴행하지 말라는 당원들의 절박한 호소를 무겁게 받아들이겠다"며 "'구태와의 결별'이 총선승리의 필승전략이다. 기필코 '양강'을 뛰어넘겠다"고 다짐했다. 또 천 후보는 이날 오전 한 언론사와의 인터뷰에서 김 후보를 '구태'라고 직격하고 "저는 유일한 혁신후보"라고 강조했다. 황 후보는 페이스북을 통해 "당원이 주인인 정당, 당원 주권시대를 열겠다"고 짧막한 메시지를 남겼다.

김기현(왼쪽), 천하람(가운데), 안철수 당 대표 후보

이번 전대가 보수정당 역사상 가장 많은 당원(약 84만명)이 선거인단으로 참여하게 된 만큼 결과는 예측불가란 분석이 많이 나왔다. 투표도 과거 조직력을 앞세운 줄세우기식이 아닌 모바일로 진행되기 때문에 당원 개개인의 의사가 반영될 여지가 커졌고, 10~30대 당원과 수도권 당원비율이 늘어난 점도 주목됐다. 이러한 변화에 따른 유불리를 놓고 양강인 김·안 후보 측은 아전인수식 해석을 내놓았다.

최고위원 본선에 이준석계 전원 진출

차기 지도부에 도전하는 최고위원 대진표에서는 주류인 '친윤계'와 비주류의 성적이 확연히 엇갈렸다. 총 13명이 각축을 벌인 최고위원 컷오프에서는 김병민, 김용태, 김재원, 민영삼, 정미경, 조수진, 태영호, 허은아 후보 8명으로 압축됐다. 박성중, 이만희, 이용 등 친윤계 현역의원 3명은 모조리 탈락했다. 반면 '친이준석계'로 불리는 허은아, 김용태 후보는 모두 본경선에 진출했다. 여기에 천 당 대표 후보와 이기인 청년최고위원 후보까지 '이준석 사단' 4인방이 전원 생존했다.

이준석 전 국민의힘 대표

현역의원·원외 당협위원장을 다수 포섭하며 '조직력'을 최대강점으로 드라이브를 걸어온 친윤계로서는 당혹스러운 결과일 수밖에 없다. 이처럼 엇갈린 성적표를 두고 친윤계는 후보군이 난립하며 표 분산이라는 역효과를 봤고, 친이준석계는 2명이 압축적으로 표를 결집했다는 해석이 나왔다. 이는 결국 친윤계가 자신해온 '조직투표'가 예상만큼 위력을 발휘하지 못했다는 분석으로 이어졌다. 반면, 친이준석계의 약진은 중도성향·청년층 당원표심에서 강한 영향력을 입증했다는 평가가 나왔다.

대통령의 당무개입 의혹도 계속 불거져

한편 윤석열 대통령을 위시한 대통령실에서 전대에 개입하고 있다는 목소리가 전대 과정 내내 뒤엉켰다. 애초 당 대표 선거출마를 고심하던 나 전 의원은 김 후보를 전폭 지지해온 당내 친윤계의 집중적인 공격을 받았으며, 자신이 맡은 저출산고령사회위원회 부위원장직 등에서 해임된 것과 관련해 대통령실로부터 공개 경고장을 받은 뒤 불출마를 선언했다. 그런데 이후 김 후보가 나 전 의원을 두 번이나 만나 "윤석열정부의 성공을 위해 힘을 합치자"고 제안하고, 나 전 의원을 향해 집단비판성명을 냈던 초선의원들이 돌연 그를 찾아가 위로를 건네기도 했다. 이를 두고 경쟁후보들의 비판이 이어졌는데, 이중 천 후보는 "나 전 의원을 '학교폭력 피해자'로 만들 때는 언제고, 이제 와서 학급분위기를 위해 힘을 합치자는 건가"라고 SNS를 통해 성토하기도 했다.

그런가 하면 김 후보와 친윤계는 안 후보를 겨냥해서도 색깔론까지 동원한 맹공을 이어갔다. 대통령실도 '윤안(윤석열-안철수)연대', '윤핵관(윤대통령 핵심 관계자)' 등 안 후보의 언사를 문제 삼으며 공격에 가세했다. 안 후보는 대통령실까지 직접 나서 경고장을 날리는 상황에 당혹스러워 하며 그런 언사를 자제하겠다고 하면서도 대통령실을 겨냥해 "당내 경선에 개입하는 것 자체가 정말 법적으로도 문제가 많고 그래서는 안 되는 일"이라고 말했다. 급기야 이진복 대통령실 정무수석은 2월 8일 안 후보를 향해 "아무 말도 안 하면 아무 일도 안 일어날 것"이라고 했다.

이어 이 수석은 "윤 대통령이 월 300만원의 당비를 내는 만큼, 당무에 대해 의사표시를 할 수 있다"고 해 논란이 된 대통령실 관계자의 발언에 대해선 "'많이 낸다, 적게 낸다'로 끌고 갈 게 아니라 1호 당원의 역할을 얘기한 것"이라고 설명했다. 그러나 한편 이에 대해 이 전 대표는 "우리는 그런 걸 당무개입이라고 부르기로 했다"고 언급하고, "전대에 원래 끼면 안 되는 분, 대통령이 등장했다"며 윤 대통령이 당무개입을 하고 있다고 비판했다.

3위

최대 강도 7.8에 여진까지
튀르키예·시리아 지진

2월 6일(현지시간) 튀르키예에서 규모 7.8의 강진과 여진이 연이어 강타해 튀르키예와 인접국인 시리아에서 대규모 인명피해가 발생했다. 노후한 건물들이 대거 완파돼 붕괴하고 많은 주민이 매몰되면서 사상자가 눈덩이처럼 불어났다. 세계 각국에서 구조대 파견과 구호물자 공급 등의 지원이 이어졌지만, 열악한 환경과 추운 날씨 탓에 구조 작업에 속도가 붙지 못하면서 사망자가 더욱 증가할 것이라는 암울한 전망이 나왔다. 이번 지진의 진앙은 북위 37.20°, 동경 37.00°였고, 지진 발생 깊이는 18km였다. 규모 4.0 이상 여진만 최소 125차례나 됐고, 6.0 이상이 발생할 우려도 계속됐다.

튀르키예 역사상 최고 강진, 금세기 최악의 지진

로이터, AP, AFP 통신은 이날 새벽 4시 17분께 남부 도시 가지안테프로부터 약 33km 떨어진 내륙에서 규모 7.8의 지진이 발생했다고 미국지질조사국(USGS) 발표를 인용했다. 그로 인해 지진 발생 후 일주일을 넘어가면서 사망자 수가 인접국 시리아까지 합쳐 3만명을 넘어섰다. 사망자가 가파르게 증가함에 따라 USGS는 이번 지진 사망자가 10만명을 넘길 가능성을 기존 0%에서 14%, 24%, 26%로 잇따라 수정했다. 튀르키예의 대표적인 지진 과학자인 오브군 아흐메트는 붕괴한 건물 아래에 갇혀 있는 시민들이 20만명에 달할 것으로 추산했다.

영국 BBC는 지진의 규모도 크지만 진원의 깊이, 발생시간대 등이 종합적으로 영향을 미쳤다는 분석을 내놨다. 무엇보다도 지진이 발생한 땅속 지점, 즉 진원이 상대적으로 얕은 곳에 위치한 탓에 지표면에 늘어선 건물에 더 심각한 타격을 줬다는 설명이다. USGS에 따르면 이번 지진의 진원 깊이는 약 18km 정도였고, 잠시 후 이어진 7.5 규모 여진의 진원도 깊이가 10km에 불과했다.

진원이 얕을수록 지진파가 지표면까지 이동하는 거리가 짧아 건물을 타격하기 전까지 손실되는 에너지가 적다. 얕은 지진이 깊은 지진보다 사람이 느끼는 흔들림의 강도가 더 크고 파괴력을 갖는 이유다. 여기에 7.8 이상 규모의 위력을 지닌 지진은 지난 10년간 단 두 번 발생했을 정도로 매우 드문 데다 이번 지진이 대부분 주민이 집에서 잠을 자던 새벽 시간대에 처음 발생하며 더욱 큰 피해를 낳았다.

두 지각판 사이에 100여 년 축적된 압력 대폭발

이번 튀르키예·시리아 지진은 규모 7.8 강진이 일어난 직후 규모 7.5 강진이 연이어 발생했고 대규모 여진도 계속 이어졌다. CNN이 USGS 기록을 바탕으로 분석한 결과 규모 4.0 이상의 여진만 125차례에 달했다. USGS는 여진이 튀르키예가 위치한 아나톨리아 단층(Fault) 시스템 내에서 발생하고 있다면서 "아나톨리아판과 아라비아판, 아프리카판이 서로 맞닿은 3중 접점 주변에서 여진이 지속될 것"이라고 설명했다.

전문가들은 이번 지진이 아나톨리아 지각판*(Plate)과 아라비아 지각판이 만나 충돌하는 동아나톨리아 단층에서 일어났다면서 그 원인을 이 지역 지각판이 그동안 쌓였던 스트레스를 견디지 못해 꿈틀거렸기 때문이라고 분석했다. 튀르키예는 지질학적으로 아나톨리아 지각판, 아라비아 지각판, 아프리카 지각판, 유라시아 지각판이 만나는 교차점에 자리잡고 있어 이들 지각판들이 단층선에서 만나 서로 밀고 밀리며 마찰할 때마다 지진이 발생했다.

지각판(斷層)

지구의 지각을 이루고 있는 여러 판들로 마그마로 구성된 지구의 층 중 하나인 맨틀 위에 존재한다. 상부맨틀과 하부맨틀의 온도차이로 이 둘이 상승했다 하락했다를 반복하면서 각 판들이 매일 조금씩 움직이고 부딪치는데, 이때 에너지가 지속적으로 축적되면 큰 지진이 발생한다. 크게 해양판과 대륙판으로 나뉘며, 주요 판으로는 아프리카·남극·오스트레일리아·유라시아·북아메리카·남아메리카·태평양·코코스·나즈카·인도 판이 있다.

한편 가장 큰 피해를 입은 튀르키예 하타이주에서는 사망자가 빠른 속도로 늘어나자 시신을 보관할 장소마저 부족해 발을 동동 구르고 있다. 시민들 또한 여진의 두려움 속에 집으로 돌아가지 못한 채 차량이나 거리에서 영하의 겨울밤을 지새우고 있다. 튀르키예와 인접한 시리아의 상황은 더욱 심각하다. 2011년 시리아내전 발발 이후 미국의 3중 경제제재로 구호물자가 시리아 내로 들어가지 못하는 데다가 지진피해가 있는 지역이 반군의 요충지인 것을 이유로 시리아정권이 구호에 적극적으로 나서지 않고 있기 때문이다.

튀르키예·시리아 강진

● 2월 6일 새벽 4시 17분께(현지시간)
규모 7.8

진도
1 2 3 4 5 6 7 8 9 10 이상

흑해

이스탄불

앙카라 ■

튀르키예

●가지안테프

키프로스   **시리아**

지중해

이라크

자료 / 미국지질조사국(USGS)

국제 원조 이어져 ··· 한국도 구호대 급파

피해지역이 워낙 광범위한 데다 악천후와 계속된 여진의 영향으로 구조작업에 난항을 겪는 가운데 국제사회가 앞다퉈 지원의사를 밝히고 구호물품을 전했다. 미국은 튀르키예와 시리아에 재난전문가와 수색·구조대원 159명 등 200명으로 구성된 재해지원 대응팀을 파견하고 양국의 지진피해 복구를 돕기 위해 8,500만달러(약 1,075억원) 규모의 인도적 지원을 제공하기로 했다. 유럽연합(EU)은 총 650만유로(약 88억원) 규모의 인도적 지원을 결정했으며, 27개국 중 20개국에서 1,500여 명의 구조인력 및 수색견 100마리가량을 급파했다.

에게해를 사이에 두고 튀르키예와 수십년간 대립해온 그리스와 튀르키예의 반대로 북대서양조약기구(NATO) 가입이 지연되고 있는 스웨덴과 핀란드 역시 지원에 동참하기로 했다. 전쟁 중인 우크라이나는 87명으로 구성된 구조대를 보내기로 했으며 러시아도 구조대 파견 의사를 밝혔다. 중국은 튀르키예에 구조대 파견과 함께 1차로 4,000만위안(약 74억원) 상당의 긴급원조를 결정했고, 일본도 구조활동에 필요한 기자재를 포함해 수십명 규모의 구조대와 의료팀을 튀르키예에 파견했다.

반면 현재 국제사회의 제재를 받고 있는 시리아의 경우 상당수 국가로부터 직접 원조를 받지 못해 구호물자 공급과 피해자 구조에 어려움을 겪는 상황이다. 특히 우방인 러시아, 이란 등으로부터 지원을 받은 시리아정부와 달리 피해가 큰 반군 장악지역은 구호물자를 수송할 수 있는 유일한 통로가 파손돼 '구호 사각지대'로 꼽혔다. 이후 부분적으로 도로가 수리돼 9일 처음으로 반군지역에 유엔(UN, 국제연합)의 구호물자가 도착했으며, 13일에는 통로 두 곳을 추가로 여는 데 합의했다. 이러한 시리아의 상황을 고려해 각국에서도 시리아정부에 직접 지원하는 방안보다는 현지에서 활동 중인 비정부기구(NGO)와 UN 산하기관을 통한 지원을 이어갈 것으로 전해졌다.

한편 우리나라도 7일 튀르키예에 118여 명 규모의 대한민국 긴급구호대(KDRT)를 파견하기로 했다. 정부 파견으로는 역대 최대규모인 이번 긴급구호대는 외교부 1명, 국방부 49명, 소방청 62명, 한국국제협력단(KOICA) 6명으로 구성됐다. 이들은 튀르키예 측 요청에 따라 탐색구조팀 중심으로 꾸려졌으며, 원도연 외교부 개발협력국장이 구호대장을 맡았다. 8일 오전 1시께 공군수송기 KC-330 시그너스 다목적 공중급유수송기를 타고 인천공항에서 출발한 긴급구호대는 튀르키예 남동부 가지안테프 국제공항에 도착했다. 이후 하타이 안타키아를 구조활동 거점으로 정하고 9일 오전 5시(현지시간)부터 구호활동을 진행했다. 🅂🅣

4위

이대로면 2055년 기금 소진돼 … 국민연금 개혁 추진

국민연금이 개혁 없이 현행 제도대로 유지될 경우 2041년부터 수지적자가 발생해 2055년에는 기금이 바닥날 것으로 전망됐다. 국민연금 재정추계전문위원회는 국민연금의 제도 유지를 전제로 향후 70년의 재정수지를 추계해 1월 27일 이 같은 시험계산 결과를 발표했다.

제5차 국민연금 재정추계 발표하는 전병목 재정추계전문위원장

기금 2040년 정점 후 2041년 적자 전환

이날 발표된 재정추계 결과에 따르면 현재 연금제도가 유지될 경우 앞으로 약 20년간은 연금 지출보다 보험료와 기금투자 수익을 합친 총수입이 더 많은 구조가 유지돼 2022년 11월말 기준 920조원인 기금이 2040년에는 1,755조원으로 최고치를 기록할 전망이다. 그러나 이듬해인 2041년부터는 연금 지출이 총수입보다 커지면서 급속히 감소해 2055년에는 기금이 소진될 것이라는 계산이 나왔다. 이 시점에는 47조원의 기금 적자가 예상된다.

직전 추계인 2018년 4차 재정계산 결과와 비교하면 수지적자 시점은 1년, 기금소진 시점은 2년 앞당겨졌다. 적립기금 최대치 규모도 4차 때의 1,778조원

에서 다소 줄었다. 이러한 재정추계는 인구와 경제, 제도 변수 등을 고려해 이뤄진 것인데, 5년 전과 비교해 저출산·고령화는 심화하고 경제성장률 등 거시경제 여건은 더 악화함에 따라 연금재정 전망도 더 어두워진 것이다.

국민연금 5차 재정추계 예상 기금소진 시점

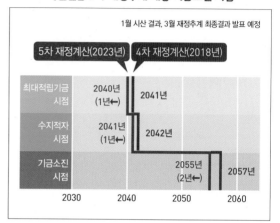

1월 시산 결과, 3월 재정추계 최종결과 발표 예정

	5차 재정계산(2023년)	4차 재정계산(2018년)
최대적립기금 시점	2040년 (1년←)	2041년
수지적자 시점	2041년 (1년←)	2042년
기금소진 시점	2055년 (2년←)	2057년

자료 / 국민연금 재정추계전문위원회

생산연령인구 감소로 보험료를 낼 사람은 줄어드는 반면 제도 성숙과 고령화로 수급자 수는 늘어나면서 가입자 수 대비 노령연금 수급자 수를 나타내는 제도부양비는 2023년 24%에서 2078년 143.8%까지 가파르게 증가할 것으로 예상됐다. 그해 보험료 수입만으로 지출을 충당할 경우 필요한 보험료율인 부과방식비용률도 2023년 6%에서 2078년에는 35%까지 증가할 것으로 전망된다. 4차 재정계산 때보다 인구구조가 악화해 제도부양비가 높아졌고, 기금소진 연도의 부과방식비용률도 4차 때의 24.6%에서 26.1%로 1.5%포인트(p) 상승했다. 국내총생산(GDP) 대비 급여지출은 4차 때와 비슷하게 2023년 1.7%에서 점차 증가해 70년 후 장기적으로는 9%를 유지할 것으로 예상됐다.

정부는 오는 3월 다양한 시나리오별 분석을 포함한 재정추계 최종결과를 발표할 예정이다. 이를 바탕으

로 4월 말까지 활동하는 국회 연금개혁특별위원회 (연금특위)가 개혁안을 논의하며, 정부도 10월 말까지 국민연금 운용계획을 내놓을 계획이다.

'보험료율 9 → 15%' 연금개혁 검토

1월 30일에는 국회 연금특위 소속 민간자문위원회가 국민연금 보험료율을 현행 9%에서 15%까지 올리는 것을 전제로 한 연금개혁 초안을 검토 중인 것으로 알려졌다. 연금특위 민간자문위에 따르면 27~28일 이틀간 회의를 진행해 **소득대체율***, 보험료율 등 국민연금 핵심변수 조정을 통한 연금개혁 초안을 논의했다.

소득대체율

연금수령액이 개인의 생애 평균소득에서 몇 %인지를 보여주는 것으로 연금가입기간 중 평균소득을 현재가치로 환산한 금액 대비 연금지급액 비율을 말한다. 1988년 도입 당시 40년 가입 기준 70%였으나 재정문제 등으로 2028년 40%까지 떨어지는 것으로 나타났다. 2023년 소득대체율은 42.5%다.

회의에서는 보험료율을 현행 9%에서 15%로 올리는 동시에 소득대체율도 기존 40%에서 50%로 올리는 안과 보험료율만 15%로 올리고 소득대체율은 40%로 그대로 두는 안이 유력하게 검토된 것으로 전해졌다. 두 안을 두고 합의를 이루지 못하자 중재안(보험료율 9% → 15%, 소득대체율 40% → 45%)이 제시됐지만 입장차로 결국 초안을 마련하지는 못했다. 또 보험료율을 12%까지만 올리고 재정건전성 강화를 위해 소득대체율은 오히려 현행 40%에서 30%로 낮추자는 의견도 나온 것으로 전해졌다. 국민연금 보험료율은 1998년 1차 연금개혁 이후 24년째 9%에 머물고 있다.

또한 현행 59세인 연금가입 상한연령을 연금 수급연령 상향에 따라 조정해야 한다는 점에 의견을 모

은 것으로도 알려졌다. 국민연금 수급연령은 1998년 제1차 연금개혁에 따라 기존 60세에서 2033년까지 65세로 단계적으로 상향되고 있지만, 가입 상한연령은 59세로 계속 유지돼 약 5년간의 납부공백이 있는 상황이다. 이에 대해 고령화와 정년연장으로 장년층의 경제활동 참여가 늘어난 만큼 가입 상한연령을 수급개시연령에 맞춰 상향해 더 내고 더 받을 수 있도록 해야 한다는 것이다. 다만 연금 수급개시연령에 대해서는 추가로 상향할 필요가 있다는 점에 공감하면서도 이번 민간자문위 연금개혁 초안에는 구체적인 상향조정방안을 담지 않기로 했다.

HOT ISSUE **5위**

이상민 탄핵안 가결·직무정지 … 헌정사 첫 국무위원 탄핵소추

10·29 이태원 참사 대응부실 책임을 물어 야3당이 공동발의한 이상민 행정안전부 장관에 대한 **탄핵***소추안이 2월 8일 국회 본회의를 통과했다.

탄핵

탄핵은 대통령, 국무총리, 국무위원, 법관 등 법률이 신분보장을 하는 고위직 공직자가 위법한 행위를 했을 때 국회에서 그 잘못을 고발(소추)하고, 다른 국가기관(우리나라의 경우 헌법재판소)에서 이를 심판해 처벌, 파면하는 제도다. 탄핵소추의 경우 국회 재적의원 1/3 이상 발의해야 하고, 재적의원 과반수가 찬성해야 의결된다. 단, 대통령에 대한 탄핵소추는 재적의원 과반수 발의, 재적의원 2/3 이상 찬성해야 한다.

탄핵안 발의 야3당 전원 찬성

국회는 이날 오후 본회의에서 이 장관 탄핵소추안을 무기명 표결에 부쳐 총투표수 293표 중 찬성 179표, 반대 109표, 무효 5표로 가결해 헌법재판소(헌재)로

넘겼다. 국회법에 따르면 국회의 탄핵소추 의결서가 이 장관에게 송달된 때부터 이 장관의 직무는 정지된다. 169석의 민주당이 당론으로 탄핵소추안 발의를 추진하고 정의당, 기본소득당이 공동발의에 참여한 만큼 무소속을 제외한 야3당 소속 의원 전원이 찬성표를 던진 것으로 분석된다. 이로써 75년 헌정사에서 처음으로 국무위원에 대한 탄핵소추가 이뤄졌다. 과거 대형참사나 논란으로 문제가 됐을 때 해당 장관들이 책임을 지고 먼저 물러난 것과 달리 책임을 다른 기관으로 떠넘기며 자리를 지켰다는 비판이 나오는 이유이기도 하다.

당초 김진표 국회의장은 이날 예정된 대정부질문이 끝난 뒤 이 장관 탄핵소추안 표결을 하려 했지만, 민주당은 이 같은 의사일정순서에 반발해 의사일정 변경 동의절차를 거쳐 탄핵소추안 안건순서를 앞당겼다. 표결에 참여한 국민의힘은 탄핵소추안이 가결되자 국회 본회의장 앞에 집결해 "'이재명 방탄쇼' 탄핵소추 규탄한다" 등의 구호를 외쳤다.

2월 8일 국회 본회의

이날 이 장관 탄핵소추안이 국회 문턱을 넘으면서 헌재는 빠른 시기에 본격적인 탄핵심판체제에 돌입하게 됐다. 국회가 헌재에 탄핵소추 의결서를 접수한 뒤 심리가 개시되는데, 헌법재판소법에 따라 국

민의힘 소속 김도읍 법사위원장이 형사재판의 검사역할을 하는 소추위원이 된다.

이 장관의 직무가 판결 전까지 정지되기 때문에 헌재가 법에 정해진 심판기간인 180일을 넘기지 않고 판결을 내리려 하지 않겠느냐는 관측이 나온다. 앞서 2004년 5월 노무현 전 대통령 탄핵소추안이 국회를 통과했을 때 헌재는 63일 만에 기각결론을 내렸고, 2017년 3월 박근혜 전 대통령 탄핵심판 때는 91일 만에 인용결정을 내렸다. '첫 법관 탄핵'이었던 임성근 전 부장판사의 경우에는 2021년 10월 탄핵소추안이 국회 문턱을 넘은 지 약 8개월(267일) 만에 각하판결이 나왔다.

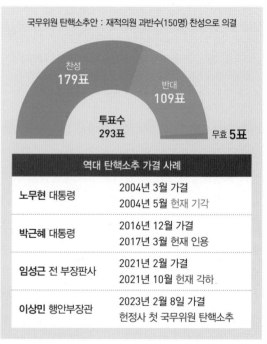

이상민 장관 탄핵소추안 표결 결과

국무위원 탄핵소추안 : 재적의원 과반수(150명) 찬성으로 의결

찬성 179표
반대 109표
투표수 293표
무효 5표

역대 탄핵소추 가결 사례	
노무현 대통령	2004년 3월 가결 2004년 5월 헌재 기각
박근혜 대통령	2016년 12월 가결 2017년 3월 헌재 인용
임성근 전 부장판사	2021년 2월 가결 2021년 10월 헌재 각하
이상민 행안부장관	2023년 2월 8일 가결 헌정사 첫 국무위원 탄핵소추

자료 / 국회

"헌법·법률 위반" vs "막가파식 정치공세"

이날 김승원 민주당 의원은 탄핵소추안 표결 전 본회의 안건설명에서 "이 장관은 재난예방 및 안전관리를 소홀히 한 책임, 공직자로서 성실의무를 위반한 책임, 국회에서의 위증과 유족에 대한 부적절한 발언, 2차 가해 등 헌법과 법률 위반을 한 여러 탄핵사유가 적시됐다"고 말했다. 이어 "국가가 국민을 보호하지 못했음을 인정하고 국회가 정부책임을 물어 다시는 이 같은 비극이 발생하지 않도록 사후에라도 그 책임을 다했다고 기록되길 바란다"고 했다.

반면 송언석 국민의힘 원내수석부대표는 탄핵소추안 국회 법사위 회부를 위한 안건제안설명을 통해 "민주당이 이재명 대표에 대한 사법처리가 현실로 닥치자 국민의 시선을 분산시키기 위해 논리와 법리를 무시하고 막가파식 정치공세를 하고 있다"고 비판했다. 이어 "행안부 장관의 직무정지로 인한 공백으로 그 피해는 오롯이 국민에게 갈 것"이라며 "헌재로부터 부끄러운 결과를 받게 될 것이 자명하며, 탄핵안 기각이 불러오는 사회적 혼란과 후폭풍은 오롯이 민주당이 져야 할 것"이라고 목소리를 높였다.

6위

2023년 세계성장률 전망 올린 IMF, 한국만 전망치 1.7%로 내려

국제통화기금(IMF)이 2023년 세계 경제성장률을 0.2%포인트(p) 올렸으나, 우리나라 경제성장률은 0.3%p 내려 1.7%로 전망했다. 이는 2022년 10월 발표한 전망치(2.0%)에서 0.3%p 내린 수치다.

IMF, 한국성장률 세 차례 연속 하향조정

IMF는 2022년 7월 전망 당시 2023년 우리나라의 경제성장률을 2.9%에서 2.1%로, 10월에는 2.1%에서 2.0%로 하향조정한 데 이어 세 차례 연속 성장률을 내렸다. 2023년 한국경제에 대한 눈높이를 계속

낮추고 있는 것이다. IMF의 전망치는 경제협력개발기구(OECD, 1.8%), 한국개발연구원(KDI, 1.8%)보다 낮고, 한국은행(1.7%)과 같으며, 정부(1.6%), 아시아개발은행(ADB, 1.5%) 등보다는 높다. IMF는 2024년 경제성장률도 2.7%에서 2.6%로 0.1%p 하향조정했다. IMF의 이번 전망은 전체 회원국이 아닌 주요 30여 개국을 대상으로 한 것이다. 다만 조정근거에 대한 구체적인 언급은 없었다.

주요기관 2023 경제성장률 전망(단위 : %)

구분	상반기	하반기	연간
한국은행	1.3	2.1	1.7
기획재정부	–	–	1.6
현대경제연구원	1.6	2.0	1.8
LG경영연구원	1.6	1.3	1.4
노무라증권	−0.5	−0.7	−0.6

반면 IMF는 2023년 세계 경제성장률을 기존 2.7%에서 2.9%로 0.2%p 올려 잡았다. 물가상승에 대응하기 위한 주요국의 금리인상과 러시아 · 우크라이나 전쟁이 지속되고 있으나 중국의 경제활동 재개(리오프닝)에 따른 경기회복 기대감, 미국 · 유럽 등 주요국의 예상 대비 견조한 소비와 투자 등이 상향조정의 근거가 됐다. IMF는 2023년 미국 성장률은 1.0%에서 1.4%로, 유로존은 0.5%에서 0.7%로 각각 상향 조정했다. 특히 중국은 4.4%에서 5.2%로 0.8%p나 올려 잡았다. IMF는 다만 낮은 백신접종률과 부족한 의료시설에 따른 중국의 경제회복 제약 가능성, 러시아 · 우크라이나 전쟁과 미중 무역분쟁에 따른 경제분절화 등 경기하방 위험이 여전하다고 지적했다.

아울러 IMF는 물가상승에 대한 대응을 최우선으로 해야 한다고 권고했다. 근원인플레이션*(Core Inflation, 물가상승)이 명확히 하락할 때까지 금리

를 인상하거나 금리수준을 유지해야 한다는 것이다. 아울러 식량·에너지 취약층에 대한 선별지원을 강화하되 광범위한 재정지원은 축소하는 등 점진적인 재정긴축이 필요하다고 권고했다.

근원인플레이션

소비자물가에서 곡물 이외의 농산물, 석유류와 같은 국제원자재 등 외부충격에 일시적으로 급등락하며 중앙은행의 통화정책 결정에 직접적 영향을 끼치는 품목을 제거한, 기초경제 여건에 의해 결정되는 물가상승률을 의미한다. 물가에 미치는 단기적·불규칙적 충격이 제외되므로 장기적인 물가상승 흐름을 포착할 수 있다.

한경연, 2023년 경제성장률 1.5% 전망

한편 전국경제인연합회(전경련) 산하 한국경제연구원(한경연)은 2월 3일 경제동향과 전망보고서를 통해 우리나라의 2023년 경제성장률을 기존 1.9%에서 0.4%p 하향조정했다고 밝혔다. 2022년 1.9%를 전망했던 한경연은 연말 경기위축 속도가 가팔라짐에 따라 전망치를 낮췄다고 설명했다. 1.5%는 국제통화기금(IMF)의 전망치인 1.7%보다도 0.2%p 낮은 수치다.

한경연은 글로벌 경기둔화를 극복할 국내 성장모멘텀이 없어서 2023년 본격적인 불황국면에 진입할 것으로 분석했다. 특히 내수부문에서 가장 큰 비중을 차지하는 민간소비가 2.4%(2022년 4.4%)밖에 성장하지 못할 것으로 전망했다. 전경련은 고물가로 인한 실질구매력 감소와 경기둔화에 따른 소비심리 위축뿐 아니라 자영업자 소득감소와 가계부채 원리금 상환부담 등이 복합적으로 작용해 소비가 크게 위축될 것으로 분석했다.

소비자물가 상승률은 국제 원자재가격이 상반기 이후 점차 안정되고 강달러현상도 완화되면서 2022년보다 1.7%p 낮은 3.4%를 기록할 것으로 예측됐다. 그동안 경제성장을 견인했던 수출도 반도체 수출부진의 영향으로 2022년 수출증가율 3.1%보다 1.9%p 낮은 1.2% 성장에 그칠 전망이다. 경상수지 역시 서비스수지 적자가 확대되면서 145억달러에 그칠 것으로 보인다.

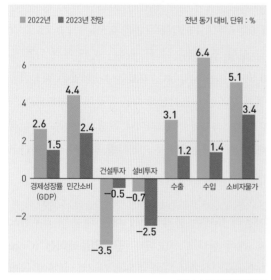

한경연 2023년 경제전망

■ 2022년 ■ 2023년 전망   전년 동기 대비, 단위 : %

경제성장률(GDP) 2.6 / 1.5
민간소비 4.4 / 2.4
건설투자 -0.5 / -3.5
설비투자 -0.7 / -2.5
수출 3.1 / 1.2
수입 6.4 / 1.4
소비자물가 5.1 / 3.4

자료 / 한국경제연구원

곽상도 '화천대유 50억' 무죄 … 대장동 수사 암초 만나

취재진 질문에 답하는 곽상도 전 의원

이른바 '대장동 50억 클럽' 가운데 가장 먼저 기소된 곽상도 전 국회의원이 2월 8일 1심에서 대부분 무죄를 받으면서 대장동 로비의혹 관련 수사가 암초를 만났다. 드러난 혐의사실의 실체가 비교적 구체적이었던 곽 전 의원이 처벌을 피하면서 수사는 50억 클럽으로 거론된 다른 인물들까지 확대될 수 있는 동력을 받지 못하게 됐다.

법원, '김만배 진술 신빙성 없다' 판단

50억 클럽에는 곽 전 의원 외에 권순일 전 대법관, 박영수 전 특별검사, 최재경 전 청와대 민정수석, 김수남 전 검찰총장, 홍선근 머니투데이 미디어그룹 회장 등 5명이 포함됐다. 이들 중 대장동 일당의 '로비 창구' 역할을 한 김만배 씨나 화천대유 측과 직·간접적인 돈거래가 드러난 인물은 박 전 특검, 권 전 대법관, 홍 회장이다. 박 전 특검은 2015년 화천대유 설립 당시부터 고문변호사로 일하며 연 2억원의 고문료를 받았고, 2016년 말 국정농단 수사 특검으로 임명되면서 고문직을 그만뒀다. 그의 딸은 화천대유 직원으로 근무하다 2022년 6월 화천대유가 분양한 아파트 잔여분 1채를 시세의 절반가격으로 분양받았다. 근무기간 5차례에 걸쳐 11억원 가량을 회사에서 대출금 명목으로 받기도 했다. 권 전 대법관은 퇴임 후 2020년 11월부터 화천대유 고문 자격으로 월급 1,500만원을 받았다. 홍 회장은 자신과 아들 계좌 등을 통해 김만배 씨와 수십억원을 거래한 것으로 조사됐다.

검찰은 50억 클럽 의혹이 불거졌던 2021~2022년 곽 전 의원과 이들 3명을 조사했고, 곽 전 의원을 먼저 기소했다. 대장동 일당은 재판과 수사과정에서 '하나은행과 컨소시엄을 깨지지 않게 하는 대가로 곽 전 의원에게 50억을 주기로 했다'는 말을 김씨에게 들었다고 진술했다. 김씨와 곽 전 의원이 2018년 한 음식점에서 돈 지급문제로 언쟁을 벌였으며, 아들을 통해 약속한 돈을 지급하는 방안을 논의했다는 증언도 나왔다. 그러나 재판부는 이러한 진술들만으로는 곽 전 의원이 아들의 퇴직금 조로 돈을 받는 대가로 대장동 사업에서 영향력을 행사했다고 단정할 수 없으며 '50억을 주기로 했다'는 김씨의 진술에도 신빙성이 없다고 판단했다.

곽상도 혐의별 1심 판단

8일 법원, 곽상도 전 의원에게 벌금 800만원 · 5,000만원 추징 선고		
기소내용	혐의 및 선고내용	판단
화천대유 퇴사한 아들 곽병채 씨 퇴직금·상여금 명목 50억원 수수	뇌물·알선수재 **무죄**	사회통념상 이례적으로 과하나 곽 전 위원에 대한 알선·대가로 보기 어려움. 아들이 결혼해 독립적 생계를 유지하므로 곽 전 의원이 받은 것과 같이 평가할 수 없음.
20대 총선 앞두고 남욱(변호사)으로부터 현금 5,000만원 수수	정치자금법 위반 **유죄**	국회의원 선거 예비 후보자로서 정치자금법이 정하지 않은 방법으로 현금을 받았고 수수한 금액이 적지 않음. (주장하는) 변호사 보수로 보기 어려움

자료 / 법원

자녀 통한 뇌물수수, 대가성 입증 더 어려워져

이처럼 곽 전 의원의 뇌물혐의에 대해 무죄가 선고된 만큼 남은 50억 클럽 인물의 혐의를 입증하는 것 역시 난항이 예상된다. 의혹 대부분이 곽 전 의원 사건과 같이 대장동 일당의 진술에 기반한 것인 데다 실제 직무와 관련한 청탁이 이뤄진 사실을 뒷받침하는 증거를 검찰이 확보·제출하지 못한 탓이다.

권 전 대법관은 2020년 7월에 **대법원 전원합의체***가 당시 경기도지사였던 이재명 더불어민주당 대표의 공직선거법 위반 사건을 무죄취지로 파기환송할 때 캐스팅보트였고, 무죄취지 의견 편에 선 것으로 알려졌다. 김씨가 대법원 선고를 전후해 여러 차례 권 전 대법관 사무실을 방문한 사실이 드러나면서 권 전 대법관이 이 대표에게 유리하게 판단하는 대가로 화천대유에 취직한 것 아니냐는 '재판거래' 의혹도 제기됐다. 권 전 대법관과 김씨는 해당 의혹을 모두

부인했다. 박 전 특검과 최 전 수석, 김 전 총장 등도 대장동 사업과 관련한 수사에 직·간접적으로 관여했다는 의혹을 받았지만, 검찰은 관련자들의 전언과 진술 외의 증거를 제시하지 못했다.

해당 법원은 앞서 조국 전 장관의 자녀가 세 학기에 걸쳐 받은 600만원의 장학금이 뇌물로 인정된 것과 달리 경제적으로 독립한 곽 전 의원의 아들에게 지급된 50억원을 곽 전 의원에게 준 것으로 단정할 수 없고 대가성도 증명되지 않았다고 판단했다. 이 때문에 화천대유에 입사한 박 전 특검의 딸이 받은 돈과 각종 혜택을 청탁의 대가로 밝혀내는 일도 어려워졌다. 검찰은 이날 법원의 무죄판단과 관련해 "받아들이기 어려운 부분이 있다"며 향후 수사의지를 내비쳤다. 일단 이 대표를 겨냥한 배임·정치자금법 위반 혐의 수사를 마친 후 50억 클럽을 비롯한 로비 의혹 수사를 본격화할 것으로 보인다.

HOT ISSUE

8위

한미, 확장억제강화 재확인 …
"한미일 공조로 북 불법자금 차단"

박진 외교장관과 토니 블링컨 미국 국무장관이 2월 3일(현지시간) 워싱턴DC에서 회담을 하고 북한의 핵과 미사일 위협을 포함해 양국 간 외교·안보 현안을 논의했다. 양측은 회담에서 한반도 비핵화원칙을 재확인하고, 북한의 핵위협에 대응하기 위해 핵을 포함한 미국의 모든 전략 및 재래식 자산을 사용해 확장억지*(Extended Deterrence, 억지이론)를 한층 강화해야 한다는 필요성에 의견을 함께했다.

박진 "북한 비핵화에 대한 의지 재확인"

박 장관은 회담 뒤 공동기자회견에서 "2023년은 한미동맹 70주년을 맞는 역사적인 해"라면서 "동맹의 외연을 정치·군사·경제 파트너십을 넘어 기술·문화 영역까지 포괄하도록 확장해 나갈 것"이라고 밝혔다. 박 장관은 북한의 핵 및 미사일 위협에 대해선 "북한 비핵화에 대한 우리의 흔들림 없는 의지를 재확인했다"며 "우리나라와 미국은 한반도의 진짜 평화를 이룩하기 위해 빈틈없는 공조를 계속할 것"이라고 강조했다.

또한 "북한의 어떠한 도발도 단호하고 단합된 대응에 직면하게 될 것"이라고 경고하고는 "한미일 공조로 북한의 불법적인 자금흐름을 차단해야 한다"며 "이렇게 함으로써 우리는 북한에 핵개발을 포기하고 대화에 복귀하는 이외에 다른 선택지는 없다는 메시지를 줄 것"이라고 밝혔다. 더불어 "북한의 증가하는 위협에 대응하기 위해 한미일 3자 안보협력을 강화해 나갈 것"이라고 했다. 중국과 관련해선 "우리는 중국이 북한의 행동에 대해 영향을 미칠 수 있는 분명한 능력을 가지고 있고 이를 행사할 책임이 있다는 데 동의했다"며 "북한 비핵화는 한·미·중이 오랫동안 협력해온 영역이며 앞으로도 그러해야 한다"고 말했다.

취재진 질문에 답하는 박진 외교부 장관

한국산 자동차 차별 논란이 제기되는 미국의 인플레이션감축법(IRA)과 관련해선 "IRA가 한국기업의 우려를 해소하고 한미 양국의 기업과 산업에 모두 이익이 될 수 있는 방향으로 시행될 수 있도록 공조할 것"이라고 밝혔다. 공급망 문제와 관련해선 "중요한 것은 한미동맹에 입각해 공급망을 안정적으로 유지하도록 노력하는 것"이라며 "인도태평양경제프레임워크(IPEF)에도 참여하고 반도체공급망협의체 '칩4'에도 초기 참여해 국익에 유리한 환경을 만드는 노력을 지속하고 있다"고 답했다.

블링컨 "핵 등 모든 자산 활용해 한국 방어할 것"

블링컨 장관은 "조 바이든 대통령이 말했듯 한미동맹은 역내 평화와 번영을 위한 핵심축"이라며 "한국 정부가 2022년 12월 발표한 새로운 인도태평양 전략은 역내 부상하는 도전에 대한 우리의 공동이익을 반영한다"고 말했다. 또한 "핵과 재래식 무기, 미사일 방어체계를 포함해 모든 범위의 자산을 이용해 한국을 방어할 것을 약속했다"고 강조했다. 다른 안보도전에 있어서도 "3국 공조를 강화할 것"이라며

"우리의 동반자 관계는 인도태평양을 넘어선다. 우리는 러시아의 우크라이나 침공에 있어서도 하나로 뭉칠 것"이라고 했다.

한미 외교 공동 기자회견

한편 양측은 이날 한미 과학기술협력 개정 및 연장 의정서에 서명했다. 이에 따라 반도체 등 핵심기술을 비롯해 우주 등 전방위 분야에서 양국 간 기술교류가 한층 확대될 전망이다. 블링컨 장관은 "이번 협정으로 양국의 협력범위가 오랫동안 협력했던 분야뿐 아니라 생명공학과 퀀텀, 인공지능(AI) 등 첨단 분야로까지 확장될 것"이라고 평가했다.

HOT ISSUE · 9위

애플페이 국내 도입 공식 확인 … 3월 초 출시 전망

애플사의 비접촉식 간편결제시스템인 애플페이가 국내에서 서비스를 개시할 수 있게 됐다. 금융위원회(금융위)는 2023년 2월 3일 "관련 법령과 그간의 법령해석을 고려한 결과 신용카드사들이 필요한 관련 절차를 준수해 애플페이 서비스 도입을 추진할 수 있음을 확인했다"고 밝혔다. 애플페이 국내서비스 개시일은 3월 초가 될 것으로 파악됐다.

현대카드, 배타적 사용권 포기 … 단말기 보조 가능

현대카드는 그동안 미국 애플사와 계약을 맺고 애플페이의 국내 출시를 준비해왔다. 금융감독원이 2022년 12월 애플페이의 약관심사를 완료한 사실이 알려지면서 국내서비스 출시가 임박한 것 아니냐는 관측을 낳았다. 그러나 대형가맹점에 **NFC***(Near Field Communication, 근거리 무선통신) 호환 단말기 설치비를 보조해주는 단말기 보급계획을 둘러싸고 '부당한 보상금의 제공' 문제가 불거지면서 서비스 출시가 지연돼왔다.

NFC

약 10cm 이내의 근거리에서 데이터를 교환할 수 있는 비접촉식 무선통신(근거리 무선통신)이다. 스마트폰에 교통카드, 신용카드, 멤버십카드, 쿠폰 등을 탑재할 수 있어 일상생활에 널리 쓰이고 있다. 짧은 통신거리라는 단점이 있으나 기존 RFID(전자태그) 기술보다 보안성이 높다는 장점이 있다. 또한 기존 근거리 무선데이터 교환기술은 '읽기'만 가능했던 반면, NFC는 '읽기'뿐만 아니라 '쓰기'도 가능하다.

여신전문금융업법은 대형가맹점에 카드단말기를 무상 제공하는 행위를 부당한 보상금의 제공으로 보고 금지하고 있다. 국내 신용카드 가맹점 290만개 가운데 애플페이와 호환되는 NFC 단말기를 보유한 곳은 대략 10% 미만으로 설치보상금 지급 없이는 단말기의 신속한 보급에 한계가 있을 것으로 업계는 보고 있다. 이와 관련해 현대카드는 기존 도입계획을 수정하고서야 법령 해석상의 예외사유를 인정받을 수 있었다. 이를 위해 현대카드는 일정기간 가질 수 있었던 애플페이의 국내 배타적 사용권을 포기한 것으로 전해졌다.

신규 보급되는 단말기는 앞서 국내 신용카드사들이 합작해 만든 NFC 결제규격인 '저스터치(JUSTOUCH)'와 호환성을 갖춰야 한다. 금융위는 신기술을 활용한 간편결제 방식 개발 등 환경변화에 카드사가 적극적으로 대응하기 위한 경우에 한해 보상금 지급 예외사유를 인정해줬다. 그러나 이런 경우에도 제휴사와 배타적 거래를 위한 계약목적이라면 인정하지 않았다. 현대카드가 배타적 사용계약을 포기하면서 다른 카드사들도 향후 애플페이 서비스 제휴를 맺을 수 있을 것으로 전망된다.

단말기 보급률, 카드 수수료율이 관건

한편 애플페이를 이용한 모든 거래가 비자, 마스터 등 해외 브랜드사의 결제망을 거쳐 처리되는 결제방식과 관련해서는 현행 법령에 위배되는 점이 없는 것으로 금융위는 확인했다. 다만 금융위는 각종 비용부담을 소비자나 가맹점에 전가해서는 안 되며 소비자 보호방안도 충실히 마련할 것을 주문했다. 또한 "(제휴) 신용카드사는 애플페이 관련 수수료 등 비용을 고객 또는 가맹점에 부담하게 하지 않아야 한다"며 "고객 귀책이 없는 개인정보 도난·유출 등으로 야기된 손해에 대한 책임을 지는 등 소비자 보호방안도 마련해야 할 것"이라고 말했다.

다만 애플페이가 가능해졌다고 관련 법상 페이팔, 위챗페이, 알리페이 등 다른 해외 간편결제서비스가 자동으로 국내시장에 진출하기는 쉽지 않을 전망이다. 또 애플페이를 쓰기 위해 필수적인 NFC 단말기 보급률이 현재로선 10% 안팎으로 낮아 출시 직후 영향력은 미미할 것이란 예상도 있다. 애플이 카드사에 요구하는 수수료도 소비자 사용금액의 0.1~0.15% 수준인 것도 서비스 확산속도를 늦추는 요인이 될 수 있다. 한편 카드사 등으로부터 단말기 설치 지원을 받기 어려운 연매출 30억원 이하 영세·중소 가맹점의 경우 신용카드사회공헌재단과 동반성장위원회에서 NFC 및 QR코드 단말기를 지원받을 수 있다고 금융위는 전했다.

HOT ISSUE **10**위

불붙은 노인연령 상향 논란 … 무임승차·연금·정년 기준연령까지

일부 지자체에서 지하철 무임승차 연령을 높이자는 주장이 나오면서 '만 65세'인 노인 기준연령 상향 논의가 다시 불붙고 있다. 때마침 국민연금 개혁을 통해 가입연령과 수급개시연령을 늦추자는 주장도 함께 제기되고 있는 가운데 정부가 정년연장과 정년 후 계속 고용을 추진하고 있어 관련 논의는 더 활발해질 전망이다.

무임승차 기준연령, 연금개혁·정년연장과도 맞물려

현행 노인복지법은 '국가 또는 지방자치단체가 65세 이상의 자에게 수송시설, 고궁, 박물관, 공원 등의

공공시설을 무료로 또는 이용요금을 할인해서 이용하게 할 수 있다'고 규정하고 있다. 그러나 노인 기준연령을 늦추자는 주장은 그동안에도 꾸준히 제기돼왔다. 관련 법률마다 다르지만 대체로 노인의 기준연령은 오랫동안 '만 65세'로 굳어져 있는 상태다. 하지만 의학발달 등으로 노인의 건강상태가 과거에 비해 좋아지고 있는 데다 '현역'에서 일하는 노인이 전보다 늘면서 더 늦은 나이부터 노인으로 봐야 한다는 주장이 꾸준히 나오고 있다.

이런 논의에 불을 지핀 것은 대구시와 서울시다. 대구시가 지하철 무임승차 연령을 만 65세에서 70세로 상향하는 방안을 검토한다고 발표한 뒤 서울시도 연령기준 개편에 나설 뜻을 밝히며 무임승차에 따른 손실을 국가가 보상해야 한다고 주장하고 나선 것이다. 정부와 국회에서 한창 추진 중인 국민연금 개혁에서도 연금을 수급할 수 있는 노인이 몇 살부터인지에 대한 논의가 급물살을 타고 있다.

노인 기준연령은 관련 법률마다 다양하다. 지하철 무임승차로 이번 논란이 촉발됐지만, 노인에게 보장해야 할 혜택의 목적과 특징이 그만큼 다르다는 의미다. 국회입법조사처가 지난 2021년 11월 내놓은 '노인 연령기준의 현황과 쟁점(김은표)' 보고서에 따르면 국민연금, 기초연금, 노인장기요양보험(65세

이하 노인성 질환자 포함), 경로우대제도, 노인맞춤 돌봄서비스 등 사회보장제도는 대부분 만 65세 이상을 노인으로 보고 있다. 주택연금의 경우 만 55세 이상을, 농지연금(노후생활안정자금)은 만 60세 이상을 노인으로 규정한다. 정년은 만 60세이지만, 육체노동의 가동연한을 만 65세까지로 본 대법원 판례도 있다. 또 고용정책에서 고령자는 '만 55세 이상'을 뜻한다.

비정규직·임시직으로 내몰리는 노인들

입법조사처의 보고서는 우리나라가 "경제협력개발기구(OECD) 국가 중 가장 높은 노인빈곤율과 노인자살률을 보이고 있는 상황에서 노인 기준연령 상향이 이런 상황을 더 악화시킬 수 있다"고 우려했다. 그러면서 "단지 복지재정 관점에서 접근할 것이 아니라 우리 사회를 위해 헌신한 노인들의 행복한 삶에 초점을 맞춰야 한다"고 강조했다. 한국의 노인빈곤율(노인인구 중 중위소득의 50% 이하인 사람의 비율)은 2020년 38.97%로 OECD 평균 13.5%(2019년 기준)보다 2.9배나 높다. 같은 노인들 사이에서의 빈부격차도 커서 65세 이상의 지니계수*(Gini coefficient)는 우리나라(2018년 기준)가 코스타리카와 칠레 다음으로 높다. 근로소득 또한 노인소득의 52.0%나 차지했는데, 이런 비중이 50% 이상인 나라는 OECD 국가 중 우리나라를 제외하면 멕시코(57.9%)뿐이다.

노인의 지하철 무임승차 문제와 관련해서는 경제논리로만 따져봐도 노인에게 승차료를 받지 않아 드는 비용보다 무임승차로 인해 얻게 되는 경제적 이익이 더 크다는 주장도 나온다. 유정훈 아주대(교통시스템공학) 교수가 지난 2014년 내놓은 분석에 따르면 지하철 경로무임승차 연령상향으로 늘어나는 수입이 한 해 1,330억원인 데 반해 무임승차를 현행대로 유지할 경우 자살과 우울증 예방, 의료비 절감, 관광산업 활성화와 같은 사회적 편익이 약 2,270억원 발생했다.

실내마스크 착용 의무 해제 … 대중교통·병원선 꼭 써야

지난 2022년 5월 실외마스크 착용 의무 해제에 이어 2023년 1월 30일부터 대중교통, 병원 등 일부 시

설을 제외하고는 마스크 착용 의무가 사라졌다. 이로써 2020년 10월 코로나19 방역조치로 도입된 정부 차원의 마스크 착용 의무는 27개월여 만에 사라지게 됐다.

학교, 어린이집, 대형마트 등에서도 마스크 벗는다

학교와 유치원, 어린이집은 물론 경로당, 헬스장, 수영장에서도 마스크 착용은 의무가 아닌 자율에 맡겨진다. 코로나19 겨울철 재유행이 정점을 지나 감소세에 접어든 데다 위중증·사망자 발생도 안정세를 보이면서 마스크 착용을 '규제'가 아닌 개인 선택의 영역으로 넘긴 것이다. 다만 의료기관과 약국, 감염취약시설, 대중교통 등에서는 실내마스크 착용 의무가 유지된다. 실내외 마스크 착용 의무가 원칙적으로 해제된 가운데 일부 장소에서만 의무가 남게 되면서 다소간의 혼선은 불가피할 것으로 보인다.

실내마스크 착용해야 하는 구체적인 장소

1월 30일부터 실내마스크 착용 의무 해제, 관할 지자체별 추가 가능

마스크 착용	'노마스크' (마스크 착용 의무 해제)
의료기관·약국	대형마트, 백화점, 쇼핑몰 등
대형마트에 있는 약국	마트 내 이동통로 등 공용공간
병원 등 의무시설 내 헬스장	병원 1인병실 환자·간병인*
병원 등 마스크 착용 의무시설의 탈의실	병원 등 마스크 착용 의무시설의 수영장, 목욕탕* (탕 안, 발한실, 샤워실 등)
감염취약시설(입소형 시설) 요양병원·장기요양기관, 정신건강증진·장애인복지 시설	감염취약시설 중 입소형 시설의 다인 침실·병실 등 사적인 공간*
감염취약시설 중 입소형 시설의 복도, 휴게실 등 공용공간	
대중교통수단 탑승 중(버스, 철도, 도시철도, 도선, 여객선, 택시, 항공기, 전세버스 등)	대중교통수단 승하차장, 지하철역, 기차역, 공항 등 내·외부
유치원·학교·학원 통학차량	학교·학원·어린이집 교실

*과태료 부과 예외상황, 원칙적으로는 착용

자료 / 질병관리청

일례로 방역당국의 지침에 따르면 대형마트, 백화점, 쇼핑몰 등에서는 마스크를 쓰지 않아도 되지만 대형마트 내 병원이나 약국에서는 마스크를 써야 한다. 원칙적으로 마스크를 써야 하는 병원·감염취약시설 내 헬스장·탈의실에서도 마스크를 써야 한다. 반면 병원의 1인병실, 입소형 감염취약시설의 사적 공간은 과태료 부과 예외대상이어서 마스크를 벗어도 된다. 이외에도 실내마스크 미착용으로 과태료가 부과되는 대상은 지자체별로 추가할 수 있기 때문에 지역마다 실내마스크 착용이 의무인 시설이 다를 수 있어 확인이 필요하다.

'3밀' 공간에서는 착용 적극 권고

방역당국은 혼선을 방지하기 위해 마스크 착용 의무시설에는 마스크 착용 방역지침을 게시해 '착용 의무시설'임을 안내하도록 했다. 아울러 방역당국은 실내마스크 착용 의무가 해제된 공간이라 하더라도 ▲ 코로나19 의심증상이 있거나 의심증상이 있는 사람과 접촉하는 경우 ▲ 고위험군이거나 고위험군과 접촉하는 경우 ▲ 최근 2주 사이 확진자와 접촉한 경우 ▲ 환기가 어려운 3밀(밀접, 밀집, 밀폐) 실내환경에 있는 경우 ▲ 다수가 밀집한 상황에서 함성, 합창, 대화 등 비말 생성행위가 많은 경우 마스크 착용을 '강력 권고'했다.

2022년 4월 사회적 거리두기 조치 해제, 같은 해 5월 실외마스크 착용 의무 해제에 이어 대부분의 실내마스크 착용 의무도 사라지게 되면서 '일상회복'에 한 걸음 더 다가서게 됐다. 이제 대중교통 등 일부 남아 있는 실내마스크 착용 의무를 제외하면 '확진자 7일 격리'가 유일한 코로나19 방역조치로 남게 됐다. 정부는 세계보건기구(WHO)가 코로나19 공중보건 비상사태를 해제하고 국내 위기단계도 조정되는 시점에 확진자 격리의무 조정을 검토한다는 방

침이다. 정재훈 가천의대 교수는 "실내마스크 의무 조정은 '사회적 거리두기' 종료와 비슷한 큰 의미를 가진다고 생각한다"며 "사회적 거리두기 중단이 팬데믹의 가장 큰 위기가 지나갔다는 신호였다면 실내마스크 의무 조정은 **엔데믹***(Endemic) 체제로의 본격적 전환의 시작"이라고 평가했다.

엔데믹

특정 지역에서 주기적으로 발생하는 풍토병을 가리키는 말이었으나 코로나19 확산 이후 팬데믹과 구분하기 하기 '주기적으로 발생하는 감염병'이라는 의미로 사용하고 있다. 코로나19가 감염병의 대유행단계인 팬데믹 상황에서 백신접종률 상승 및 치료제 개발, 사회대처능력 향상 등으로 치명률이 낮아지자 WHO가 코로나19가 완전히 종식되지 않고 지역적으로 확산됐다가 사라지는 감염병의 형태를 '엔데믹'이라고 제시하면서 널리 사용되고 있다.

실업급여·직접일자리 축소 … 일자리정책 패러다임 전환

정부가 앞으로 구직자에게 현금을 지원하는 대신 구직자의 취업을 촉진하고 근로의욕을 높이는 방향으로 일자리정책을 전환한다. 정부 주도의 직접일자리 사업을 줄이고 민간일자리 창출을 뒷받침하기 위한 직업훈련, 고용서비스도 강화한다. 고용노동부(노동부)는 1월 30일 정부서울청사에서 한덕수 국무총리 주재로 열린 국무회의에서 이 같은 내용을 담은 '제5차 고용정책 기본계획'을 발표했다.

실업급여 수급자 구직 유도 강화

제5차 고용정책 기본계획은 ▲ 청년·여성 등 고용 취약계층을 핵심 정책대상으로 설정 ▲ 사업·인구 구조 전환 등 미래 대응체계 구축 ▲ 인력수급 미스매치 해소 ▲ 현금지원 대신 서비스 중심의 노동시장 참여촉진형 고용안전망 구축 ▲ 직접일자리 제공 대신 민관협업 노동시장정책 강화 등 크게 5가지로 요약된다. 노동부는 "그동안 우리 일자리정책은 현금지원, 직접일자리 확대 등 단기·임시 처방으로 당장의 위기를 모면하는 선택을 해왔다"고 정책전환의 배경을 설명했다.

노동부는 코로나19 사태를 맞아 지난 몇 년간 현금지원에 치중하면서 고용서비스 본연의 취업촉진기능이 약해졌다고 진단했다. 이에 실업급여(구직급여) 수급자의 반복수급과 의존행태를 개선하기 위해 실업급여 액수를 줄이고 대기기간을 연장하는 방안을 추진한다. 구직자들에게는 맞춤형 재취업서비스를 제공하고 구직활동을 지원한다. 실업급여는 직장에서 해고당한 근로자를 돕는다는 좋은 취지의 제도지만, 일하지 않아도 돈이 나오기 때문에 근로의

실업급여제도 개선 내용

수급자 구직활동에 대한 개입 강화
실업인정 재취업활동 강화기준 전면 적용(2023년 5월~)
• 허위·형식적 구직활동(이력서 반복 제출 등) 및 면접 불참 등에 구직급여 부지급 등 제재
• 실업급여 수급자에 구직의무 부여 및 상담사 개입 강화(대면 실업인정 확대, 재취업활동 의무횟수 증가 등 구직활동 촉진)

구직급여 반복수급 및 의존행태 개선
반복수급자 구직급여 감액 및 대기기간 연장 추진
• 5년간 3회 이상 반복수급자의 구직급여 50~10% 조정 및 대기기간 1주에서 4주 연장
• 반복·장기 수급 제한 : 반복수급자의 재취업활동은 구직활동으로만 제한, 장기수급자는 8차 이상부터 1주 1회 이상 구직활동 의무화

추가적인 실업급여제도 개선안 마련
구직급여 기여기간, 지급 수준·기간·방법 등 종합적 제도개선 추진(2023년 상반기 중)

자료 / 고용노동부

욕을 떨어뜨린다는 문제제기가 끊이지 않았다. 실업급여 수급자는 2017년 120만명에서 2021년 178만명으로 급증했고, 2022년에는 163만명을 기록했다. 2023년 실업급여 하한액은 월(30일) 기준으로 184만 7,040원에 달한다.

더불어 실업급여(구직급여) 수급자의 재취업률을 높이기 위해 더 적극적으로 구직활동을 하도록 유도한다. 앞으로 3년 안에 실업급여 수급자의 수급 중 재취업률을 26.9%에서 30%로, **국민취업지원제도*** 참여자의 취업률을 55.6%에서 60%로 끌어올린다는 것이 정부 계획이다. 이를 위해 노동부는 실업급여 수급자에게 구직의무를 부여하고 상담사 개입을 강화하기로 했다. 우선 반복수급자의 실업급여 감액, 대기기간 연장을 주 내용으로 하는 고용보험법과 고용산재보험료징수법 개정안이 국회를 통과할 수 있도록 적극적으로 지원할 예정이다. 2022년 7월 마련한 대책에 따라 오는 5월부터는 이력서 반복 제출과 같은 형식적 구직활동과 면접 불참, 취업 거부 시 실업급여를 지급하지 않는다.

국민취업지원제도

'구직자 취업촉진 및 생활안정지원에 관한 법률'에 따라 2021년 1월 1일부터 시행된 제도다. 저소득 실업자, 경력단절 여성, 청년 등 취업 취약계층(만 15~69세, 중위소득 50% 이하)에 취업지원서비스 및 구직촉진수당을 제공하여 노동시장 진입을 도와주는 것을 목표로 하는 복지정책이다. 정부예산으로 수당을 지급하여 '한국형 실업부조'라고도 한다.

생산연령인구 감소에 대한 대책 추진

직접일자리 유사·중복 사업은 통폐합하고, 직접일자리 반복 참여자들에 대해서는 민간일자리로의 이동을 촉진하기 위한 지원을 의무화한다. 직접일자리 14개사업에 참여한 4만 8,000명이 그 대상이다. 노동부는 정부재정이 지원되는 일자리사업을 평가해

지원금이 3회 감액되면 사업을 폐지하기로 했다. 고용장려금 사업은 17개에서 5개로 줄이고, 고용보험 사업 제도개선을 통해 2023년 고용보험 재정수지를 흑자로 전환할 계획이다.

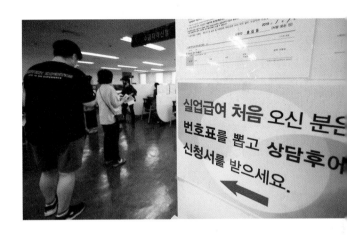

노동부는 저출산·고령화로 2030년까지 생산연령인구가 357만명 감소할 것으로 예상됨에 따라 청년, 여성, 고령자 등 정책대상별 고용률 목표를 수립했다. 청년 고용률은 2021년 53%에서 2027년 58%, 여성 고용률은 57%에서 63%, 고령자 고용률은 66%에서 71%로 끌어올릴 계획이다. 노동부와 기획재정부는 '범정부 일자리 태스크포스(TF)'를 운영하고, 고용상황이 악화하면 비상계획을 가동할 방침이다.

HOT ISSUE　　**13위**

홍콩 야권인사 47명 기소 … 최대 규모 국가보안법 재판 돌입

홍콩에서 2월 6일 야권인사 47명이 기소된 최대 규모 국가보안법(보안법) 재판이 시작했다. 이날부터 90여 일간 진행될 재판은 2020년 6월 중국이 홍콩 국가보안법을 직접 제정해 시행한 후 열리는 최대 규모 국가보안법 재판이다.

보안법 재판이 열리는 홍콩법원 앞(2월 6일)

국가전복 혐의 재판 vs 민주화 저지 재판

재판이 시작된 날 법원 앞에는 방청을 요구하는 시민 100여 명이 몰렸다. 일부 시민들은 "정치범들을 즉각 석방하라"는 구호를 외치며 시위를 했다고 AFP 통신 등이 전했다. 홍콩프리프레스(HKFP)는 "방청을 위해 전날 저녁부터 법원 앞에 와서 길에 이불을 깔고 노숙한 사람들이 많았고, 이날 오전 8시께에는 최소 200명이 줄을 섰다"며 "대기 줄에는 홍콩 주재 영국, 미국, 독일, 스웨덴, 호주, 이탈리아, 유럽연합(EU), 프랑스 등 여러 나라 영사관 대표들도 있었다"고 전했다.

경찰의 삼엄한 경비 속에서도 법원 앞에서는 민주 진영 단체 회원 3명이 "탄압은 수치다. 모든 정치범을 석방하라"고 적힌 팻말을 들고 시위에 나섰다고 AFP는 전했다. 보안법 시행 후 홍콩에서는 대규모 시위가 자취를 감춘 상황이다.

AFP 통신은 "국가보안법이 모든 체포와 기소에서 새로운 전례를 만들어내며 홍콩의 정치적 지형과 관습법의 법적 전통을 바꿨다"고 지적하고, "이제 시위와 당국에 대한 도전은 법적 위험을 감수해야 한

다"고 덧붙였다. 미국 조지타운대 아시아법센터의 에릭 라이 연구원도 뉴욕타임스(NYT)에 "이번 재판은 47명의 야권인사뿐만 아니라 홍콩 민주화운동에 대한 재판"이라고 비판했다.

선거제 개편 + 선거 지연 + 배심원 없는 재판

홍콩야권은 2020년 9월로 예정됐던 입법회선거를 앞두고 야권후보를 뽑는 비공식적 예비선거를 진행했다. 이를 통해 야권을 결집, 입법회선거에서 과반수 의석을 확보하겠다는 계획이었다. 전 홍콩대 교수 베니 타이, 전 입법회 의원 아우녹힌 등이 주도했고, 대표적 민주운동가 조슈아 웡과 레스터 섬, 민간인권전선 대표 지미 샴, 전 입법회 의원 클라우디아 모·렁쿽흥·람척팅·레이먼드 찬, 기자 출신 기네스 호 등이 선거에 참여했다.

홍콩국가보안법 위반혐의로 기소된 47명

2019년 홍콩을 뒤흔든 반정부시위의 여세를 몰아 진행된 해당 예비선거는 약 60만명의 시민이 참여하며 호응했다. 그러나 홍콩검찰은 해당 선거가 불법이며 행정수반을 낙마시키려는 목적으로 잘 조직된 정부전복계획이라고 지적하고, 2021년 2월 관련 인사 47명을 기소했다. 또한 홍콩정부는 예비선거 이후 코로나19를 이유로 입법회선거를 전격 연기했고, 중국은 '애국자'만 출마할 수 있도록 홍콩의 선거제*를 전면적으로 손봤다. 결국 홍콩 입법회선거는 예정보다 15개월 후인 2021년 12월에 열렸고, 바뀐

선거법으로 인해 홍콩 민주진영이 아무도 출마하지 않은 가운데 투표율은 사상 최저를 기록했다.

홍콩 의회선거제

2021년 1월 시진핑 중국 국가주석이 "애국자에 의한 홍콩 통치"를 언급하며 구체화됐고, 5월 27일 홍콩의회인 입법회에서 개편안이 통과됐다. '중국에 애국자'를 기준으로 한 당국의 공직선거 출마 후보자 자격심사, 행정장관 선거인단에 친중파 세력확대, 입법회 선출직 축소 등을 골자로 한다. 중국을 반대하고 홍콩을 교란하는 분자들과 경외 반중국 세력 대리인의 홍콩특구 관리기구 진입을 막는 것이 목적이다.

현재 홍콩국가보안법은 국가분열, 국가정권 전복, 테러활동, 외국세력과의 결탁 등 4가지 범죄를 최고 무기징역형으로 처벌할 수 있도록 한다. 따라서 기소된 민주인사들은 가담 정도에 따라 최소 3년의 징역형에서 최대 종신형을 선고받을 수 있다. 한편 **중대범죄에 대해선 보통 배심원 재판으로 이뤄지지만, 이번 사건은 배심원 없이 홍콩 행정장관이 직접 지명한 3명의 판사가 심리한다.**

HOT ISSUE

14위

인권 검증대 오른 일본 …
위안부·오염수 등 개선권고 잇따라

유엔 국가별 정례 인권검토(UPR) 회의장

1월 31일(현지시간) 유엔(UN, 국제연합) 제네바 사무소에서는 일본에 대한 국가별 정례 인권검토(UPR) 절차에서 자국의 인권상황을 점검받은 일본이 회원국들로부터 제2차 세계대전 당시 위안부·강제징용 피해 문제, 후쿠시마원전 오염수 방류 문제 등을 해결하라는 지적을 받았다.

사형제, 차별금지법, 원전오염수 등 문제 산적

UPR은 UN 회원국 193개국이 돌아가면서 자국 인권상황과 권고이행 여부 등을 동료 회원국들로부터 심의받는 제도로 2008년부터 시행됐다. 여기에서 일본은 유럽을 비롯한 많은 회원국들로부터 완전한 사형제 폐지, 성소수자 차별금지 등을 주문받았다. 일본은 사회적 논쟁 속에서도 사형제를 유지하면서 실제 집행도 하고 있다.

회원국들은 일본의 과거사 문제까지 들췄다. 중국 측 대표는 "일본이 위안부 피해자 등에게 저지른 역사적 죄책을 경시해왔다"며 "책임 있는 태도로 반성하고 피해자에게 보상할 것을 권고한다"고 밝혔다. 북한 측도 강제징용 문제까지 추가하며 '제2차 세계대전과 그 이전에 행해진 강제징용과 성노예(위안부 피해) 문제에 대해 국가책임하에 구체적인 해법을 제시하고 진술한 사과를 하라'고 요구했다. 우리나라 윤성미 주 제네바 한국대표부 차석대사도 "일본이 한국과 긴밀하게 협력해 위안부 피해자들의 명예와 존엄을 되찾고 그들의 정신적 상처를 치유할 수 있게 귀를 기울이기를 권고한다"고 밝혔다.

후쿠시마 제1원전 내 오염수 처리 문제를 우려하는 목소리도 이어졌다. 일본정부는 2011년 후쿠시마 원전사고로 오염된 물을 원전부지 내 수백여 개의 탱크에 보관하고 있었는데, 2023년부터 바다로 방류할 계획이다. 일본 측은 이 물을 오염수가 아닌 처리수라고 부르며 대부분의 방사성 핵종을 제거한 상태라고 설명하고 있다. 그러나 이런 정화과정을 거쳐도 방사성 물질인 **삼중수소***(트리튬)가 남기 때문에 국제원자력기구(IAEA)가 오염수 방류의 안전성을 검증하고 있다.

오염수 방류 문제에 우려를 표명한 나라 가운데에는 태평양 섬나라들이 많았다. 마셜제도 대표는 "방류가 끼칠 영향을 포괄적으로 조사하고 데이터를 공개할 필요가 있다"고 주문했고, 사모아 대표는 "오염수 방류가 사람과 바다에 끼칠 영향에 관한 검증 가능한 데이터가 제공되기 전까지는 일본이 방류를 자제할 것을 권고한다"고 말했다.

일본, 강제징용의 강제성 부정하며 기존입장 되풀이

일본은 이런 문제들이 제기될 때마다 했던 주장과 비슷한 원론적인 답변을 내놨다. 위안부 피해 문제와 관련해 "2015년 12월 한일 외교장관 회의에서 이뤄진 합의에 따라 위안부 문제는 최종적이고 해결을 본 것"이라고 말했다. 피해자 지원성금에 출연한 점, 반성의 뜻을 담은 총리 서명 서한이 피해자들에게 전달됐다는 점도 거론했다. 원전 오염수 방류 문제에 대해서는 "방류될 물은 국제안전기준이 허용하는 수준보다 훨씬 낮은 방사성 물질만 남았을 정도로 충분한 정화과정을 거친 것이며, IAEA가 모니터링을 하고 있다"고 답했다.

후쿠시마원전 오염수 저장탱크

한일 간 최대 외교적 현안인 강제징용 문제에 대해서도 기존입장을 고수했다. 일제강점기 당시 모집, 관(官) 알선, 징용 등을 통해 제공된 노동력이 강제노동협약(Forced Labour Convention)상 강제노동 개념에 해당하지는 않는다며 "강제노동으로 묘사하기 부적절하다"고 주장했다. 이에 외교부 당국자는 일본이 밝힌 강제징용 관련 입장에 대해 "미래지향적인 관계 발전을 위해 과거사를 직시할 필요가 있다고 계속 일본과 소통하고 있다"고만 말했다.

HOT ISSUE **15위**

광고요금제·계정공유 차단 … 넷플릭스 전략에 엇갈린 반응

성장 정체기에 들어선 글로벌 온라인 동영상 서비스(OTT) 넷플릭스가 빼든 광고요금제와 계정공유 차단 전략에 대한 전망이 각각 엇갈렸다. 이미 상당 부분 도입된 넷플릭스 광고요금제는 거부할 수 없는 흐름으로 안착하고 있지만, 계정공유 차단은 구독자들의 거부감도 큰 데다 '어디까지 관리할 것인가'에 대한 문제가 남아 있어 지켜봐야 한다는 의견이 주를 이룬다.

'머스트 해브' 플랫폼 ··· 저가버전은 시대적 대세

넷플릭스의 초기 영업전략은 광고 없는 구독시스템이었지만, '머스트 해브(Must have)' 플랫폼이 된 시점에서 결국 광고가 도입됐다. 미국의 경우 광고요금제가 도입된 지 3개월이 된 가운데 현지 거부감은 그렇게 없는 분위기다. 이미 훌루와 피콕, HBO 맥스 등 다른 OTT들이 광고를 포함한 저가요금제를 내놓은 영향도 있다. 미국에 거주하며 스트리밍 서비스 분야 뉴스레터 '다이렉트미디어랩'을 운영하는 한정훈 대표는 2023년 1월 29일 "넷플릭스도 밝혔듯 광고요금제 도입 후 기존고객 이전(**카니발라이제이션***, Cannibalization)과 비교해 신규고객이 많은 것 같다"며 "광고버전이 유료버전보다 1인당 매출(ARPU)이 높다는 분석도 있고, 광고를 포함하더라도 다양한 스트리밍을 보겠다는 고객이 많다. 장기적으로는 넷플릭스도 광고요금제 고객이 절반 가까이 될 것으로 본다"고 예측했다.

카니발라이제이션

식인풍습을 뜻하는 'cannibal'에서 유래한 마케팅 용어로 '자기잠식'을 뜻한다. 어떤 기업의 새로운 비즈니스 모델이나 기술이 그 기업에서 기존에 판매하고 있던 다른 기술이나 비즈니스 영역까지 침범하여 매출에 부정적 영향을 끼치는 것이다. 다만 이런 자기잠식이 일어난다는 것은 해당 영역에 아직 성장 가능성이 남아 있다는 신호로 볼 수 있어 위험성에도 불구하고 경쟁기업의 침투를 막기 위해 신제품을 계속 출시한다.

관건은 저가요금제와 고가요금제 콘텐츠를 분리할지 동일하게 둘지다. 넷플릭스는 현재로서는 광고요금제에서 모든 콘텐츠를 서비스하지 못한다고 했지만, 향후에는 결국 포함할 것으로 보인다. 한 대표는 "시장 포화상태에서 가입자를 늘리기보다 유지하면서 이들을 통해 매출을 높여야 하고, 광고주를 위해서도 구독자 규모는 가져가야 한다"고 분석했다. 우리나라의 경우에도 일정수준의 구독자 규모가 완성됐고, 오리지널 콘텐츠도 꾸준히 생산되기 때문에 넷플릭스로서는 광고요금제가 해볼 만한 승부라고 설명한다.

계정공유 차단 확대 강행

한편 넷플릭스는 캐나다와 뉴질랜드, 포르투갈, 스페인에서 계정공유에 대한 단속에 들어간다고 2월 8일(현지시간) 발표했다. CNBC 방송 등에 따르면 넷플릭스는 이날 해당 국가의 사용자들은 주 시청장소를 설정해야 하며 이곳에 살지 않는 사용자를 위해 계정당 2개의 보조계정 설정이 허용된다고 밝혔다. 이외 계정공유자에 대해서는 국가별로 일정 금액의 추가사용료를 부과할 전망이다. 또한 3월부터는 미국에서도 계정공유에 대한 단속에 들어갈 예정이다.

넷플릭스는 전 세계적으로 1억가구 이상이 계정을 공유해 쓰고 있다면서 이로 인한 매출타격으로 새로

운 콘텐츠에 대한 투자능력이 손상되는 실정이라고 말했다. 이미 칠레, 코스타리카, 페루에서는 2022년부터 3달러(약 3,800원) 상당의 추가요금을 부과하는 정책을 시행했으며, 같은 해 10월에는 원활한 유료화 작업을 위해 계정공유자의 개인의 시청기록과 추천콘텐츠 정보 등을 하위계정에 그대로 옮길 수 있는 '프로필 이전 기능'을 도입했다. 이어 4분기 실적발표 이후 공개한 주주서안에서 2023년 1분기 중에 계정공유 금지 및 추가과금 정책을 전 세계적으로 시행하겠다고 선언한 바 있다.

관계자들은 넷플릭스가 계정공유 유료화를 도입하면 시행 초기 일부 가입자 취소가 있을 수 있지만, 장기적으로 제도가 정착되면서 수익 개선효과를 낼 것으로 기대하고 있다고 전했다. 한편 최근 넷플릭스가 계정공유를 단속할 것이라는 소식이 전해지며 국내 이용자들 사이에 혼란이 빚어졌으나, 이후 넷플릭스는 본사 공지를 번역해 올리는 과정에서 시차가 생기면서 '오해'가 있었다고 해명했다.

16위

조각투자 시장 열린다 ⋯
토큰증권 발행·유통 제도화

금융위원회(금융위)는 2월 5일 분산원장기술로 디지털화한 증권 발행·유통을 허용하는 내용을 담은 '토큰증권* 발행·유통 규율체계 정비방안'을 추진하겠다고 밝혔다. 블록체인(분산원장)기술을 증권 전자화 방식 중 하나로 정식 인정하기로 한 것이다. 이로써 앞으로 다양한 형태의 조각투자 증권이 손쉽게 발행돼 거래될 수 있는 제도적 기반이 마련된다.

토큰증권

분산원장기술을 활용해 자본시장법상의 증권을 디지털화한 '증권형 디지털자산'이다. 실물 기초자산 없이 디지털암호로 만든 코인(가상화폐)과 달리 미술품, 음원, 부동산 등 기존 증권방식으로 거래하기 힘든 다양한 비정형 투자자산을 사고팔기 위해 디지털 형태로 고안된 증권이다. 조각투자 수요를 반영하여 비정형자산을 1원, 10원, 1,000원 등 원하는 금액으로 조각투자하여 토큰증권을 사고팔 수 있다.

블록체인기술도 '공적장부'로 인정

분산원장에 기반해 발행된 증권은 증권을 종이(실물증권)가 아닌 전자화된 방식으로 기재한다는 점에서 기존 전자증권과 유사하지만, 금융회사가 중앙집권적으로 등록·관리하지 않고 탈중앙화된 분산원장기술을 사용한다는 점에서 차별된다. 따라서 기존 전자증권과 구별하기 위해 토큰증권이란 명칭을 사용하기로 했다. 일정요건을 충족하는 분산원장을 바탕으로 발행된 토큰증권에는 기존 전자증권과 동등한 법상 투자자 보호장치가 적용된다.

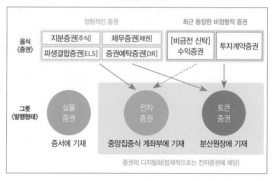

토큰증권 개념도

자료 / 금융위원회

토큰증권 도입으로 가장 달라지는 점은 일정요건을 갖춘 발행인이 증권을 직접 발행·등록하는 게 가능해진다는 점이다. 현행 전자증권은 증권사 등을 통해서만 전자등록할 수 있다. 금융위는 발행인 계좌관리기관 요건을 갖춘 사업자라면 조각투자 아이디어 실행을 위한 투자금을 모으기 위해 직접 토큰증

권을 발행할 수 있도록 허용하기로 하고 계좌관리기관 제도를 신설한다. 분산원장기술에 내재한 스마트계약기술 등으로 조각투자처럼 기존 전자증권으로 발행하기 어려웠던 다양한 권리를 사업자가 직접 토큰증권 형태로 쉽게 발행할 수 있을 것으로 금융위는 기대한다.

토큰증권을 사고팔 수 있는 유통시장 제도의 기반 마련을 위해 투자계약증권과 수익증권의 다자간 거래를 매매 체결할 수 있는 장외거래중개업 인가도 신설하기로 했다. 소액 발행된 다양한 토큰증권이 거래될 수 있는 소규모 장외 유통플랫폼이 출현하도록 하겠다는 의도다. 토큰증권을 대규모로 거래할 수 있는 상장시장인 '디지털 증권시장'도 한국거래소에 시범 개설한다.

판단 여부 원칙 제시 ··· 2023년 상반기 제도화

정부 발표안은 자본시장법상 증권에 해당하는 자산을 규율대상으로 삼고 있다. 자본시장법상 증권은 주식(지분증권)이나 채권(채무증권), 파생결합증권, 증권예탁증권, 수익증권, 투자계약증권 등으로 분류된다. 비트코인처럼 증권에 속하지 않는 디지털자산은 자본시장법·전자증권법 적용대상이 아니며 국회 입법을 통해 별도로 규율한다는 게 정부의 기본

방침이다. 현재 국내 가상자산거래소에서 거래되는 디지털자산이 증권으로 판명될 경우 발행인은 자본시장법 위반으로 제재대상이 된다.

금융위는 사업자들이 디지털자산 증권 여부를 판단할 수 있도록 이번 발표안에 판단원칙을 함께 제시했다. 판단기준은 2022년 4월 발표한 조각투자 가이드라인에서 제시한 기본원칙과 동일한 기준이 적용된다. 금융위는 앞서 음악저작권료 조각투자 플랫폼 뮤직카우에서 거래되는 상품에 대해 증권성을 최초로 인정한 데 이어 한우(스탁키퍼)나 미술품(테사, 서울옥션블루, 투게더아트, 열매컴퍼니) 조각투자와 관련해서도 증권에 해당한다고 판단한 바 있다.

토큰증권 발행·유통 규율체계

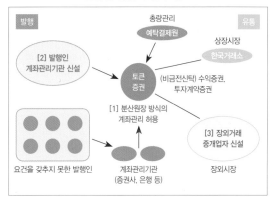

자료 / 금융위원회

금융위는 상반기 중 전자증권법과 자본시장법 개정안을 국회에 제출해 토큰증권 발행·유통의 제도화를 추진할 계획이다. 법 개정 전이라도 혁신성이 인정되는 경우 금융규제 샌드박스를 통해 투자계약증권의 유통이나 수익증권의 발행·유통을 테스트한다는 방침이다. 금융위는 "지금까지 허용되지 않던 장외시장이 형성됨에 따라 다양한 증권이 그 성격에 부합하는 방식으로 유통되고 다변화된 증권거래 수요를 충족할 수 있을 것"이라고 말했다.

17위

인도, 금지법에도 조혼악습 여전 … 위반자 2,000여 명 체포

인도 북동부에서 18세 미만 소녀들과 조혼한 남성 약 2,200명이 경찰에 체포됐다. 가난한 농촌이나 도시 지역에서 양가 가족 모두에게 금전적인 도움이 된다는 이유로 횡행하는 **조혼관습***을 뿌리 뽑기 위해 시작된 이번 체포작전은 현지 사원과 모스크 등을 중심으로 이뤄졌다.

인도 조혼관습

인도의 조혼관습은 기원전 1세기에 '마누'라는 힌두성인이 산스크리트어로 기록한 힌두교 법전인 '마누법전'에서 유래한다. 법전은 초경 전 여성을 신성시하여 부모가 딸이 초경 전에 결혼시키도록 의무화하고 있으며, 30세 남성과 12세 여성의 혼인을 가장 이상적이라고 기록하고 있다. 여성과 아동에 대한 차별의식을 반영한 것으로 현재까지도 신성불가침의 종교적 계율로 인식되고 있다.

인도 아삼주 전역에서 대대적 단속

로이터통신 등 외신은 지난 2월 3일(현지시간) 인도 북동부 아삼주(州) 경찰청이 구와하티 등 해당 지역 내에서 미성년 소녀들과 결혼을 주선한 혐의를 받고 있는 힌두교 사제와 이슬람 성직자 등 50여 명을 포함해 남성 2,169명을 체포했다. 이번 체포작전을 실시한 아삼 지역정부는 4일까지 총 4,004명의 '소녀 신부' 관련 조혼 가해자들을 체포해 구류하고 있는 상태다.

이날 체포작전에 동원된 관할 경찰관 히만타 비스와 사르마는 "조혼관습의 가장 큰 문제는 10대 소녀들이 임신과 출산 과정에서 매우 높은 사망위험에 처한다는 점"이라면서 "많은 소녀들이 18세 이전에 결혼하고 13~15세에 임신하고 있다. 현재 인도는 높은 산모 사망률과 미성년자 사망률 등의 사회적 문제를 안고 있다"고 지적했다.

성인 남성과 어린 소녀의 결혼(밀레니엄교육재단)

또한 "체포된 남성 무리 중에 이슬람교부터 힌두교, 기독교 등 각기 다른 종교를 믿는 신자들이 모두 포함돼 있었다"면서 "종교과 무관하게 조혼과 관련한 악습이 널리 번져 있는 것을 확인할 수 있었다. 또 종교와 거주지역, 부족문화와 큰 관련성이 없이 조혼이라는 극악무도한 범죄에 많은 남성들이 밀접하게 관련해 있는 것을 목격했다"고 전했다.

미성년자 결혼 금지됐지만 악습 여전해

인도에서는 1929년부터 법적으로 18세 미만 미성년자의 결혼을 금지해왔다. 2021년부터는 인도 연방정부가 여성의 혼인 최저연령을 기존 18세에서 21세로 상향조정하면서 인도의 법정 혼인 최저연령은 남녀 모두 21세로 같아졌다. 당시 결혼 최저연령 상향을 전면에 나서 추진했던 나렌드라 모디 인도 총리는 "정부가 딸과 여동생의 건강을 염려하고 있다"며 문제해결의 필요성을 공개했다.

하지만 여전히 인도 상당수 지역에서 법을 어기고 부모의 의지에 따라 자녀들을 결혼시키는 사례가 잦은 것으로 전해진다. 특히 가난한 시골에서는 수백만 명의 아이들이 조혼을 강요받고 있다. 유엔(UN, 국제연합)이 집계한 자료에 따르면 인도에 거주하는 미성년 '소녀 신부'는 무려 2억 2,300만 명에 달한다. UN 아동기구 유니세프는 지난 2020년 기준 한 해 동안에만 약 150만 명의 소녀들이 조혼했다고 밝혔다. 이 악습 탓에 인도 여성의 절반에 가까운 무려 47% 이상이 18세 이하의 나이에 결혼했을 정도로 문제가 심각하다.

인도의 조혼을 반대하는 어린이들

이 같은 상황은 지난 2020년 초 확산된 코로나19 사태로 더욱 악화했다. 인도정부가 방역을 위해 도시 곳곳을 봉쇄하자 경제적 어려움에 처한 가정에서 소녀들을 조혼으로 모는 사례가 급증한 것이다. 영국 비영리단체 차일드 라인은 지난 2020년 6월 이후 인도에서 접수된 조혼 관련 상담건수는 코로나19 사태 이전 대비 무려 17% 이상 급증했다고 집계했다. 빈곤층 가정에서 경제적 어려움이 커지자 어린 딸을 시집보내는 대가로 경제적 지원을 받거나 식솔을 줄이기 위한 것이 주요 목적이었다.

영국 교사·공무원 등 최대 50만 명 파업

2월 1일(현지시간) 영국에서 교사, 공무원, 기관사 등 최대 50만 명이 동시에 파업을 벌여 85%의 학교가 문을 닫고 기차가 멈췄다.

치솟는 물가에 살기 어려워 임금인상 요구

영국 산별노조의 상급단체인 노동조합회의(TUC)는 이날 교사 약 30만 명, 120여 개 정부 부처 등의 공무원 10만 명, 대학 교직원, 철도기관사, 런던 버스 운전사 등이 파업을 한다고 밝혔다고 BBC와 로이터 등이 보도했다. TUC는 약 100만 명이 참여했던 2011년 파업 이후 최대 규모라고 말했다. 최대 교사 노조인 전국교육노조(NEU)에 따르면 이날 잉글랜드와 웨일스 공립학교 2만 3,000곳 중 85%가 전부 혹은 일부 문을 닫았다. 잉글랜드의 공립학교 교사는 약 50만 명이고, 이들의 평균연봉은 3만 9,000파운드(5,900만 원)다.

파업에 참여한 교사, 공무원, 기관사 등의 런던 행진

총리실 대변인은 전날 파업으로 공공서비스에 상당한 차질이 예상된다고 우려하며 공항 등에 군인 600명을 투입할 계획이라고 밝혔다. 영국 싱크탱크 경제경영연구소(CEBR)는 2023년 1월까지 8개월

간 영국의 파업비용이 19억파운드(약 2조 9,000억원)에 달한다고 추산했다. 교사 파업비용은 하루에 2,000만파운드로 계산했다.

그러나 리시 수낵 영국 총리는 공공부문 파업에 대한 해법을 찾지 못하고 골치를 앓고 있다. 노조는 물가상승으로 인해 실질임금이 추락하는 것을 더는 못 참겠다고 들고 일어났는데 노조의 요구대로 임금을 올리면 물가상승률이 더 올라갈 위험이 있기 때문이다. 문제는 앞으로도 간호사·구급대원·철도 노조 등이 또 파업을 예고한 상태라는 것이다. 소방관들도 파업을 결의하는 등 공공부문 파업은 계속될 것으로 보인다.

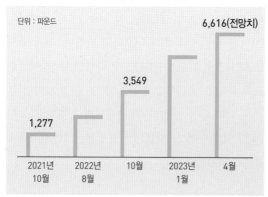

치솟는 영국 에너지요금

단위 : 파운드

- 1,277 (2021년 10월)
- 3,549 (2022년 8월 / 10월)
- (2023년 1월)
- 6,616(전망치) (4월)

자료 / 오프젬

브렉시트 이후 EU보다 영국이 더 아프다

파업 하루 전날인 1월 31일은 브렉시트 단행으로 유럽연합(EU)과 결별한 지 만 3년이 된 날이었다. 하지만 영국은 이렇다 할 기념식 없이 조용히 하루를 보냈다. 경제전망도 어둡고 사회문제도 내부에 첩첩이 쌓여 있어 떠들썩한 팡파르를 울릴 분위기가 전혀 아니었기 때문이다. 더군다나 영국의 현재 경제사정은 다른 유럽 주변국보다 더 좋지 않다. 실제로 영국의 2023년 경제전망은 어둡다. 국제통화기금(IMF)은 주요국 중 유일하게 영국의 2023년 경제성

장률을 마이너스(-0.6%)로 예상했다. 러시아마저 플러스(0.3%) 성장을 예상한 것과 대비된다.

브렉시트가 이런 부진의 일부 요인이라고 IMF는 분석한다. 영국에서 최근 노동력 공급상황이 빠듯한 것도 EU를 탈퇴한 이후 해외 노동력 유입이 더욱 까다로워졌기 때문으로 지적된다. NYT는 브렉시트의 불똥으로 식당 웨이터부터 농부까지 일손이 부족해지고 있다고 전했다. 무엇보다 영국이 자랑하던 공공보건의료체계 국민보건서비스(NHS)가 최악의 위기에 빠졌다. 병원이 환자로 넘쳐나고, 구급차를 부르려면 수 시간씩 기다리는 것도 일상이 됐다.

또한 1980년대부터 재정부담 완화를 목표로 공공서비스 부문을 민영화한 탓에 코로나19, 러시아·우크라이나 전쟁 등으로 인한 물류난과 에너지난은 난방비를 30% 이상 상승시켰다. 결국 이런 암울한 경제상황과 추운 겨울까지 겹치면서 난방마저 포기해야 하는 지경에 처하자 상대적으로 저임금을 받는 공공분야 노동자들이 먼저 거리로 뛰쳐나온 것이다. 문제는 또 있다. 보리스 존슨과 리즈 트러스가 스캔들과 정책실패로 잇달아 사임하면서 보수정권 자체가 레임덕*(Lame Duck) 상태라는 점이다. 이에 조너선 포테스 킹스칼리지런던 교수는 "이민규제를 뜯어고쳐 노동력 규제를 완화하는 것 등"을 대안으로 제시했다.

레임덕

레임(lame)은 '다리를 저는'이라는 뜻으로 임기만료를 앞둔 공직자를 절뚝거리는 오리에 비유하여 쓰는 말이다. 일반적으로 대통령 등 권력실세의 권위나 명령이 제대로 시행되지 않거나 먹혀들지 않아서 국정수행에 차질이 생기는 현상을 가리킨다. 임기말 증후군이라고도 한다. 1700년대 채무불이행 상태가 된 증권거래인을 가리키는 용어로 등장했고, 임기가 1년 남은 시점에 상대당의 반대가 극심했던 에이브러햄 링컨 대통령 때부터 정치적인 의미로 사용되기 시작했다.

19위

'철거 위기' LA 흥사단 옛 본부, 보훈처가 사들였다

국가보훈처(보훈처)는 2월 2일 "일제강점기 미주 독립운동의 거점이었던 흥사단 옛 본부 건물의 철거를 막고 독립운동사적지로서 보존하기 위해 지난 1월 31일(현지시각) 최종 매입계약을 체결했다"고 밝혔다. 보훈처가 국외에 소재한 독립운동사적지 보존을 위해 부동산을 매입한 것은 이번이 처음이다.

LA 카탈리나 거리의 흥사단 옛 본부 건물(국가보훈처)

1929년부터 흥사단 단소로 사용

흥사단은 도산 안창호 선생이 1913년 5월 13일, 민족의 자주독립과 부강한 독립국가를 건설하기 위해 한인 이민사회 중심지인 샌프란시스코에서 창립한 구국단체다. 창립 후 같은 해 12월 시카고 지부 설립을 시작으로 한인들이 거주하는 미주 전역으로 지부 설립이 확산했다. 1919년 3·1만세운동 이후 중국 상하이에 대한민국임시정부가 수립된 후 1920년에는 상하이에도 흥사단의 지부인 흥사단원동위원부가 조직됐다. 흥사단은 1945년 광복에 이르기까지 조국 독립을 위해 재정후원 및 인재양성 활동을

활발하게 이어나가 안창호, 조병옥, 송종익 등 독립유공자를 100명 넘게 배출했다.

흥사단 제24차 연례대회(흥사단 옛 본부 앞, 1937.12.26)

1915년 샌프란시스코에서 LA로 이전한 흥사단은 LA 노스 피게로아 거리 106번지의 2층 목조건물을 빌려 약 14년간 사용한 뒤 1929년부터 LA 카탈리나 거리의 해당 건물로 옮겼다. 이 건물은 당시 유행한 미국 특유의 '공예양식(Craftsman Style)'을 차용해 지어진 목조주택으로 단의 본부라는 뜻에서 '단소(團所)'라고 불렀다. 1932년에는 단원들이 성금을 모아 소유권을 획득하는 등 1929부터 1948년 흥사단 본부로 사용됐다. 광복 이후에는 흥사단 본진이 서울로 이전하면서 1979년까지 미국 내 한인들의 교육과 권익보호 등을 지원하는 장소로 이용하다 재정적 문제로 매각했다.

관련 단체 노력으로 건물철거 중지

이후 임대주택으로 사용된 해당 건물은 2020년 현지 부동산 개발회사가 매입해 2021년 철거절차가 진행되면서 사라질 위기에 처했다. 이에 LA 현지 독립운동 관련 단체인 흥사단, 도산안창호기념

사업회, **대한인국민회***** 기념재단 등이 주축이 돼 건물을 지키기 위한 위원회를 구성했다. 미국의 'LA 관리단', '아시아태평양 섬 주민 역사보존협회(APIAHP)' 등 역사보존을 주창하는 단체들도 힘을 보태 단소를 LA시의 역사·문화기념물로 신청함으로써 건물철거를 일시 정지시켰다. 철거는 일시 보류됐으나 건물의 온전한 보전방안은 확보되지 않던 상황에서 2022년 5월 부동산업체가 LA 흥사단 지부에 건물인수를 제의했고 보훈처가 업체와 협상을 진행, 매입에 이르렀다.

대한인국민회

1910년 미국의 한인동포들이 주축이 되어 결성된 항일독립운동 단체다. 1908년 친일 미국인 스티븐스의 저격의거를 계기로 1909년 하와이의 한인협성협회와 샌프란시스코에 있던 안창호의 대한인공립협회가 '국민회'로 통합됐고, 1910년 국민회에 대동보국회가 흡수되어 '대한인국민회'가 조직됐다. 임시정부 독립운동자금 제공, 독립군 사관 양성, 윌슨 미국 대통령에게 독립 청원서 제출 등 여러 방면에서 독립운동을 펼쳤다.

보훈처는 건물 안정화 작업을 거쳐 연내 건축물 정밀 실측 등에 나설 계획이다. 이후 활용방안을 수립해 2025년 상반기까지 재단장 공사를 마친 뒤 그해 광복절에 개관할 예정이다. 앞으로 LA시 차원의 사적지로 지정되면 미국 주·연방 차원의 문화유산 등재도 추진해 독립운동자산이 미국 문화유산으로도 보존될 수 있게끔 할 방침이다. 박민식 보훈처장은 "흥사단 옛 본부건물을 캘리포니아주 남부 60만 재외동포뿐 아니라 현지인도 즐겨 찾는 살아 있는 역사 문화·교육기관이자 소통의 장으로 특화하고, 미주지역 독립운동 사적지의 거점기관으로 활용할 계획"이라고 밝혔다.

20위

정부, 제4통신사에 28GHz 최소 3년 독점제공

정부가 제4 이동통신사 유치를 위해 기존 이동통신사로부터 회수한 5G 28GHz 대역을 신규사업자에게 최소 3년간 독점제공하기로 했다. 신규사업자가 28GHz망 밖 전국망에서 통신서비스를 할 때는 이동통신사들에 도매가로 망 제공대가를 내는 알뜰폰 방식으로 사업하도록 하고, 2023년 투자액에 대해 한시적으로 세액공제 혜택도 높인다. 과학기술정보통신부(과기정통부)는 1월 31일 이를 골자로 한 5G 28GHz 신규사업자 유치 종합대책을 발표했다.

신규사업자 지원방안을 발표 중인 홍진배 과기부 실장

과기정통부, 활용도 높은 앵커 주파수 할당 검토

과기정통부(과기부)는 초고속·저지연 5G 서비스를 제공하려면 28GHz망 구축이 필수적이라고 보고 기존 통신 3사가 기지국 확충 등 조건을 지키지 않았다고 판단, 2022년 말 KT와 LG유플러스에는 할당 취소를, SKT에는 이용기간 단축 처분을 내렸다. 과기부는 취소한 28GHz 2개 대역 중 1개 대역(800MHz 폭)을 신규사업자에게 우선 할당하고 나머지 1개 대역은 3년 시차를 두고 할당할 방침이다. 이를 통해 신규사업자가 앞으로 적어도 3년간은 독점적으로 5G 28GHz 서비스를 제공하면서 경쟁력을 키우게 한다는 구상이다. 과기부는 "정부는 불확실한 대내외 경제여건 속에서 5G 신규 투자사업자 등장이 어려울 수 있음을 감안, 충분한 기간을 두고 시장진입 기회를 제공하려 한다"고 설명했다.

아울러 28GHz 서비스 제공에 필수적인 **앵커 주파수***를 활용성이 높다고 평가되는 700MHz 대역과 1.8GHz 대역 중에서 선정해 신규사업자에게 할당하는 방안도 검토한다. 주파수 할당대가는 전파법 제11조에 따라 주파수의 경제적 가치를 고려해 산정하되 국내 28GHz 생태계 활성화 지연에 따른 시장 불확실성 증가나 인구밀집지역에서 활용도가 높은 고대역 주파수의 특성 등을 고려할 방침이다. 또한 할당 즉시 대가총액의 4분의 1을 내는 기존의 할당대가 납부방식을 사업 성숙 이후 납부금액을 점차 올려 내도록 설계해 진입장벽을 낮출 계획이다. 신규사업자는 경기장, 공연장 등 28GHz망을 집중적으로 구축할 전국 100~300개 핫스팟 지역에서 초고속·저지연 통신서비스를 제공하게 된다.

앵커 주파수

배의 닻(anchor) 역할을 하는 주파수라는 뜻으로 28GHz 대역 상용화를 위해 필수인 6GHz 이하 대역 주파수를 말한다. 신호제어용 주파수라고도 하는데, 데이터나 음성 서비스가 이용자에게 끊임없이 제공될 수 있도록 다른 여러 기지국으로부터 신호를 받아 특정 기지국 신호경계선을 넘어도 기지국 간 신호간섭이 일어나지 않도록 제어하여 데이터 혹은 음성 서비스의 원활한 제공을 돕는 역할을 한다.

전국망 알뜰폰 방식 … 세액공제 한시상향도 지원

전국망에서는 기존 이동통신사가 제공하는 5G 3.5GHz 대역 서비스 또는 LTE 커버리지를 제공하고, 이통사에는 알뜰폰 사업자처럼 망 사용대가를 도매가로 내게 된다. 만약 신규사업자가 중·저대역 주파수를 이용한 5G 전국망 구축까지 희망할 경우

3.7GHz 대역 공급방안도 검토하기로 했다. 이 대역대는 기존 통신 3사가 할당을 신청했거나 공동이용을 요구한 상태다.

이밖에 신규사업자의 효율적인 망 구축을 위해 한국전력 등 시설관리기관이 지원하거나 기존 통신사의 광케이블 등 구축설비를 활용할 수 있는 고시 개정을 추진한다. 이를 통해 최대 40% 이상 망 구축비용을 아낄 것으로 과기부는 전망했다. 또 가로등 등 공공시설물을 활용할 수 있도록 지자체와도 협의할 방침이다. 신규사업자의 세 부담을 덜어주기 위해서는 2023년 5G망 구축 투자액에 대해 기본공제율을 대기업 3%포인트(p), 중견기업 4%p, 중소기업 6%p 각각 상향하고 추가공제율도 7%p 올린 10%를 적용한다.

과기부는 '5G(28GHz) 신규사업자 진입지원 TF'를 통해 신규사업 희망업체의 의견을 듣는 한편 3월부터 주파수 할당 연구반을 운영하며, 2분기 중 주파수 할당 방안을 공고하고 2023년 4분기 안으로 신규사업자 선정을 추진할 계획이다. 시대

한 달 동안 화제의 뉴스를 간단하게!
간추린 뉴스

조국 전 장관, '입시비리·감찰무마' 1심 징역 2년 선고

조국 전 법무부 장관이 1심에서 징역형의 실형을 선고받았다. 2월 3일 서울중앙지법 형사합의21-1부(마성영·김정곤·장용범 부장판사)는 "자녀입시비리 범행(출결부정, 자녀 오픈북 시험 조력)은 대학교수의 지위를 이용한 것으로 동기와 죄질이 불량하고 입시제도 공정성에 대한 사회적 신뢰를 훼손했다"고 지적했다. 이어 "청탁금지법 위반은 고위공직자로서 적지 않은 금원(자녀 장학금)을 수수해 스스로 공정성과 청렴성을 의심받을 행위를 한 점에서 책임이 무겁다"며 질타했다. 조 전 장관 측은 판결에 불복해 9일 항소했다.

10·29 이태원 참사 서울광장 분향소 두고 서울시와 유족 간 충돌

10·29 이태원 참사 100일을 하루 앞뒀던 2월 4일 유족들이 서울광장에 분향소를 설치하고 시민추모대회를 했다. 10·29 이태원 참사 시민대책회의와 유가족협의회는 이날 윤석열 대통령의 사과와 이상민 행정안전부 장관 파면, 독립적 조사기구 설치 등을 요구했다. 녹사평역 지하 4층에 분향소를 설치·운영하던 서울시는 사용신청을 하지 않은 채 무단으로 설치한 분향소를 규정상 허용할 수 없다고 밝혔다. 서울시는 자진철거하지 않으면 행정대집행에 들어가겠다고 1·2차 통보했다가, 다시 2월 15일 오후 1시까지 철거를 유예했다.

'라임 사태' 주범 김봉현, 횡령·사기로 징역 30년 선고

서울남부지법 형사합의13부(이상주 부장판사)는 2월 9일 특정경제범죄가중처벌법상 횡령 등 혐의로 기소된 '라임 사태' 주범 김봉현(49) 전 스타모빌리티 회장에게 징역 30년과 추징금 769억3,540만원을 선고했다. 김 전 회장은 2018년 10월부터 2020년 3월까지 수원여객 자금 241억원, 라임자산운용이 투자한 스타모빌리티 자금 400여 억원 등 1,000억원 넘게 빼돌린 혐의로 2020년 5월 구속기소됐다. 그는 2021년 7월 보석결정으로 불구속 재판을 받다가 2022년 11월 결심공판 직전 도주했고, 2023년 1월 다시 검찰에 붙잡혔다.

'세월호 특조위 방해', 박근혜정부 인사 1심 모두 무죄

2월 1일 세월호 참사 특별조사위원회(특조위) 활동을 방해한 혐의로 기소된 박근혜정부 고위인사 9명이 1심에서 모두 무죄를 선고받았다. 검찰은 이병기 전 청와대 비서실장 등이 직권을 남용해 특조위의 세월호 참사 진상규명 업무에 관한 권리행사를 방해했다고 봤다. 그러나 서울중앙지법 형사합의31부(이중민 부장판사)는 특조위의 진상규명조사 등에 관한 권리가 직권남용 권리행사방해죄가 보호할 대상인 구체적 권리에 해당한다고 볼 수 없다고 판단했다. 검찰이 제시한 다른 세부혐의들도 유죄로 인정할 증거가 없거나 부족하다고 봤다.

공공재 압박에 은행들, 앞 다퉈 금리 내리고 수수료 면제해

시중은행들이 최근 앞 다퉈 각종 수수료를 없애거나 줄이고 대출금리도 낮추고 있다. 코로나19 이후 급증한 가계 · 기업대출을 바탕으로 달성한 사상 최대이익과 금리 상승기에 커진 예대금리차 등으로 여론이 좋지 않고, 대통령까지 "은행은 공공재"라며 공익을 강조하고 나섰기 때문이다. 시중은행들은 모바일 · 인터넷뱅킹 타행이체 수수료, 한시적으로 취약 차주의 중도상환 수수료 등을 면제키로 했다. 대출금리도 일제히 낮추고 있는데, 개별은행이 임의로 덧붙이는 가산금리를 줄이면서 실제 대출금리 하락폭이 시장금리나 코픽스 등 지표금리의 하락폭보다 훨씬 커졌다.

중국 정찰풍선, 미 본토 휘젓고 다녀

지난 2월 초 중국의 정찰풍선이 미국의 본토영공에서 목격되자 미국정부는 풍선이 영해 쪽으로 나가기를 기다렸다가 2월 4일 스텔스기를 동원해 격추했다. 토니 블링컨 국무장관이 중국과의 관계개선 등을 논의하기 위해 베이징 방문을 준비 중이었으나, 본 사태가 발생하자 방중을 취소했다. 미국정부는 풍선이 중국 인민해방군이 이미 2018년부터 타국의 군사시설 등의 정보를 수집하기 위해 운용하는 것이라 파악했다고 주장했으나, 중국정부는 기상관측을 위한 민간용으로 정상경로를 이탈해 미국상공으로 들어갔을 뿐이라고 맞섰다.

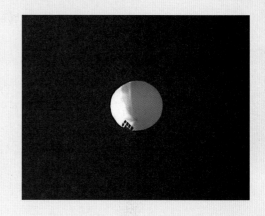

대형병원 전공의 부족 심각 … 소아과는 붕괴 직전

전국 대형병원을 중심으로 전공의(레지던트) 미달사태가 잇따르면서 의료공백 우려가 커지고 있다. 소아청소년과를 비롯해 생명과 직결된 산부인과, 외과, 흉부외과 등 비인기분야 기피현상이 심화하면서 필수의료체계가 흔들리고 있는 것이다. 의료계 안팎에서는 의사 인력부족과 지역 간 쏠림현상으로 필수의료분야가 위기를 맞았다고 지적한다. 의료소송 등에 휘말릴 위험이 높거나 중증·응급 환자를 다루고 진료수가가 낮은 분야를 기피하는 현상과 함께 수도권과 비수도권, 대도시와 소도시 간 격차가 심화하고 있다고도 분석했다.

손안에 들어온 인공지능, 챗GPT 돌풍 일으켜

미국의 비영리연구소 '오픈AI'가 개발한 대화형 AI 챗봇인 '챗GPT(GPT-3)'가 돌풍을 일으키고 있다. 기존에 입력된 스크립트로만 대화를 진행하던 데서 진일보해 딥러닝을 통해 스스로 언어를 생성하고 추론할 능력을 지녔다. 시행착오를 거쳐 최적의 방법을 터득하는 '강화학습'으로 스스로 오류를 바로잡도록 설계됐다. 덕분에 챗GPT는 마치 사람과 대화하는 듯한 착각을 일으키게 한다. 이를 잘 사용한다면 고학력 비서들을 여럿 채용한 것 같은 효과도 얻을 수 있다. 오픈AI는 챗GPT의 결점을 보완해 2023년 내로 다음 버전인 GPT-4를 공개할 예정이다.

'신당역 스토킹 살인' 전주환 1심 징역 40년

서울중앙지법 형사합의25-1부(박정길·박정제·박사랑 부장판사)는 2월 7일 특정범죄 가중처벌법상 보복살인, 정보통신망법 위반 등으로 기소된 '신당역 스토킹 살인범' 전주환에게 징역 40년을 선고하고 위치추적 전자장치 15년 부착을 명령했다. 재판부는 "피고인의 재범 가능성이 높다는 평가결과가 나왔다"고 지적하며, "피해자의 관계단절 의사에도 스토킹하며 고통을 줬으며 피해자의 고소로 재판을 받게 되자 뉘우치기는커녕 보복범행을 했다"고 질타했다. 한편 판결에 불복한 검찰은 "사회와 영구적으로 격리하는 형벌이 선고될 필요가 있다"며 항소장을 제출했다.

숨진 12살 초등생 아들 학대한 친부·계모 구속영장

12살 초등생 아들을 학대해 숨지게 한 혐의를 받는 친부와 계모를 경찰이 붙잡아 2월 9일 아동학대치사 혐의로 구속영장을 신청했다. 친부 A씨는 2월 7일 "아이가 숨을 쉬지 않는다"며 119에 신고했고, 초등생 B군은 심정지 상태로 구급대의 심폐소생술 조치를 받으며 인근 병원으로 옮겨졌으나 숨졌다. B군의 몸에서는 타박흔으로 추정되는 멍 자국이 여러 개 발견됐다. A씨 등은 "아이가 자해를 해 생긴 것이다"고 학대혐의를 부인했으나, 이후 일부 혐의를 인정했다. A씨 등은 2022년 11월 말부터 홈스쿨링을 한다는 이유로 B군을 학교에 보내지 않은 것으로도 파악됐다.

뒤집혀 난파된 어선 '청보호', 아홉 생명 잃고 돌아와

인천 선적 24t 근해 통발어선인 청보호가 2월 4일 오후 11시 19분께 신안군 대비치도 서쪽 16.6km 해상에서 뒤집혀 난파됐다. 승선원 12명 중 3명만 선체에서 탈출해 주변의 민간 화물선에 구조됐고, 실종자 4명을 제외한 나머지 승선원 5명은 뒤집힌 선체 안에서 사망한 상태로 수습됐다. 바다에서 돌아오지 못한 선장과 선원 3명 등 실종자 4명을 찾는 수색은 사고해역에서 70km 이상 떨어진 바다까지 확대됐다. 바로 세워진 청보호는 목포북항 인근 해경부두에 사고 닷새 만에 인양됐다. 해경은 선체 내부수색과 정밀감식을 통해 사고원인을 규명한다는 계획이다.

전세사기 예방 및 지원 위한
종합대책 발표

전세사기 대책 발표

오는 5월부터 전세보증금이 집값의 90% 이하인 주택만 주택도시보증공사(HUG)의 전세보증금 반환 보증보험에 가입할 수 있다.

보증보험 가입대상 조정을 통해 전세사기꾼이 보증보험을 악용해 세입자와 높은 가격에 전세계약을 맺은 뒤 보증금을 빼돌리는 것을 막기 위한 조치다.

핵심 브리핑

최근 전세사기로 인한 피해가 전국적으로 확산하면서 피해 방지 및 사후 구제방안에 대한 필요성이 커졌다. 이에 따라 정부는 2월 2일 전세반환금 보증대상 전세가율을 현행 100%에서 90%로 하향해 '무자본 갭투자'를 방지하고, 임대인 신용정보와 공인중개사 영업 이력 등을 공개하도록 하는 등의 내용을 담은 '전세사기 예방 및 피해지원 방안'을 발표했다. 시대

또 등록임대사업자의 보증보험 의무가입을 강화하고, 미가입 시 임차인에게 관련 내용을 통보하고 계약해지 및 위약금을 지불하도록 했다.

공인중개사들에게는 더 많은 권한과 책임을 부여해 임대인의 신용정보와 주택의 선순위 관계, 전세사기 위험 등을 임차인에게 의무적으로 안내해야 한다.

아울러 공공임대를 추가확보해 피해자들에게 긴급거처를 지원하고 불가피하게 거주주택을 낙찰받은 경우 무주택자로 간주하기로 했다.

전세사기 피해자에 대해서는 2억 4,000만원까지 대출한도를 상향조정하고, 기존 전세대출도 저리로 대환할 수 있도록 지원할 예정이다.

비동의 강간죄 도입되면
피해자 진술만으로 유죄?

What?

1월 26일 여성가족부(여가부)가 제3차 양성평등정책 기본계획을 발표하면서 '비(非)동의 강간죄' 도입을 시사했지만 법무부의 반대로 철회했다. 그러나 이러한 사실이 알려지자 비동의 강간죄가 실제로 도입되면 피해자 진술만으로 유죄가 될 수 있다는 우려가 확산하면서 사실 여부가 주목을 받았다.

현실 못 따라가는 형법상 강간 규정

비동의 강간죄는 상대방의 동의 없이 이뤄진 성관계를 처벌하기 위해 도입된 개념이다. 형법 제297조는 강간죄를 '폭행 또는 협박으로 사람을 강간'한 경우로 정의하고 있어 현행 형법상 강간죄가 성립하려면 폭행이나 협박이 수반돼야 한다.

이 때문에 과거부터 여성계를 중심으로 형법상 강간죄의 구성요건을 피해자의 '동의 여부'로 개정하는 내용의 비동의 강간죄의 신설 요구가 있었으나 반대 여론도 만만치 않아 번번히 도입이 좌절됐다. 성관계 동의의사가 속마음의 문제이기 때문에 이를 입증하기 쉽지 않고, '나는 동의한 바 없다'는 피해자의

진술만으로 강간죄가 성립할 수 있다는 우려가 발목을 잡았기 때문이다.

그러나 비동의 강간죄 도입론이 대두한 데에는 그만한 이유가 있다. 현행 강간죄 법령이 실제 강간으로 고통받는 피해자의 현실을 온전히 포괄하지 못한다는 점 때문이다. 이는 대법원이 강간죄의 구성요건인 폭행과 협박의 의미를 가장 좁게 해석한 영향이 크다. 대법원은 "강간죄가 성립하려면 가해자의 폭행·협박은 피해자의 저항을 불가능하게 하거나 현저히 곤란하게 할 정도의 것이어야 한다"며 이른바 '최협의의 폭행'을 고수하고 있다.

형법에서 폭행은 통상 최광의, 광의, 협의, 최협의 등 4단계로 구분되는데, 대법원은 강간죄와 강도죄에 적용되는 폭행은 최협의의 폭행으로 해석하고 있다. 이와 달리 형법 제260조에는 폭행죄가 있는데 이때의 폭행은 '협의'의 의미, 즉 '사람의 신체에 대한 유형력의 행사'로 대법원은 판단하고 있다. 사람의 신체에 육체적·정신적 고통을 주는 유형(有形)의 힘이라면 폭행죄상 폭행이 되는 것이다. 그러다 보니 폭행죄에 해당하는 수준의 폭행으로 성관계를 강요했다면 최협의의 폭행은 아니기 때문에 법리적으론 강간죄가 아니란 결론이 도출된다. 상식적으로 강간을 '피해자의 의사에 반해 간음한 행위'로 본다면 법리적으로도 그래야 하는데 현실은 그렇지 않은 셈이다.

이런 간극은 대법원이 판례를 통해 성적자유를 "원치 않은 성행위를 하지 않을 자유"로, 성적 자기결정권을 "성행위를 할 것인가의 여부, 성행위를 할 때 상대방을 누구로 할 것인가 여부, 성행위의 방법 등을 스스로 결정할 수 있는 권리"로 해석한 것에서도 찾아볼 수 있다. 강간죄에 대한 대법원의 개념 규정과 실제 법 조항 간 괴리가 큰 것이다. 이 때문에 현실에서의 강간은 폭행과 협박 없이 더 많이 일어나고 있음에도 불구하고 현행법은 이를 강간으로 인정하지 않는 상황이 벌어지고 있다.

비동의 강간죄는 이미 국제기준

그러나 동의 여부로 강간죄를 따져야 한다는 입장은 최근 국제기준으로 자리 잡아가는 추세다. 유엔 인권이사회가 2021년 채택한 여성폭력특별보고관의 보고서는 강간의 정의에 '동의 없음'이 포함되도록 명문화할 것을 모든 국가에 권고했다. 앞서 2018년 3월에는 유엔 여성차별철폐위원회(CEDAW)가 우리나라에 강간죄의 구성요건을 '피해자의 자유로운 동의의 부재'로 개정할 것을 권고한 바 있다.

이미 독일, 오스트리아, 스웨덴, 영국, 아일랜드, 캐나다, 미국의 일부 주에서는 동의 여부를 강간죄의 판단기준으로 삼고 있다. 일본도 최근 폭행과 협박이 없더라도 상대의 동의의사 표명이 곤란한 상태에서 성행위를 하면 강간죄가 성립하도록 형법을 개정하기로 했다. 다만 이때 어떤 의사표시를 동의로 볼 것인지에 대한 원칙은 크게 '거절은 거절이다(No means No)'라는 소극적 동의와 '동의해야 동의다(Yes means Yes)'라는 적극적 동의로 나뉜다. 소극적 동의 관점에서는 상대방이 거부의사를 밝혀야 하고, 적극적 동의에서는 행위자가 상대방의 동의의사를 확인할 의무가 있다.

단순히 동의 여부 확인이 문제라면 영국처럼 동의와 관련한 규정을 구체적으로 규정하면 된다. 영국은 성범죄법에서의 동의를 "선택할 수 있는 자유와 능력이 있는 사람이 자신의 선택으로 합의할 때"로 정의하고 있으며, 선택의 자유와 능력이 제한된 상황을 명시하고 있다. 검사가 성행위 당시 이런 상황이었다는 것을 합리적 의심의 여지 없이 증명하면 피해자의 동의가 없는 것으로 추정된다. 시대

비동의 강간죄는 이미 국제기준으로 자리잡고 있으며, 동의의 정의 및 동의 여부 확인에 대한 규정이 명확해지면 비동의 강간죄를 반대하는 측의 주장처럼 피해자의 진술만으로 유죄가 증명될 일은 없다.

자르고 바꾸고 붙이고 …
가차(Gotcha) 일색 대정부질문 보도

2023년 첫 대정부질문이 있었다. 더불어민주당은 역술인의 대통령 관저 결정 개입 의혹과 10·29 이태원 참사 책임, 가스요금 폭탄 등 서민부담 증가, 윤석열 대통령의 외교·안보 관련 문제 발언 등을 중심으로 정부·여당에 대해 전방위적 공세를 퍼부을 것으로 전망됐고, 국민의힘은 이재명 더불어민주당 대표의 검찰수사와 관련해 '방탄국회'를 공격할 것으로 예상됐다. 그러나 대정부질문이 끝난 지금 '가차 저널리즘'에 대한 조롱과 비판만 남았다.

2023년 첫 대정부질문이 2월 6일 정치·외교·통일·안보 분야로 시작해 경제·교육·사회·문화 분야 순으로 8일까지 사흘간 있었다. 공격수인 더불어민주당은 2월 2일 부승찬 전 국방부 대변인이 대통령 관저 후보 중 하나였던 한남동 공관촌에 한 역술인이 윤석열 대통령의 측근인 모 의원과 동행했다는 주장이 언론사 뉴스토마토에서 최초 보도된 것을 근거로 한 관련 의혹과 도이치모터스 주가조작 사건과의 김건희 여사 관련 의혹을 집중추궁했다. 그 외에도 설 연휴 전후로 국민적 화두가 된 난방비 문제와 북한 무인기에 대한 군 대응문제, 일몰법안, 윤 대통령의 '이란은 아랍에미리트(UAE)의 적' 발언 등 외교·안보 관련 문제를 비롯해 10·29 이태원 참사에 대한 정부 대응 및 책임도 따져 물었다.

반면 수비수인 국민의힘은 이재명 더불어민주당 대표가 받는 '대장동 의혹'을 집중부각하고 그에 대한 민주당의 대응을 '방탄국회'용으로 비판했다. 또한 난방비 급등이 탈원전 등 문재인정부의 정책기조에서 비롯됐으며, 전 정부가 지나치게 가스요금을 억누른 탓에 인상이 불가피했다고 방어했다. 그러나 이런 논쟁의 사실 여부와는 상관없이 대정부질문이 끝난 후 국민의 이목은 국회가 아니라 언론에 집중됐다. 가차 저널리즘 때문이다.

클릭 수 노린 악마의 편집, 가차 저널리즘

가차 저널리즘(Gotcha Journalism)이란 'gotcha'와 'journalism'을 결합한 학술용어로 여기에서 'gotcha'란 '잡았다', '걸렸다', 혹은 '알았다'라는 뜻의 구어체 'I have got you'를 줄인 'got ya'를 발음대로 쓴 것이다. 일반적으로 언론 등에서 내용을 자신이 의도하는 쪽으로 유도하기 위해 편집하거나 순서를 바꾸는 등의 행동을 말한다. 우리나라에서는 주로 정치인 및 유명인사의 사소한 말실수 등을 앞

뒤 맥락과 관계없이 흥미 위주로 집중보도하는 저널리즘의 형태를 일컫는다. 우리말로 옮기자면 '딱 걸렸어' 정도로 해석할 수 있다.

이번에 문제가 된 상황은 6일 국회 정치·외교·통일·안보 분야 대정부질문에서 있었다. 고민정 더불어민주당 최고위원이 한동훈 법무부 장관에게 "대법원판결이라는 게 그렇게 중요한 건가요?"라는 질문을 했고, 이에 한 장관이 "그게 무슨 말씀이시죠? '대법원판결이 중요한 건가요'라고 질문하신 게 맞습니까?"라고 되물은 데 이어 "중요합니다"라고 답했다. 그러자 고 의원은 곧바로 박진 외교부 장관에게 "강제징용 피해자들에 대한 일본기업의 손해배상 책임을 인정한 대법원판결을 존중하느냐?"고 물었다.

한동훈 장관에게 질의하는 고민정 의원

이는 강제징용에 대한 피해자 문제에서 일본기업의 손해배상 책임을 대법원이 인정한 만큼 외교부도 앞선 대법원의 판결에 거스르는 해법으로 나아가면 안 된다는 취지를 강조하고자 윤석열정부의 법무부 장관에게 대법원판결을 존중한다는 답을 먼저 이끌어 낸 것으로 읽힌다. 그런데 모 중앙일간지는 해당 상황에 관한 기사를 '고민정 "대법원판결이 그리 중요한가요?" … 한동훈 "뭔 말씀인지"'라는 제목을 달아 실었고, '그리고서 고 의원은 한 장관에게 들어가

시라며 질의를 끝냈다'라며 박 장관과의 질의내용을 뺀 채 한 장관이 답변한 것까지만 보도했다. 그리고 이어서 질의취지에 대한 고 의원의 설명을 실어 마치 실언을 한 다음 해명한 것처럼 썼다. 이에 해당 기사의 네티즌 댓글에 고 의원이 무지하다는 내용의 조롱과 비판이 다수 달렸다.

맥락을 파괴하고 조각조각 앞뒤를 자른 뒤 의도를 가지고 순서를 섞고 다시 엮어 본질은 사라지게 만드는 가차 저널리즘의 전형이다. 인터넷 클릭 수에 사활을 걸고 있는 현 언론사로서 흥미를 유발하고 시선을 끌기 위해서였든 정치적 의도를 가지고 한쪽을 돋보이게, 또는 한쪽을 무능하게 보이고 싶었든, 그 의도가 무엇이었는가와는 상관없이 사실을 있는 그대로 보도하지 않는 것만은 분명하다.

뉴스환경 변화에 따른 불가피한 선택

> ❖ 클릭 수가 곧 영업이익
> ❖ 확증편향이 강한 사회에 잘 먹혀
> ❖ 정치적 의도 지나쳐

1982년경 포클랜드전쟁을 기점으로 저널리즘의 한 형태로 자리한 가차 저널리즘이 본격적으로 주목을 받은 것은 2004년 미국 민주당 미국 대통령 후보경선에서였다. 미국 버몬트 주지사로 미국 정치권 최대난제인 의료보험 개혁을 성공시키며 전국적인 주목을 받은 하워드 딘(Howard Dean)이 경선에 나서자 당시 보수언론은 그의 몸짓과 말실수만 부각하여 하워드 딘에 대한 신뢰도를 떨어뜨렸다. 특히 방송과 인터넷 언론은 격정적인 연설장면을 악의적으로 편집해 비정상적인 인물로 만들어 송출했다. 결국 조지 W. 부시와 맞설 유력한 후보였던 하워드 딘은 유권자들에게 부정적인 인물로 각인되면서 민주당 경선에 최종 낙마했다.

언론의 악의적 편집으로 낙마한 하워드 딘

우리나라에서 가차 저널리즘은 선거철이나 비선거철에 관계없이 독자나 시청자들의 흥미와 관심을 끌기 위해 정치인의 실수 등을 집중적으로 반복해 보도한다는 특징이 있다. 본류에서 벗어난 파편현상을 극대화하는 기사로 소문, 추측, 뒷말 등 스캔들성 언어를 정치인이 실제 수행하는 사실 언어, 사실 상황, 실제 분위기 등으로 묘사하기도 한다. 이 때문에 하워드 딘의 경우처럼 특정 정치인을 악마화하거나 '무능한 사람'이라는 인식을 퍼뜨리는 데 이용되고 있다.

문제는 이런 기사에 뉴스 소비자들의 클릭이 많이 유도된다는 것이다. 특히 정치적으로 양분되어 있어 자신의 견해 또는 주장에 도움이 되는 정보만 받아들이는 확증편향이 강화된 사회일수록 한쪽으로 치우친 기사들에 클릭 수가 많다. 뉴스 소비형태가 종이에서 인터넷으로 이동한 우리 사회에서는 클릭 수가 곧 영업이익이 되는 만큼 현재 구조에서 언론사로서는 피할 수 없는 유혹이기도 하다.

정치적 의도를 숨긴 의도적 편집

> ❖ 사실은 외면하고 의도와 악의만 있어
> ❖ 정치적 구조에 편입된 언론의 생존전략
> ❖ 팩트 없이 가치만 있으면 팸플릿일 뿐

앞서 설명한 고 의원과 한·박 장관의 대정부질문의 경우 중요한 화두가 뒷부분인 박 장관과의 질의에 있었음에도 그 부분을 생략하고 앞의 한 장관과의 질의만을 기사화하면서 고 의원의 실수인 것처럼 만들었고, 그로 인해 고 의원에 대한 비판여론을 일으켰다. 아예 사실보도가 아니라고는 할 수 없지만, 역시 같은 이유로 객관적 사실보도라 할 수 없는 이유가 여기에 있다.

텔레비전의 음악 오디션 프로그램에서도 단순한 이견조율의 과정을 순서를 뒤바꾸고 특정한 부분만을 부각해 출연자를 악마화하는 경우가 종종 있다. 이는 극적 갈등인 듯 부풀려 단순할 수밖에 없는 오디션 프로그램을 스토리텔링화함으로써 시청자들의 흥미를 유발하는 데 목적이 있다. 이 과정에서 악마화의 대상이 된 출연자에게 쏟아지는 비난 또한 시청률을 올리는 데 이용된다.

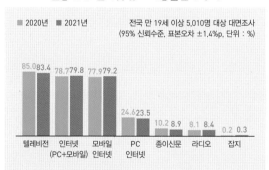

전통매체·인터넷 뉴스 이용률변화 추이

자료 / 한국언론진흥재단

연예인의 발언이나 행동, 심지어 입는 옷처럼 사소한 것을 확대하거나 불필요하게 논의의 대상에 올려놓기도 한다. 흥미를 끌어서 뉴스를 많이 팔기 위한 이런 보도형태를 보통 가십 저널리즘(옐로우·황색 저널리즘)이라고 하는데, 가십 저널리즘은 가차 저널리즘과 본질적인 차이가 있다. 바로 정치적 함의의 유무다. 정치는 한 국가의 미래를 결정하는 정책적 판단이 요구되는 행위로서 흥밋거리로 회자되는 이야기와는 질적 차이가 있으며, 파급효과의 크기도 다르다. 가차 저널리즘으로 인한 사회적 파장이 더 크다는 의미다.

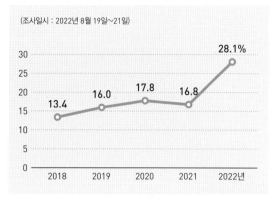

신뢰하는 언론매체 "없다·모름·무응답" 추이

자료 / 케이스탯리서치

언론인 송건호 옹은 이미 1970년대에 "팩트 없이 '가치'만 지향하면 그건 '팸플릿'이다"라고 했다. 언론의 감시와 비판은 정당하다. 정치적 자유가 보장된 사회에서 기자나 언론사가 정치적 성향을 갖는 것도 정당하다. 정치적·경제적 이익을 위해 편향성을 가진 기사를 쓸 수 있다. 그러나 언론 전문가들은 사실을 숨긴다면 '그것은 이미 언론이라 할 수 없다'고 말한다.

언론의 욕망과 편향이 무엇인지, 무엇이 내가 정치를 외면하게 하는지, 무엇보다 흥미보다 본질을 읽어내는 뉴스 소비자의 지혜가 필요한 시점이다. 🔲

또 다른 갈등 없도록 해법 찾아야
안전운임제 폐지

안전운임제 폐지로
악순환 끊겠다는 당정

"말로만 안전운임이고 그때그때 집단적인 떼법 논리에 의해 시장기능도 상실하고 임금 올리기의 악순환만 가져왔던 고리를 끊고자 한다."

원희룡 국토교통부 장관은 화물연대 파업의 단초가 된 '안전운임제'를 폐지를 공식화하며 이같이 밝혔다. 화물차 면허장사만 하는 지입전문회사도 퇴출하겠다고 했다. 당정이 발표한 '화물운송산업 정상화 방안'에 따르면 안전운임제의 핵심 중 하나인 화주–운송사의 계약강제성도 사라진다.

2023.02.06. 이데일리

당정, "파업 원인됐던 '안전운임제' 없앨 것"

국민의힘과 정부가 지난 2월 6일 '화물운송산업 정상화 방안' 마련을 위한 당정협의를 거쳐 화물차 안전운임제를 폐지하고 표준운임제를 도입하는 방안을 확정했다. 안전운임제는 2022년 두 차례에 걸친 화물연대 총파업의 주요쟁점으로 2022년 말로 일몰됐었다.

안전운임제는 화물운송을 위탁하는 기업인 화주와 운송사 간에 '안전운송운임'을 정하고, 운송사와 화물차 기사 간에는 '안전위탁운임'을 마련해 강제하는 것이다. 최소운임으로 규정한 안전운임보다 적게 지급하면 건당 500만원의 과태료를 부과했다.

당정이 개편방안으로 확정한 표준운임제는 운송사가 화물차 기사에게 주는 운임은 강제하되, 화주와 운송사 간 운임은 강제성을 두지 않고 매년 가이드라인을 제시해 화주에 대한 처벌조항을 없애는 것이 골자다. 표준운임제는 안전운임제와 마찬가지로 컨테이너·시멘트 품목에 한해 2025년 말까지 3년 일몰제다.

화물연대, "화주만 위한 표준운임제"

그러나 표준운임제를 두고 정부와 화물연대 간 입장차는 크다. 표준운임제가 정부가 정한 운임에 얽매이지 않고 화주가 자율적으로 운임을 정해 운송계약을 체결할 수 있게 될 것이란 관측도 나오기 때문이다. 이에 화물연대 측은 "화주들의 담합과 밑바닥 운임 강요가 공정한 시장질서를 해치고 있다"며, "정부는 운송사와 차주에게만 칼날을 들이밀고 있다"고 비판했다.

또 화주 처벌조항을 삭제한 것을 두고서도 대기업 화주를 대변하는 정책이라고 강하게 반발했다. 일부 화주들은 그간 안전운임제를 지키지 않았는데도 단속이 이뤄지지 않아 불이익을 당한 게 없다는 주장도 나왔다.

새 제도도입이 분쟁의 불씨 되면 안 돼

표준운임제 도입방침을 둘러싸고 이미 상당한 진통이 예고됐다. 화주와 운송사 간 운임을 자율화하고 운송사와 차주 간 운임만 강제하는 것이 현실적인 대안이 될 수 있을지 예단하기는 쉽지 않다. 운송사 측도 화주가 임의로 운임을 주게 되면 살아남을 수 없다며 화물연대와 함께 반대하는 입장을 냈다. 화주의 우월적 지위에 따른 저운임 구조에 대한 우려가 새삼 제기될 수도 있다.

정부는 표준운임을 정하는 운임위원회의 구성과 운임원가 구성항목을 개편하기로 했다. 그러나 무엇보다 화물운송시장의 상황에 걸맞은 운임체계에 대한 최적의 해법을 찾는 일이 필요하다. 더불어 화물운송시장의 이해당사자들에 대한 정책적 편향성을 둘러싼 논란과 시비를 야기할 것이 아니라 불식시키는 계기를 마련해야 한다.

당정이 제시한 개편방안에는 화물운송시장의 오랜 관행인 지입제의 퇴출방침도 포함돼 있다. 화주로부터 일감을 따오지 않고 화물차 면허장사만 하는 지입전문회사를 없애는 내용 등이다. 기존 화물운송시장 체계를 개선해 나가기 위한 노력은 불가피해 보인다. 다만 관련제도의 도입방침이 또 다른 분쟁의 불씨가 돼서는 안 된다. ▧

1년 넘긴 전쟁
우크라이나, 분단 가능성?

러시아군의 미사일 공격으로 반으로 갈라진 우크라이나 드니프로의 한 건물

러시아와 전쟁 중인 우크라이나가 자국을 남북한식으로 분할하는 종전방안에 대해 수용할 수 없다는 입장을 재차 내비쳤다. 2월 7일(현지시간) 뉴스위크에 따르면 올렉시 다닐로우 우크라이나 국가안보국방위원회 서기는 이날 트위터에 "우크라이나는 한국이 아니다"라며 "38선이나 다른 분계선, 외부에서 주장하는 다른 사람들의 이야기와 시나리오는 절대 없을 것"이라고 못 박았다.

우크라이나, 남북한식 분단 가능성?

2월 6일 볼로디미르 젤렌스키 우크라이나 대통령의 고문을 지낸 올렉시 아레스토비치가 자국 인터넷 매체와의 인터뷰에서 "서방국가들이 우크라이나를 남북한식으로 분할하는 종전방안을 택할 가능성이 있다"고 주장했다. 그는 "상황을 반전시키고 러시아군 점령지를 수복하면서 승리하기 위해서는 북대서양조약기구의 무기로 무장한 약 40만명의 잘 훈련된 군인이 필요하지만 우리한테 그것이 없고 가까

운 시일에 그것이 마련될 수도 없다"고 자국군의 전력을 냉정하게 평가했다. 그러면서 "이런 상황에서 서방이 고려할 수 있는 것은 남북한식 분할 시나리오다. 안전보장을 받은 '한국식 우크라이나'를 세우는 것"이고 "그렇게 하면 우크라이나가 적잖은 이익을 얻게 될 것"이라고 주장했다.

한국식 분단 제의에 러시아-우크라 모두 손사래

앞서 1월 8일 올렉시 다닐로우 우크라이나 국가안보국방위원회 서기도 러시아가 남북한처럼 우크라이나 영토를 분단하는 방식으로 전쟁을 끝내려 하고 있다고 주장한 바 있다. 당시 그는 "우리는 현재 러시아로부터 한국식 시나리오를 제안 받고 있다"면서 그는 러시아 침략군을 몰아내고 잃어버린 영토를 완전히 수복한다는 우크라이나의 방침에는 변함이 없다고 강조했다.

반면 러시아 측에서는 2월 7일 드미트리 메드베데프 국가안보회의 부의장이 텔레그램 채널에 올린 글에서 "현재 러시아가 점령하고 있는 우크라이나 동부 4개 지역과 크림반도를 러시아 측에 양보하고, 남은 우크라이나 지역을 서방의 통제하에 둔다는 한국식 시나리오는 우크라이나 측의 '희망사항'일 뿐"이라고 일축했다. 그러면서 "돈바스와 다른 지역들은 이미 대국인 러시아의 일부로 귀속됐다"면서 이 지역은 분할대상이 될 수 없다고 주장했다.

1년 넘긴 전쟁, 어떻게 끝이 날까?

한국식 분단 시나리오는 전쟁 초기부터 종전 시나리오 중 하나로 지속해서 언급돼왔다. 이런 상황에서 2월 2일(현지시간)에는 조 바이든 미국 대통령이 러시아에 우크라이나 영토의 20%를 넘길 테니 전쟁을 끝내자고 제안했다는 보도도 나왔다. 스위스 독일어권 매체 노이에취리허차이통(NZZ)은 윌리엄 번

스 미국 중앙정보국(CIA) 국장이 1월 우크라이나를 찾아 젤렌스키 대통령을 만난 후 러시아를 비밀리에 방문해 종전안을 제안했다고 독일 정계 고위관계자들의 전언을 인용해 보도했다.

번스 국장이 양국에 내놓은 종전안에는 우크라이나 전체 영토의 약 20%를 러시아에 내주는 방안이 포함돼 있었으며, 양국은 제안을 받아들이지 않았다고 덧붙였다. 독일 관계자들의 분석으로는 바이든 대통령이 전쟁 장기화를 피하고자 이러한 종전안을 제안한 것이라고도 전했다. 그러나 백악관과 CIA, 크렘린궁은 이 같은 보도 사실을 부인했다.

전쟁의 2023년 전망에 대해서는 해외전문가들의 의견이 엇갈렸다. 영국 킹스 칼리지 런던의 전쟁학과 바버라 잔체타 교수는 2023년 말에도 전쟁이 계속될 것이며 평화협상이 성사될 가능성은 크지 않다고 내다봤다. 반면 미 워싱턴의 분석가인 안드레이 피온트콥스키는 우크라이나가 2023년 봄까지는 영토를 완전히 회복하며 승리할 것으로 전망했고, 벤 호지스 전 유럽 주둔 미 육군 총사령관도 우크라이나가 2023년 말에 크림반도를 완전히 되찾으면서 승리를 거둔다고 확신했다. 시대

우크라이나 전황

2022년 12월 20일(현지시간) 기준
□ 러시아 영토편입 주장
■ 러시아 점령지역
■ 우크라이나 탈환·반격 지역

자료 / 미 전쟁연구소(ISW)

"세계 추세 vs 위험 여전"

비용 대비 편익 안 커

코로나19 유행으로 주춤했던 내·외국인 출입국자 수가 2022년 방역정책 완화로 대폭 증가했다. 이는 우리나라만의 현상이 아니다. 세계적으로도 '위드 코로나'를 맞아 닫아걸었던 빗장을 풀고 관광객을 맞고 있다. 이런 의미에서 중국 관광객은 해외여행업계에서 블루오션이다. 일본을 비롯한 세계 각국이 중국에 대한 입국제한을 푼 이유다.

입국제한의 효과도 미미하다. 1월 2일부터 15일까지 국내에서 발생한 확진자 수는 약 70만명이었는데, 중국발 확진자는 2,000여 명으로 국내발생 확진자의 0.3%였다. 전수검사를 하지 않아 이 가운데 일부를 놓쳤다 해도 지역사회 유행상황에 큰 부담이 됐으리라 생각하긴 어렵다.

비자발급을 제한하지 않아 입국자가 늘었어도 마찬가지다. 코로나19 유행 직전인 2020년 1월 첫 2주간 중국발 단기 입국자는 약 17만명, 양성률 11%를 대입하면 예상확진자 수는 약 1만 9,000명으로 국내발생 확진자의 2.7%에 불과해 입국제한의 모든 비용을 치르고 막을 만한 수준은 아니다. 사전주의 원칙으로 예방은 나쁘지 않다. 그러나 현재 위험수준에서 변이 감시는 입국 전 검사와 유증상 입국자 검사 강화 정도로 충분히 할 수 있다. 즉, 입국자 방역조치는 비용 대비 편익이 크지 않다.

2월 9일 일본 '요미우리 신문'은 일본정부가 현재 중국발(제3국을 경유하는 입국자나 마카오발 입국자 포함) 입국자 전원을 대상으로 시행하고 있는 코로나19 검사를 2월 하순부터 무작위 검사로 전환할 방침이라고 전했다. 일본정부는 중국이 2022년 12월 26일 자국민의 해외출국규제를 완화하는 등 '제로 코로나'에 마침표를 찍는 쪽으로 정책을 전환하자 중국발 환자가 증가할 것을 우려해 이튿날 중국발 입국자 전원을 대상으로 코로나19 검사를 시행했고, 1월 8일부터는 음성증명서 제출을 의무화했다.

그랬던 일본정부가 입국자 방역조치 완화를 결정한 것은 중국정부가 코로나19 유행을 막기 위해 금지했던 자국민 해외 단체여행이 2월 6일부터 재개됐기 때문이다. 그러면서 중국정부는 중국발 입국자를 대상으로 방역규제를 강화한 나라들은 대상국가에서 제외한 채 단체여행이 가능한 나라를 태국, 스위스 등 총 20개국으로 한정했다. 결국 중국인 관광객을 잡기 위해 중국인 입국자 방역조치를 완화로 선회한 것이다. 이에 일본은 늘어날 것으로 예상되는 중국 여행객을 맞기 위해 나리타, 하네다 등 현재 4곳으로 제한된 중국발 여객기 입국 공항을 늘리고 항공기도 증편할 예정이다.

입국자 방역 완화 논란

인도, 대만, 이탈리아, 독일 등도 중국발 입국자에 대한 코로나 전수조사를 중단했다. 홍콩은 코로나 방역조치 완화를 계기로 전 세계 관광객 유치를 위해 약 3,117억원 상당의 항공권 50만장을 무료로 제공하겠다고 밝히기도 했다. 반면 우리나라는 일본의 방역조치 완화 발표 후에도 중국발 입국자에 대한 방역조처를 유지한다는 방침이었다. 임숙영 중앙방역대책본부 상황총괄단장은 2월 1일 언론브리핑에서 "춘제기간(중국 설연휴, 1월 21~27일) 인구이동에 따른 영향이 전면적으로 나타나지 않은 상태여서 중국의 방역상황에 대한 모니터링이 더 필요하다"며 "국내의 (대중국) 방역조처는 국민의 안전·건강을 위해 불가피하다"고 말했다.

그런데 일주일 만에 입장을 번복했다. 2월 10일 중앙재난안전대책본부 회의에서 최근 중국발 입국자 양성률이 1%대로 낮아졌고 중국발 확진자 중 우려변이가 나타나지 않았다며 이에 따라 2월 말까지 연장했던 중국발 입국자에 대한 비자발급 제한조처를 11일부터 해제한다고 발표했다. 그러자 언론에서는 우리의 규제에 반발해 1월 10일부터 한국발 입국자의 단기비자 발급을 중단했던 중국정부가 '보복조치'를 철회할 것인가에 주목했다. 그러나 이와는 별개로 국민여론은 찬성과 비판으로 팽팽하게 맞서고 있다. 시대

"세계가 열었는데 우리만 닫는다고 방역이 돼?"
"유커 와야 경제 살아나"

"무증상·사망률 여전히 높은데…."
"이제야 코로나가 좀 잠잠해지나 싶었는데…."

반대

최소한의 보호막은 유지해야

위드코로나 후 코로나19 환자가 급속도로 확산하고 있다. 최근 국제학술지 네이처에 등재된 연구들은 코로나19에 한 차례 감염됐을 때 오미크론 변이를 통하여 재차 감염되는 사례가 급증했다고 밝히고 있다. 2~3차례의 백신 접종이나 감염으로 항체가 생겨서 면역력이 확보되더라도 오미크론 변이의 전파능력 때문에 안심할 수 없다는 것이다. 이 때문에 많은 전문가들이 섣부른 방역해제가 더 큰 혼란을 가져올 수 있다고 경고하고 있다.

우리나라는 2020년 10월 이후 27개월여 만인 2월 1일 의료기관과 약국, 감염취약시설, 대중교통 등 감염위험이 높은 곳을 제외한 실내에서의 마스크 착용 의무를 해제했다. 비록 신규 확진자의 수가 급속도로 증가하고 있지는 않지만, 확진자 대부분이 무증상이어서 안심할 수만은 없다. 위중증 환자 수나 사망자 수도 여전하다. 게다가 해외에서는 원숭이두창 등 다른 감염병까지 유행하고 있다.

코로나19 재유행의 가능성은 언제든 남아 있다는 예상이 의료계에서 나오는 게 현실이다. 2022년 실외에 이어 실내에서의 마스크 착용 의무가 해제됐지만 많은 시민이 여전히 마스크를 착용하고 있다. 방역조치를 완화하기 이전에 해외발 확진자를 어떻게 관리할 것인가 대책이 필요하다.

"약자가 다수 vs 선택엔 책임"

찬성

현재지원 > 미래비용

1인가구 중 29세 이하가 전 연령대 가운데 가장 많아 19.8%에 달한다. 70대 이상(18.1%)보다 많다. 30대(17.1%)까지 합치면 결혼을 못 하는 젊은 층이 많다는 의미다. 주된 이유는 경제문제다. 1인가구의 42%가 월세로 산다는 통계와 맥이 닿는다. 실제로 경제적 문제로 결혼을 안 하고 1인가구가 됐다는 경우가 30.8%에 달한다.

소득수준(2021년)을 보면 전체 가구로는 1억원 이상이 18%인 데 비해 1인가구는 1.7%에 그친다. 반면 1,000만원 미만과 1,000만 ~ 3,000만원 사이 비중은 전체 가구가 각각 6%, 23%인 데 비해 1인가구는 21%, 47%에 달한다. 고시원 거주자가 11%, 월세생활자가 42%에 달한다는 것도 1인가구의 자산수준과 경제적 형편을 보여준다.

1인가구는 경제여건만이 아니라 심리·정서적으로도 열악하고 불만족스러움이 확인되고 있다. 1인가구의 58%만 가족관계에 만족한다는 응답을 보여 전체 평균치 65%보다 훨씬 낮다. 만성질환 유병률도 31.5%로 다인가구의 11.8%보다 약 2.7배 높다. 이런 1인가구가 경제적 독립을 못한 채 고령자가 되면서 정부의 복지망에만 기대는 상황이 오면 사회는 상당히 각박해질 것이다. 복지비용 증가 이상의 문제가 파생된다. 사회적 약자 그룹으로 전제하고 지원을 늘려야 한다.

지난 1월 15일 행정안전부는 2022년 12월 31일 기준 우리나라 주민등록 인구가 5,143만 9,038명으로 2021년(5,163만 8,809명)보다 19만 9,771명(−0.39%) 줄었다고 밝혔다. 특히 출생·사망자 수 차이에 따른 자연감소가 11만 8,003명으로 역대 최대였다. 저출산과 고령화의 영향이다. 그런데 가구 수는 1년 만에 23만여 세대 늘었다. 1인가구가 늘어났기 때문이다. 1인가구는 총 972만 4,256세대로 1,000만세대나 늘어난 것이다. 1인가구가 전체 세대에서 차지하는 비중은 41.0%나 된다. 1·2인세대를 합하면 전체의 65.2%다. 이런 상황이 지속될 경우 앞으로 30년간 1인가구는 연평균 8만 6,000가구 늘어나 2050년에는 전체 가구 10가구 중 7가구 이상이 1~2인가구가 된다.

1인가구 급증은 도시지역을 중심으로 선진화된 현대사회의 특징이다. 특히 1인가구에는 29세 이하와 70세 이상에 많은데, 이는 비혼·만혼과 사별·이혼이 적지 않다는 의미다. 문제는 1인가구의 3분의 2인 68%의 연소득이 3,000만원 이하라는 점이다. 1인가구 증가가 고착화될 경우 저출산·고령화 문제가 심화될 뿐 아니라 가구 단위의 소득불균형도 강화될 수 있다는 의미다.

1인가구 지원 논란

반대

선택은 본인의 책임

핵가족화로 고령 1인가구가 늘어나면서 고독사가 증가한 것도 걱정이다. 최근에는 빈곤에 의한 청년 고독사도 빈번하게 발생하고 있다. 이미 경제협력개발기구(OECD) 회원국 중 1위를 기록하고 있는 노인빈곤율도 문제다. 2085년이면 노인 10명 중 3명이 빈곤 상태일 것이라는 전망이 나오기 때문이다. 노인소득 중 공적이전소득의 비중도 작다. 2020년 기준으로 공적이전소득이 노인소득에서 차지하는 비중이 일본이나 호주의 경우 60%인 데 반해 우리나라는 25.51%에 불과하다.

이에 각 지방자치단체는 청년 1인가구에 월세를 지원하거나 고독사를 막기 위해 24시간 모니터링체계를 가동하는 등 1인가구 지원에 나섰다. 나주시는 여성취약범죄의 예방을 위해 현관CCTV(도어가드) 등의 설치 및 임대비용을 1년간 무상지원하며, 서울 강동구는 세대별 맞춤형 프로그램을 운영하기 위한 센터를 두고 있다. 전국에서 1인가구가 가장 많은 경기도의 경우에는 1인가구를 중장기적 관점에서 체계적으로 지원하기 위해 향후 5년간 5조원 이상을 투입할 예정이다. 아울러 노인빈곤율을 낮추기 위해서 국민연금의 실질소득 대체율 증가와 전체적인 노후소득 보장정책의 개선이 필요하다는 주장도 제기되고 있다. 시대

정부 지원은 자립과 자활 의지가 있는 대상에 집중돼야 한다. 경제적·신체적 이유, 사별 등으로 불가피하게 생성된 1인가구는 적극적으로 도와야 한다. 하지만 도피형·책임기피형·나태형 1인가구를 정부가 지원하고 국가나 사회 차원에서 보살펴야 할 이유는 없다. 1인가구라고 해서 무조건 지원해서는 안 되는 것이다.

세계적·국가적 재앙이라는 초저출산과 그로 인한 '인구절벽'의 위기를 생각해도 마찬가지다. 경제적 어려움을 이유로 결혼을 기피한다지만, 그런 어려움에도 결혼한 가구도 적지 않다. 통계청 자료를 보면 신혼부부 가운데 주택소유자가 42%(2021년 기준)에 불과하다. 2020년보다 0.1% 줄었다. 대출이 있는 신혼부부는 89%로 2020년보다 1.6% 증가했다. 정부의 지원에는 선택과 집중이 필요한 만큼 선택에 의한 1인가구가 아니라 신혼부부나 다자녀가구 쪽에 지원을 늘리는 것이 현실적 선택이다.

근본적으로 각자의 삶과 생활은 스스로 책임지게 하는 게 건전한 사회다. 가정에 대한 '책임과 의무'에서 탈피하고자 선택한 1인가구라면 방식은 존중하되 자기책임을 지우는 게 맞다. 인센티브와 페널티 부과는 사회유지의 기본원리다. 1인가구에 대한 지원은 비생산적 복지비용만 키울 뿐이다.

"우리 사회에서 1인가구는 선택이 아니야"
"2인 생활비가 1인의 2배가 아니잖아"

"인구절벽인데, 비혼은 중과세 내야 하는 것 아냐?"
"결혼도 출산도 싫으면 지원도 안 돼!"

01 가스요금 인상에 대해 한국가스공사는 정부가 (　　　)을/를 유예하면서 구매가보다 공급가가 낮아져 큰 손실을 봤다고 주장했다.

02 (　　　)은/는 지역구별로 당원을 관리 · 교육하고 당원간의 친목을 도모하기 위한 조직으로 선거 시 후보자를 추리는 역할도 한다.

03 튀르키예와 시리아를 강타한 지진에 대해 (　　　)이/가 상대적으로 얕은 곳에 위치해 있어 더 큰 타격을 줬다는 분석이 나왔다.

04 소득대체율은 연금가입기간 중 (　　　)을/를 현재가치로 환산한 금액 대비 연금이 지급되는 비율을 말한다.

05 대통령에 대한 탄핵소추는 국회 재적의원 과반수가 발의하고, 재적의원 (　　　) 이상이 찬성해야 의결된다.

06 (　　　)은/는 물가에 미치는 단기적 · 불규칙적 충격이 제외돼 장기적인 물가상승 흐름을 포착할 수 있다.

07 대법원 (　　　)은/는 대법원장과 대법관 13명으로 구성되며 대법관 2/3 이상 출석, 출석자 과반수 찬성으로 의결된다.

08 한미는 회담에서 한반도 비핵화원칙을 재확인하고, 북한의 핵위협에 대응해 (　　　)을/를 더 강화할 필요가 있다는 데 합의했다.

09 현대카드가 애플페이에 대한 (　　　)을/를 포기하면서 다른 카드사들도 향후 애플페이 서비스 제휴를 맺을 수 있을 것으로 보인다.

10 노인 기준연령은 보통 만 65세가 기준이지만 주택연금은 (　　　) 이상, 농지연금은 만 60세 이상 등 법률마다 기준이 조금씩 다르다.

11 실내마스크 착용 의무가 대부분 해제되면서 현재 남아있는 코로나19 방역조치는 (   ) 조치가 유일하다.

16 금융위원회가 (   ) 발행 · 유통을 제도화함에 따라 일정요건을 갖춘 발행인이 증권을 직접 발행 · 유통할 수 있게 됐다.

12 (   )은/는 직장에서 해고당한 근로자를 돕기 위한 취지의 제도이지만 그간 근로의욕을 떨어뜨린다는 문제제기가 끊이지 않았다.

17 인도 연방정부는 2021년부터 여성의 혼인 최저연령을 기존 18세에서 (   )로 상향조정했지만 조혼관습이 여전히 남아있다.

13 홍콩(   ) 위반으로 기소된 야권인사 47명에 대한 재판이 시작되면서 법 제정 이후 열리는 최대 규모 재판으로 주목받았다.

18 현재 영국 보수정권은 전임 총리들이 잇달아 사임하면서 정상적인 국정수행에 어려움을 겪는 (   ) 상태에 처해 있다.

14 (   )은/는 유엔 회원국이 돌아가면서 자국의 인권상황과 권고이행 여부 등을 다른 회원국들로부터 심의받는 제도다.

19 (   )은/는 도산 안창호 선생이 민족의 자주독립과 부강한 독립국가 건설을 위해 샌프란시스코에서 창립한 구국단체다.

15 (   )은/는 '자기침식'이라고도 하며 기업의 새로운 비즈니스 모델이나 기술이 해당 기업의 주력시장까지 침범하는 것을 말한다.

20 (   )은/는 28GHz 대역 상용화를 위해 필수인 6GHz 이하 대역 주파수로 신호제어용 주파수라고도 한다. 🔲

---

01 원료비 연동제 **02** 당원협의회 **03** 진원 **04** 평균소득 **05** 2/3 **06** 근원인플레이션 **07** 전원합의체 **08** 확장억지(확장억제) **09** 배타적 사용계약 **10** 만 55세 **11** 확진자 7일 격리(확진자 격리의무) **12** 실업급여 **13** 국가보안법 **14** 국가별 정례인권검토(UPR) **15** 카니발라이제이션 **16** 토큰증권 **17** 21세 **18** 레임덕 **19** 흥사단 **20** 앵커 주파수

필수
시사상식

시사용어브리핑	74
시사상식 기출문제	80
시사상식 예상문제	86
내일은 TV퀴즈왕	92

한 달 동안 화제의 용어를 한자리에!
시사용어브리핑

슈퍼스타 한식당 농림축산식품부에서 추진하는 해외 우수 한식당 지정 사업

▶ **사회·노동·교육**

2020년 8월 시행된 '한식진흥법'에 따라 농림축산식품부에서 한식의 품질 향상 및 소비자 보호를 위해 추진하는 해외 우수 한식당 지정 사업을 말한다. 음식의 품질 및 서비스, 한식 확산 기여도부터 위생과 식재료 보관 및 관리에 이르기까지 21개 항목을 바탕으로 서류와 현장심사, 총괄심의를 거쳐 대상 식당을 최종 선정한다. 최종 선정된 식당들에는 한식 확산에 기여한 공로를 인정해 지정서 및 지정패를 수여하고, 2,000만원 상당의 국산 식재료와 식기류 구매비가 지원된다.

왜 이슈지?
1월 26일 농림축산부와 한식진흥원은 해외 우수 한식당 지정 사업에 따라 미국 뉴욕 등 해외에서 영업 중인 한식당 22곳 중 8곳을 '**슈퍼스타 한식당**'으로 최종 선정해 발표했다.

하얀 헬멧(The White Helmets) 내전을 겪고 있는 시리아에서 활동 중인 민간구조단체

▶ **국제·외교**

현재 정부군과 반정부군 간 대립으로 내전이 진행 중인 시리아에서 활동하고 있는 시리아시민방위대(SCD)를 가리키는 별칭이다. 흰색 헬멧을 쓰고 시리아군의 공격에 파괴된 현장에 출동하여 구조활동을 한다는 의미에서 붙은 명칭이다. 2013년 알레포 지역에서 20여 명의 자원봉사자로 출발한 단체는 현재 사회 각계각층으로 구성된 약 3,000여 명의 자원봉사자들이 활동하고 있는 것으로 알려졌다. 이들은 12년 넘게 이어지고 있는 내전상황 속에서 정부군의 무차별 공격에도 적극적으로 구조활동에 나서 전 세계의 주목을 받았다. 2016년에는 그 공로를 인정받아 노벨평화상 후보에 오르기도 했다.

왜 이슈지?
지난 2월 6일 강진이 발생해 대규모 인명피해가 발생한 시리아에서 구조활동을 벌이고 있는 민간구조단체 '**하얀 헬멧**'이 매몰자 구조를 위한 기부를 호소하며 온라인 모금활동에 나섰다.

크리에이터 이코노미(Creator Economy) 개인 창작자가 자신의 창작물을 기반으로 수익을 창출하는 것

'창작자 경제'라고도 하며 유튜버나 인플루언서, 가수, 작가, 디자이너 등 개인 창작자(크리에이터)가 자신의 창작물을 기반으로 수익을 창출하는 산업 전반을 지칭하는 용어다. 유튜브, 인스타그램, 틱톡, 트위치 등 다양한 온라인 플랫폼을 통해 누구나 손쉽게 콘텐츠를 제작해 게시할 수 있게 된 2010년대 들어 본격적으로 사용된 개념으로 이러한 급격한 성장에는 유튜브의 영향이 큰 것으로 알려져 있다. 크리에이터들은 콘텐츠 조회 수와 시청자 후원금, 광고 등으로 수익을 창출한다.

왜 이슈지?

플랫폼의 다양화로 **크리에이터 이코노미**의 시장규모가 점점 더 커지면서 수많은 일자리와 경제적 가치를 창출해내고 있지만, 크리에이터들에게 불리하게 적용되는 수익배분 구조는 여전히 해결되지 않은 것으로 나타났다.

한국형 3축체계 킬체인(Kill Chain)·한국형 미사일방어(KAMD)·대량응징보복(KMPR)

한국의 북핵 대응전략으로 킬체인(Kill Chain)·한국형 미사일방어(KAMD)·대량응징보복(KMPR)을 가리키는 말이다. 킬체인은 북한이 핵·미사일을 발사하려는 움직임을 보이는 경우 우리 군이 먼저 탐지해 선제타격을 가하는 것으로 총 6단계의 공격형 방위시스템이다. 한국형 미사일방어는 한반도를 향해 날아오는 북한의 탄도미사일 및 항공기를 10~30km의 저고도에서 탐지·요격하는 방어시스템을 말한다. 마지막 단계인 대량응징보복은 북한이 핵·미사일을 발사해 공격하는 경우 북한의 지휘부를 직접 겨냥해 응징 및 보복하는 것으로 북한의 전쟁지휘기능을 마비시키는 것이 주요 목적이다.

왜 이슈지?

우리 군이 이른바 '괴물미사일'로 불리는 현무 계열 미사일 개발에 박차를 가하는 가운데 이 미사일이 전략화될 경우 북한의 핵·미사일 개발에 대응하는 **한국형 3축체계**의 역량이 더욱 강화될 것으로 전망됐다.

하우스 머니 효과(House Money Effect) 쉽게 번 돈을 더 과감하게 사용하는 심리적 경향

도박장(하우스)에서 번 돈을 '하우스 머니'라고 하는데, 이렇게 쉽게 벌거나 우연히 얻은 돈은 월급 등의 근로소득보다 더 과감하게 사용하는 심리적 경향을 말한다. 연말연시 성과급이나 보너스 명목으로 들어온 돈을 헤프게 쓰는 경향이 나타나는 것도 이러한 하우스 머니 효과 때문으로 알려졌다. 미국의 경제학자 리처드 탈러가 정립한 이론으로 '쉽게 번 돈은 쉽게 쓴다'는 말을 이론적으로 증명한 셈이다. 이는 주식투자에서도 동일하게 적용돼 주가의 움직임만을 보고 차익을 노리는 개인 투자자들이 주식에 투자할 때 더 과감하게 투자하려는 성향이 강화된다는 연구도 있다.

왜 이슈지?

기업들은 **하우스 머니 효과**와 같은 소비자의 심리를 이용해 제품을 할인하는 대신 상품권을 제공하여 추가소비를 유도하는 방식으로 마케팅에 적극 활용하고 있다.

신파일러(Thin Filer) 금융거래 정보가 거의 없는 사람들

'서류가 얇은 사람'을 뜻하는 말로 학생, 사회초년생, 전업주부, 은퇴자 등 신용을 평가하는 데 있어 금융거래 실적이 적어 신용점수가 낮은 사람들을 말한다. 주로 최근 2년간 신용카드 사용내역이 없고 3년간 대출실적이 없는 사람들이 해당된다. 금융거래 정보가 적은 만큼 빌린 돈을 지정된 기간 내에 얼마나 잘 갚는지를 평가하는 신용도도 낮기 때문에 시중은행의 현행 신용등급평가 방식으로는 낮은 등급을 받을 가능성이 높으며, 신용거래 등의 금융서비스 이용에도 제한을 받는다.

왜 이슈지?

최근 정보통신(IT) 기업들은 금융거래 실적이 빈약해 신용카드 발급이 어려운 '**신파일러**'를 주요 타깃으로 설정한 후불결제서비스를 운영하고 있다.

제시카법 미국에서 12세 미만 아동을 상대로 성범죄를 저지른 범죄자에게 적용하는 법

현재 미국에서 시행하고 있는 법으로 12세 미만 아동을 상대로 성범죄를 저지른 범죄자에게 최소 징역 25년형과 출소 이후에도 평생 위치추적장치(전자발찌)를 착용하도록 한 법을 말한다. 범죄자가 학교나 공원 주변 등 아동이 많은 곳으로부터 2,000피트(약 610m) 이내에 거주하지 못하는 내용도 담겼다. 2005년 미국 플로리다주에서 9살 소녀가 아동성폭행 전과자인 존 코이에 의해 강간 살해된 사건 이후 피해자의 아버지가 성범죄자에 대한 엄격한 관리를 요청하면서 제정됐다. 미국에서는 미성년자를 대상으로 성범죄를 저지른 자가 석방되면 거주지 경찰관이 이들의 신상정보를 이웃에게 알리는 '메건법'도 시행하고 있다.

왜 이슈지?

1월 26일 법무부는 재범 우려가 높은 고위험 성범죄자 출소 시 초·중·고등학교, 어린이집, 유치원 등 미성년자 교육시설에서 500m 이내에 거주하지 못하도록 하는 '한국형 **제시카법**(전자장치부착법 개정안)'을 추진하기로 했다고 밝혔다.

리터루족(Returoo族) 독립해서 따로 살다가 경제적인 이유 등으로 본가로 다시 돌아가는 자녀세대

'돌아가다'라는 뜻의 'return'과 부모에게 경제적으로 의존하는 2030세대를 뜻하는 '캥거루족'의 합성어다. 학업이나 취업 등을 이유로 독립을 하거나 결혼한 후 부모님 집에서 나와 가정을 이룬 자녀세대가 육아의 어려움이나 전세난 등의 주택 문제, 경제적 부담 등으로 다시 부모님과 재결합해 사는 것을 가리키는 말이다. 최근 경기침체에 따른 고물가·고금리 상황이 지속되자 독립을 했던 청년세대들이 경제적 어려움을 호소하면서 본가로 돌아가는 현상이 확산하고 있다.

왜 이슈지?

높은 금리, 물가상승 등에 따른 경제적 부담이 높아지면서 독립을 포기하고 부모님이 계신 본가로 돌아가는 '**리터루족**'이 증가하는 것으로 나타났다.

멸종반란(XR, Extinction Rebellion) 2019년 출범한 기후활동 단체

2019년 5월 영국에서 출범해 현재 전 세계 80여 개국으로 확산한 기후활동 단체다. 영국에 본부를 두고 있으며, 기후위기로 인간을 포함한 생물종이 멸종하는 것에 저항한다는 목적이 있다. 정부가 화석연료에 대한 투자를 멈추고 기후위기에 즉각 대응할 것을 요구하면서 시민불복종 시위를 벌이고 있으며, 목표를 달성하기 위한 전략으로 면밀하게 조직된 비합법·비폭력·불복종 투쟁을 선택해 실행하고 있다. 특히 회원들의 과격한 시위방식으로 주목을 받아왔는데, 2019년에는 이 단체에 소속된 회원들이 런던 도심의 옥스퍼드 서커스, 워털루 다리 등을 11일간 점거해 1,000여 명의 활동가가 체포되기도 했다.

왜 이슈지?

멸종반란은 2022년 스페인, 호주 등 세계 각지의 미술관에 잠입해 접착제를 바른 손으로 명화를 만지는 등 과격한 시위방식으로 논란이 되고 있다.

퀴어베이팅(Queerbaiting) 미디어에서 성소수자를 보여주는 것처럼 꾸며 시청자의 관심을 끄는 방식

성소수자를 뜻하는 '퀴어(queer)'와 미끼를 뜻하는 '베이팅(baiting)'의 합성어로 '퀴어를 낚는다'는 의미다. 미디어에서 성소수자를 보여주는 것처럼 꾸며 시청자들의 관심을 끌지만, 실제로는 그들에 대한 재현이나 서사를 보여주지 않는 마케팅 방식을 말한다. 이러한 퀴어베이팅에 대해 성소수자 차별에 반대하는 이들을 소외시키지 않으려는 노력이라는 평가가 있는 반면 성소수자 캐  릭터를 홍보용으로 이용해 소비자들의 관심과 주목을 얻기 위한 상술적인 행위라는 비판도 존재한다.

왜 이슈지?

최근 종영한 한 OTT 오리지널 예능프로그램에서 동성커플 데이트 성사로 화제를 모으며 시청자들의 관심을 끌었던 일부 장면이 실제로는 제작진이 의도적으로 편집해 내보낸 장면이라는 사실이 밝혀지면서 '**퀴어베이팅**'이라는 비판이 제기됐다.

자율주행 레벨 분류기준 국가표준(KS) 자율주행차의 레벨 분류기준을 정의하는 국가표준

산업통상자원부 국가기술표준원이 국제표준(ISO)을 기반으로 개발한 자율주행차 레벨 분류기준을 정의하는 국가표준(KS)이다. 자율주행차량의 사용자와 운전자동화시스템의 역할에 따라서 총 6단계로 분류했다. 레벨 0은 운전자동화가 없고, 레벨 1~2는 운전자 보조, 레벨 3~5는 자율주행으로 분류된다. 부분 운전자동화가 적용된 레벨 2는 운전자가 조작하지 않더라도 눈은 운전환경을 주시해야 하고, 레벨 3은 운전자가 주시하지 않아도 되지만 시스템 개입 요청 시 운전행동으로 복귀해야 한다. 레벨 4는 운전자 개입 없이 시스템이 스스로 비상상황에 대처할 수 있으며, 레벨 5는 모든 도로조건과 환경에서 주행을 담당한다.

왜 이슈지?

우리나라에서는 그동안 국제기준을 인용해 자율주행 레벨을 분류해왔는데, 1월 19일 산업통상자원부 국가기술표준원에서 **자율주행 레벨 분류기준 국가표준(KS)**을 고시하면서 국내 산업계에 더 명확한 분류기준을 제공할 수 있게 됐다.

회색지대 전술 상대국이 대응하기 모호한 수준으로 저강도 도발을 지속하는 전략

국제·외교

실제 무력충돌이나 전쟁으로 확산하지는 않을 정도의 모호한 수준으로 저강도 도발을 지속하면서 안보목표를 이루려고 하는 전략을 말한다. 즉, 전쟁과 평화의 중간에 해당하는 강압적인 활동을 통해 상대방의 반응을 이끌어내는 방식을 말하며, 여기서 '회색지대'란 어느 쪽에도 속하지 않은 모호한 영역을 뜻한다. 주로 정규군이 아닌 민병대나 민간 무장어선을 동원해 도발을 감행한다. 1949년 중국에서 대만 국민당 군대의 공격을 막기 위해 창설한 해상민병대에서 비롯된 것으로 당시 잘 훈련된 소형선박 선단을 이용해 대형함대에 맞서는 전략을 구사했다.

왜 이슈지?

최근 중국이 대만해협 중간선과 대만방공식별구역(ADIZ)에 군용기를 진입시키고 있는 것에 대해 대만의 군사전문가들은 '뉴노멀(새로운 표준)'을 만들기 위한 전술이자 특정 지역을 분쟁지대로 만들기 위한 '**회색지대 전술**'이라고 분석했다.

콘고지신 과거의 콘텐츠를 활용해 새로운 수요를 창출하는 전략

문화·미디어

'콘텐츠(contents)'와 사자성어 '온고지신(溫故知新)'의 합성어로 과거에 생산·유통됐던 콘텐츠를 활용해 새로운 수요를 창출하는 전략을 뜻하는 말이다. 한국콘텐츠진흥원이 2023년 콘텐츠산업을 전망하며 발표한 10가지 키워드 중 하나다. 공개 당시에만 잠깐 인기를 끌고 마는 것이 아니라 옛것이 지닌  생명력과 그것이 불러일으키는 향수를 바탕으로 꾸준한 수익을 만들어낼 수 있다는 의미에서 만들어졌다. 다양한 장르와 형식으로 기획·활용될 수 있다는 점이 장점으로 꼽힌다.

왜 이슈지?

3040세대의 추억의 명작으로 꼽히는 만화 '슬램덩크'가 극장용 애니메이션으로 제작돼 지난 2월 4일 개봉한 이후 2주 만에 관객 100만명을 돌파하며 '**콘고지신**'의 대표사례로 언급되고 있다.

순차침체(Rolling Recession) 경제 전반에서 순차적으로 침체가 나타나는 현상

경제·경영

경기침체가 모든 영역에서 한꺼번에 일어나는 것이 아니라 하나의 영역이 침체에 빠지면 이것이 다른 영역으로 옮겨가 순차적으로 침체가 나타나는 것을 말한다. 미국의 경제전문매체 CNBC는 "국내총생산(GDP) 성장률이 몇 분기에 걸쳐 마이너스가 나오지는 않겠지만, 주택이나 제조업, 기업 이익 등 경제의 일부분이 마치 침체에 빠진 것처럼 행동하고 (그렇게) 느껴진다"며 "이는 과거 미국경제에서 보지 못했던 현상"이라고 지적했다. 경제학자들 역시 일반적으로 2개 분기 연속 마이너스 성장률이 나타나는 경우 '침체'라고 정의하지만 2023년에는 기존의 침체와 다른 양상이 나타날 수 있다고 진단했다.

왜 이슈지?

로욜라 메리마운트대학의 손성원 금융경제학 교수가 미국경제에 대해 "과거처럼 모든 것이 동시에 하락하는 완전한 침체를 보지 못할 것"이라며 "이미 **순차침체**는 진행 중"이라고 말했다.

메타버스 세종학당 외국인들이 한국어로 자유롭게 소통하고 K-컬처를 체험할 수 있도록 만든 종합체험공간

▶ 문화·미디어

문화체육관광부와 세종학당재단이 언제 어디서든 외국인들이 한국어로 자유롭게 소통하고 K-컬처를 체험할 수 있도록 구축한 종합체험공간으로 2023년 정식 운영된다. '캠퍼스 공간'은 한국어 수업을 듣거나 K-컬처를 체험할 수 있는 공간과 대규모 행사가 열리는 공간 등으로 구성돼 있으며, '마을 공간'은 한국의 대표 명소 등을 담아 한국생활을 체험할 수 있도록 했다. 이밖에 '한국생활 360° 가상현실(VR) 영상'과 한국어·K-컬처 체험게임도 즐길 수 있다.

왜 이슈지?
2월 7일 문화체육관광부와 세종학당재단은 K-컬처의 높은 인기로 한국어학습 수요자가 증가함에 따라 2023년부터 외국인들이 한국어로 소통하고 K-컬처를 체험할 수 있는 **메타버스 세종학당**을 본격 운영한다고 밝혔다.

핵·WMD대응본부 북한의 핵·미사일 위협에 대응하기 위해 합동참모본부 산하에 창설된 본부

▶ 사회·노동·교육

고도화하는 북한의 핵·미사일 위협에 대한 억제 대응능력과 태세를 획기적으로 강화하기 위해 1월 2일 합동참모본부(합참) 산하에 창설된 본부다. 기존의 합참 전략기획본부(핵·WMD대응센터)에 정보·작전·전력·전투발전 기능을 추가해 확대된 별도의 본부다. 이에 합참 조직은 정보·작전·전략기획·군사지원본부 등 기존 4개본부 체제에서 5개본부 체제로 개편됐다. 핵·WMD대응본부에서는 한국형 3축체계의 능력 발전을 주도하고, 사이버·전자기스펙트럼·우주영역 능력을 통합·운용하게 되며, 향후 전략사령부의 모체부대로서 운영 및 검증을 통해 우리 전략환경에 최적화된 전략사령부 창설을 추진할 예정이다.

왜 이슈지?
한미가 북한의 핵위협에 대응해 추진하고 있는 확장억제수단운용연습(DSC TTX)에 국방부 실장급을 필두로 한 정책 분야 인원과 함께 2023년 확대 개편된 합동참모본부 **핵·WMD대응본부** 등의 인원이 참여할 예정이다.

브레그렛 브렉시트를 후회한다는 의미의 신조어

▶ 국제·외교

영국의 유럽연합(EU) 탈퇴를 의미하는 '브렉시트(Brexit)'와 'regret(후회하다)'의 합성어로 브렉시트에 대한 후회를 뜻하는 신조어다. 최근 영국이 EU에 가입된 유럽의 다른 국가들보다 더 심각한 경제위기에 직면하면서 화제가 됐다. 현재 영국은 2020년 코로나19 이후 펜데믹 충격에 브렉시트 후유증까지 겹치며 나타난 경기침체가 지속되고 있다. 이에 영국 매체들은 '영국이 EU를 탈퇴하지 않았다면 상황이 지금보다 나았을 것이란 브레그렛이 확산 중'이라는 보도를 내놨다.

왜 이슈지?
최근 심각한 경기침체에 빠지며 주요 7개국(G7) 중 유일하게 경제규모가 코로나19 이전 수준을 회복하지 못한 영국에서 유럽연합(EU) 탈퇴를 후회하는 '**브레그렛**'이 확산하고 있다.

시사상식 기출문제

01 UN기후변화협약 제28차 당사국총회의 개최국은 어디인가? [2023년 이투데이]

① 아랍에미리트
② 이집트
③ 크로아티아
④ 호주

해설

2023년 11월 30일 열리는 UN기후변화협약 제28차 당사국총회(COP28)의 개최국은 아랍에미리트(UAE)다. 총회의 의장은 정유회사의 사장이자 UAE의 산업기술부 장관인 '술탄 아흐메드 알자베르'다.

02 다음 중 '기업주도형 벤처캐피탈'의 영문 약자는 무엇인가? [2023년 이투데이]

① CRM
② CSR
③ CVC
④ CSV

해설

기업주도형 벤처캐피탈(CVC, Corporate Venture Capital)은 비금융권의 일반기업이 출자해 만든 벤처캐피탈을 의미한다. 일반적인 벤처캐피탈은 유망한 스타트업에 투자하고 성장시켜 주가수익을 얻는 구조를 갖는다. CVC는 이뿐 아니라 모기업의 재정확장과 기술·인력확보 등의 경영전략적 목적을 겸비한다.

03 미국 연방준비제도이사회가 발표하는 미국 경제동향보고서의 명칭은? [2023년 이투데이]

① 그린북
② 베이지북
③ 블랙북
④ 화이트북

해설

베이지북은 미 연방준비제도이사회(FRB)가 연 8회에 걸쳐 발표하는 미국 경제동향종합보고서로, 1970~1982년까지는 붉은색이었기 때문에 레드북이라고 불렸었다. 한편 우리나라 기획재정부가 매월 발간하는 경기분석보고서는 그린북이라 한다.

04 소비를 통해 나의 가치와 신념을 드러내는 행위를 일컫는 말은? [2023년 이투데이]

① 미 제너레이션
② 노멀크러시
③ 가심비
④ 미닝아웃

해설

이전 세대의 소비기준은 오직 상품의 필요성과 경제성이었으나, 현 세대는 조금 경제적이지 않더라도 자신의 가치와 사회적 신념을 보여주기 위한 소비를 하기도 한다. 미닝아웃(Meaning-out)은 환경보호, 동물복지, 친환경 등 윤리적 신념이나 위안부, 반전과 관련 있는 상품을 소비하고, 자신의 소비를 알리는 SNS 활동을 이어가는 행위 등을 말한다.

05 다음 중 공공기관에 해당하지 않는 것은?

[2023년 이투데이]

① 금융위원회
② 한국예탁결제원
③ 강원랜드
④ 도로교통공단

해설

공공기관은 정부의 투자 · 출자 또는 정부의 재정지원 등으로 설립 · 운영되는 기관으로, 국민에게 금융 · 복지 · 산업 등 공공서비스를 행한다. 공기업과 준정부기관, 기타 공공기관으로 구분된다. 보기에서 한국예탁결제원은 정부 금융위원회 산하의 기타 공공기관이며, 강원랜드는 시장형 공기업, 도로교통공단은 위탁집행형 준정부기관이다.

06 반도체를 만들 때 쓰이는 극자외선(EUV) 노광장치를 독점하고 있는 네덜란드의 다국적 기업은?

[2023년 이투데이]

① 마이크론
② ASML
③ TSMC
④ 퀄컴

해설

ASML은 반도체의 직접회로 제조에 사용되는 극자외선(EUV) 노광공정장치를 독점하고 있는 네덜란드의 다국적기업이다. 2021년을 기준으로 전 세계 노광장비 시장의 91%를 점유하고 있다.

07 조선시대 실학자인 연암 박지원이 쓴 소설이 아닌 것은?

[2023년 연합뉴스TV]

① 민옹전
② 양반전
③ 호질
④ 성호사설

해설

조선 후기의 문인인 연암 박지원은 북학파의 거성으로 평가받는 실학자로 청나라의 선진문물을 적극적으로 받아들이고, 학문에서 실용을 귀하게 여겨야 한다고 강조했다. 그는 생전에 많은 소설과 저술을 남겼으며, 작품으로는 〈양반전〉, 〈호질〉, 〈허생전〉, 〈민옹전〉 등이 있다. 〈성호사설〉은 조선 후기 실학자인 '이익'이 쓴 문답집이다.

08 기업의 생산량 증가가 자본 등 생산요소의 증가보다 더 크게 나타나는 것을 뜻하는 용어는?

[2023년 연합뉴스TV]

① 포티슈랑스
② 방카슈랑스
③ 범위의 경제
④ 규모의 경제

해설

규모의 경제(Economy of Scale)는 기업이 생산하는 규모가 증가할 때 생산량 증가가 노동과 자본 등 생산요소의 증가보다 더 크게 나타나는 것을 뜻한다. 생산량이 늘어나면서 그 평균 소요비용은 점차 낮아지는 것이다. 철도나 고속도로처럼 초기 투자비용은 높지만, 손익분기점을 돌파한 후에는 영업이익이 계속 이어지게 된다.

09 조선시대 언론역할을 담당했던 기관으로 옳은 것은? [2023년 연합뉴스TV]

① 승정원
② 홍문관
③ 사간원
④ 사헌부

해설

사간원(司諫院)은 조선시대 국왕에 대한 간쟁과 논박을 맡았던 기관으로, 언론기관의 역할을 했다. 홍문관(弘文館)은 궁중의 문한을 처리했던 기관이고, 승정원(承政院)은 왕명을 출납하던 기관, 사헌부(司憲府)는 감찰기관에 해당한다.

10 전쟁으로 인한 희생자를 보호하기 위해서 1864~1949년에 체결된 국제조약은? [2023년 연합뉴스TV]

① 비엔나 협약
② 베를린 협정
③ 제네바 협약
④ 헤이그 협약

해설

제네바 협약은 전쟁으로 인한 부상자·병자·포로 등을 보호하기 위해 제네바에서 체결한 국제조약이다. 80여 년의 시차를 두고 맺어졌으며, 협약의 목적은 전쟁이나 무력분쟁이 발생했을 때 부상자·병자·포로·피억류자 등을 전쟁의 위험과 재해로부터 보호하여 가능한 한 전쟁의 참화를 경감하려는 것이다. 적십자 조약이라고도 한다.

11 무지개 깃발과 함께 동성애 사회를 상징하는 표식은? [2023년 전주MBC]

① 그린 스타
② 핑크 트라이앵글
③ 레드 선글라스
④ 블루 머니

해설

핑크 트라이앵글(Pink Triangle)은 무지개무늬 깃발과 함께 동성애 사회를 상징하는 표식으로 쓰인다. 본래 분홍색 역삼각형 표시를 독일 나치가 제2차 세계대전 당시 포로수용소에서 유대인 동성애자를 구분하기 위해 가슴에 단 것에서 유래했다. 이 분홍색 역삼각형은 동성애 탄압의 상징으로서 현재까지 이어지고 있다.

12 관객이 직접 극에 적극적으로 참여하도록 하는 공연형태를 뜻하는 말은? [2023년 전주MBC]

① 이머시브 공연
② 실감미디어
③ 인터렉티브 시네마
④ 키노드라마

해설

이머시브(Immersive) 공연은 관객이 공연을 한자리에서 관람하는 것이 아닌 직접적으로 공연에 들어가 참여하는 극으로 평면적으로 진행돼 왔던 기존의 극과 달리 적극적인 참여를 통해 극에 더 몰입하고 서사를 만들 수 있는 공연형태. 공연이 진행되는 동안에도 수시로 자리를 이동해가며 관객이 보고 싶은 각도로 공연을 지켜볼 수 있다. 심지어 연기를 하는 배우와 배우 사이에 자리를 잡아도 전혀 문제되지 않는다.

13 예상보다 저조한 실적으로 기업의 주가에 영향을 미치는 현상을 뜻하는 용어는?

[2023년 보훈교육연구원]

① 그린슈트
② 블랙스완
③ 어닝서프라이즈
④ 어닝쇼크

해설

어닝쇼크(Earning Shock)는 기업의 영업실적이 예상 기대치보다 못 미쳤을 때 실적쇼크로 인해 주가가 하락하는 것을 말한다. 반대로 영업실적이 기대치보다 좋아 주가가 큰 폭으로 상승하는 것은 어닝서프라이즈(Earning Surprise)라고 한다.

14 축구경기에서 1명의 선수가 1경기에서 3득점을 하는 것을 뜻하는 용어는?

[2023년 보훈교육연구원]

① 해트트릭
② 발롱도르
③ 멀티골
④ 그랜드슬램

해설

해트트릭은 축구경기에서 1명의 선수가 1경기에서 3득점을 하는 것을 말한다. 크리켓(Cricket)에서 3명의 타자를 연속으로 삼진 아웃시킨 투수에게 그 명예를 기리는 뜻으로 선물한 모자(Hat)에서 유래한 이름이다.

15 상대방의 행동을 변화시키는 유연한 방식의 전략을 의미하는 경제이론은?

[2023년 보훈교육연구원]

① 낙인 이론
② 넛지 이론
③ 비행하위문화 이론
④ 깨진 유리창 이론

해설

넛지 이론은 2017년 노벨경제학상을 받은 행동경제학자 리처드 탈러와 하버드대학교의 캐스 선스타인 교수가 공동 집필한 〈넛지〉라는 책에서 소개되며 화제가 된 행동경제학 이론이다. 'Nudge(넛지)'는 '쿡 찌르다, 환기시키다'라는 뜻으로 넛지 이론은 상대방의 행동을 변화시키는 유연한 방식의 전략을 의미한다. 선택은 상대방에게 맡기되 그의 행동을 특정한 방향으로 유도할 수 있는 효과적인 방식을 제안하는 것이다.

16 우선순위로 둔 상품은 아낌없이 소비하고 후순위에 있는 상품에는 돈을 쓰지 않는 소비자는?

[2023년 보훈교육연구원]

① 모디슈머
② 크리슈머
③ 프로슈머
④ 앰비슈머

해설

앰비슈머(Ambisumer)는 양면성(Ambivalent)과 소비자(Consumer)의 합성어다. 우선순위에 있는 상품에는 아낌없이 비용을 지불하지만 그렇지 않은 상품에는 돈을 아끼는 양면적인 소비자를 말한다. 이들은 기본적으로 가성비를 중점에 두고 소비하지만, 가치를 느끼는 상품은 망설임 없이 구매한다.

17 정부의 부당한 행정조치를 감시하고 조사하는 일종의 행정통제 제도는?

[2023년 보훈교육연구원]

① 데마고그 제도
② 미란다 제도
③ 크레덴다 제도
④ 옴부즈맨 제도

해설

옴부즈맨 제도(Ombudsman System)는 입법부와 법원이 가지고 있는 행정통제의 고유권한이 제 기능을 발휘하지 못함에 따라 이를 보완하고 보다 적극적으로 국민의 이익을 보호하려는 취지에서 1809년 스웨덴에서 처음 창설된 대국민 절대 보호 제도이다. 옴부즈맨과 비슷한 제도로 우리나라에는 '국민권익위원회'가 있다.

18 다음 중 조선시대 정조의 업적에 해당하는 것은?

[2023년 보훈교육연구원]

① 규장각을 설치하고 인재를 등용했다.
② 의정부서사제를 도입했다.
③ 토지부족문제를 해결하기 위해 직전법을 실시했다.
④ 통일법전인 대전회통을 편찬했다.

해설

조선의 제22대 왕인 정조는 선왕인 영조의 탕평책을 이어 받아 각종 개혁정치를 펼쳤다. 왕의 친위부대인 장용영을 설치해 왕권을 강화했고, 규장각을 설치하고 초계문신제를 시행해 훌륭한 인재를 등용하려 힘썼다. 또한 수원에 화성을 건설하고, 시전 상인들의 금난전권을 폐지하는 신해통공을 단행했다.

19 연극의 3요소에 해당하지 않는 것은?

[2022년 전라남도공무직통합채용]

① 관객
② 배우
③ 무대
④ 희곡

해설

일반적으로 연극의 3요소는 관객, 배우, 희곡을 꼽는다. 나아가 연극의 4요소라 할 때는 관객, 배우, 무대, 희곡이라고 정의한다.

20 프랑스의 작가로 소설 〈페스트〉를 집필했으며 1957년 노벨문학상을 수상한 인물은?

[2022년 전라남도공무직통합채용]

① 장 그르니에
② 프란츠 카프카
③ 장 폴 사르트르
④ 알베르 카뮈

해설

프랑스 출신의 소설가·극작가인 알베르 카뮈(Albert Camus)는 1942년 소설 〈이방인〉을 발표하며 명성을 떨치기 시작했다. 또한 전염병이 덮친 알제리의 마을을 배경으로 하는 소설 〈페스트〉는 그의 대표작이기도 하다. 부조리에 저항하는 인물상을 많이 그려냈으며, 시사평론을 하기도 하고 희곡을 쓰기도 했다. 1957년 노벨문학상을 수상했다.

21 정부의 소관사항에 대한 공식문서를 뜻하는 용어는? [2022년 강서구시설관리공단]

① 탁서
② 백서
③ 청서
④ 총서

해설

백서(White Paper)는 정부의 소관사항에 대한 공식문서로, 영국정부가 의회에 제출하는 보고서의 표지가 흰색인 데서 비롯된 속성이다. 이런 관습을 각국이 모방하여 공식문서의 명칭으로 삼고 있다.

22 외국자본이 국내시장을 장악하는 현상을 뜻하는 경제용어는? [2022년 국립호남권생물자원관]

① 전시효과
② 파노플리효과
③ 윔블던효과
④ 테킬라효과

해설

윔블던효과(Wimbledon Effect)는 외국자본이 국내시장을 장악하는 현상을 말한다. 1980년대 이후 영국의 금융산업이 런던을 중심으로 매우 성공적인 성장을 보였던데 반해, 정작 영국의 금융회사 중에서는 성공한 회사가 거의 없었던 것을 영국이 주최하는 윔블던 테니스 대회에서 영국인이 우승한 전적이 거의 없는 사례에 비유한 표현이다.

23 조선의 궁궐로 본래 이름은 수강궁으로 세종이 태종을 모시기 위해 지은 궁의 이름은? [2022년 부천도시공사]

① 경복궁
② 덕수궁
③ 창덕궁
④ 창경궁

해설

창경궁(昌慶宮)의 처음 이름은 수강궁(壽康宮)으로서 세종이 상왕인 태종을 모시기 위해 지은 궁이다. 이름이 창경궁으로 된 것은 1482년 성종이 수강궁의 수리를 명하면서부터다. 창경궁은 임진왜란 당시 불에 타면서 소실됐다가 복구됐으나, 1624년 이괄의 난으로 다시 소실됐다. 이후로도 여러 사건으로 소실되는 일이 많았고, 일제강점기 당시에는 일제에 의해 창경원으로 격하되고 동물원으로 쓰이기도 했다.

24 다음 중 비경제활동인구에 해당하지 않는 사람은? [2022년 대전광역시공공기관통합채용]

① 실업자
② 학생
③ 종교단체 종사자
④ 가정주부

해설

우리나라에서는 만 15세 이상이 되어야 일할 능력이 있다고 보는데, 비경제활동인구란 만 15세 이상 인구 가운데 일할 의사가 없는 사람을 말하며, 가정주부, 학생, 종교단체 · 자선사업단체 자발적 종사자 등이 속한다. 반면 경제활동인구는 노동시장에서 경제활동에 기여할 수 있는 만 15세 이상의 인구를 말하며 취업자와 실업자가 해당한다.

시사상식 예상문제

01 지구의 지각 중 가장 오래되고 안정되어 있는 부분을 뜻하는 말은?

① 탁상지
② 호른
③ 케스타
④ 순상지

해설

순상지는 '방패 모양의 땅'이라는 뜻으로 지구의 지각 중 오랜 세월 지각변동이 없어 지질학적으로 가장 오래되고 안정된 지역을 말한다. 대표적으로 캐나다의 로렌시아 순상지, 발트 순상지, 안가라 순상지, 에티오피아 순상지, 인도의 레무리스 순상지 등이 있다. 고생대에 생성된 암석이 오랜 시간 침식작용을 받아 낮고 완만한 넓은 대지를 이루고 있다.

03 부실기업의 경영권을 인수해 기업의 가치를 높인 뒤 되팔아 수익을 얻는 펀드는?

① 인덱스 펀드
② 헤지 펀드
③ 머니마켓 펀드
④ 바이아웃 펀드

해설

바이아웃 펀드(Buyout Fund)는 부실기업의 경영권을 인수하여 M&A나 구조조정으로 기업의 가치를 높이고 지분을 다시 팔아 수익을 내는 펀드다. 사모펀드의 일종으로서 탄력적 운용으로 중장기 투자에 적합하다.

02 다음 문장의 밑줄 친 단어 중에서 잘못 표기된 것은?

① 할머니 제삿날에 일가친척이 모두 모였다.
② 집이 싯가보다 비싸게 팔렸다.
③ 밤을 새는 것은 이제 예삿일이 되었다.
④ 고기를 깻잎에 싸서 먹었다.

해설

②에서 '싯가'가 아닌 '시가(市價)'로 적어야 옳다. 사이시옷은 명사와 명사의 합성어일 경우 쓰이며 앞 명사가 모음으로 끝나고 뒷말은 예사소리로 시작해야 한다. 또한 앞뒤 명사 중 하나는 우리말이어야 하는데, 다만 습관적으로 굳어진 한자어인 찻간, 곳간, 툇간, 셋방, 숫자, 횟수는 예외로 한다.

04 광고의 제작과정에 직접 참여하는 소비자를 뜻하는 말은?

① 폴리슈머
② 펀슈머
③ 애드슈머
④ 모디슈머

해설

애드슈머(Adsumer)는 기업이나 상품의 광고 제작과정에 직접 의견을 제시하거나 참여하는 소비자를 말한다. 광고를 뜻하는 'Advertising'과 소비자를 의미하는 'Consumer'의 합성어다. 광고의 결말에 시청자의 의견을 반영해 후속광고를 제작하거나 시청자가 광고를 직접 기획하기도 하고 또는 시청자가 만든 영상을 광고로 쓰기도 한다.

05 고대 그리스의 플라톤 철학에 대한 설명으로 옳지 않은 것은?

① 정신적 쾌락인 아타락시아를 주장했다.
② 이데아를 모든 사물의 본질로 본다.
③ 이데아를 깨우친 철학자만이 사회를 정의롭게 통치할 수 있다고 본다.
④ 객관적인 진리가 존재하며 이를 인간이 발견할 수 있다고 본다.

해설

고대 그리스 철학자인 플라톤은 세상의 모든 사물·현상에는 불변하는 본질인 '이데아'가 있다고 주장했다. 이데아는 객관적인 진리라고 할 수 있으며 인간이 이를 인식하고 발견할 수 있다고 보았다. 또한 이데아를 깨우친 철학자에게 권력이 주어졌을 때만이 사회가 정의롭게 통치될 수 있다는 '철인 통치론'을 내세웠다. 아타락시아는 고대 그리스 철학자 에피쿠로스가 사용했던 말로서 근심으로부터 자유로운 정신적 평정 상태를 가리킨다.

06 우리나라 국회에서 원내교섭단체를 구성할 수 있는 최소 인원수는?

① 50명
② 40명
③ 30명
④ 20명

해설

우리나라의 국회법에 따르면 20인 이상의 소속인원을 가진 정당은 하나의 교섭단체를 구성할 수 있다. 또, 다른 교섭단체에 속하지 않은 20인 이상의 의원이 모여 따로 교섭단체를 구성할 수도 있다. 정당 내에서 구성된 교섭단체는 정당 국고보조금을 우선 지급받는 특혜를 얻을 수 있다.

07 일제강점기의 독립운동가로 광복 후 종합교양지인 〈사상계〉를 창간한 인물은?

① 함석헌
② 문익환
③ 장준하
④ 이범석

해설

장준하는 일제강점기에 활동한 독립운동가이며, 광복 후에는 대한민국 정부에서 일하며 종합교양지인 〈사상계〉를 창간하기도 한 정치가다. 5·16군사정변 이후 박정희가 정권을 잡자 반대하는 움직임을 보였으며 1974년에는 긴급조치 1호 위반으로 기소되어 징역형을 선고받기도 했다. 이후 민주화운동에 투신한 그는 1975년 경기도 포천에서 약사봉 등반 중 의문사했는데, 현재까지도 사망원인은 명확히 밝혀지지 않았다.

08 다음 중 건물의 외벽에 LED 조명을 이용하여 영상을 표현하는 미술기법은?

① 미디어 파사드
② 데포르마숑
③ 실크스크린
④ 옵티컬아트

해설

미디어 파사드(Media Facade)에서 파사드는 건물의 외벽을 의미하는 말로 건물 외벽을 스크린처럼 이용해 영상을 표시하는 미술기법을 말한다. LED 조명을 건물의 외벽에 설치하여 디스플레이를 구현한다. 옥외광고로도 이용될 수 있어 통신망을 통해 실시간으로 광고판에 정보를 전달하는 디지털 사이니지(Digital Signage)의 한 종류로 분류된다.

09 다음 중 정부의 지출이 증가할 때 민간투자는 감소하는 경제현상은?

① 승수효과
② 구축효과
③ 자산효과
④ 기저효과

> **해설**
>
> 구축효과(Crowding-out Effect)는 정부가 재정정책을 확대하면 이자율이 상승하게 되고 이로 인해 민간기업의 투자가 감소하는 것을 뜻한다. 보통 경기불황기에 정부가 국채를 발행하여 채권시장에 매각하는 식으로 자금을 조달한다. 그러면 채권의 공급이 늘어나면서 가격은 하락하고 금리가 상승하는데, 동시에 기업이나 민간의 투자는 축소된다.

11 2021년 7월 기후변화 대응을 위해 발표한 탄소국경세가 핵심인 유럽연합의 계획은?

① 핏 포 55
② 유러피언 그린딜
③ 2050 그린정책
④ RE100

> **해설**
>
> 핏 포 55(Fit for 55)는 유럽연합(EU)의 집행위원회가 2021년 7월 14일 발표한 탄소배출 감축 계획안이다. 이 계획안의 핵심은 탄소국경조정제도(CBAM)로서 EU 역내로 수입되는 제품 중 EU에서 생산되는 제품보다 탄소배출량이 많은 제품에 탄소국경세를 부과하는 것이다. 2026년부터 철강·시멘트·비료·알루미늄·전기 등에 단계적으로 제도를 적용하게 된다.

10 다음 중 고위공직자범죄수사처의 수사 대상이 아닌 공직자는?

① 장성급 장교
② 구청장
③ 국회의원
④ 검찰총장

> **해설**
>
> 고위공직자범죄수사처(공수처)의 수사 대상
> 대통령, 국회의장·국회의원, 대법원장·대법관, 헌재소장·재판관, 검찰총장, 국무총리, 중앙행정기관·중앙선관위·국회·사법부 소속 정무직 공무원, 대통령비서실·국가안보실·대통령경호처·국정원 소속 3급 이상 공무원, 광역자치단체장·교육감, 판사·검사, 경무관급 이상 경찰, 군장성 등

12 고대 로마의 신전으로 '모든 신을 위한 신전'이라는 뜻의 건축물은?

① 판테온
② 베스타 신전
③ 벨로나 신전
④ 키르쿠스 막시무스

> **해설**
>
> 판테온(Pantheon)은 다신교였던 고대 로마의 모든 신들에게 바치는 신전으로, 처음에는 로마 대화재로 소실되었다가 하드리아누스 황제 때 재건됐다. 판테온이라는 명칭은 그리스어로 '모두'를 뜻하는 판(Pan)과 '신'을 의미하는 테온(Theon)이 합쳐져 만들어졌다. 르네상스 시대 판테온은 무덤으로 사용됐고, 현재는 가톨릭 성당으로 이용되고 있다.

13 옴의 법칙에 대한 설명으로 옳은 것은?

① 스웨덴의 물리학자 옴이 발견했다.
② 전류가 전압의 크기에 반비례한다.
③ 전류는 저항에 비례하여 변화한다.
④ 전압의 크기는 전류의 세기와 저항을 곱한 것과 같다.

해설
옴의 법칙은 독일 물리학자 옴이 발견했다. 전류의 세기를 I, 전압의 크기를 V, 전기저항을 R이라 할 때, V=I · R의 관계가 성립한다. 즉, 전류는 전압의 크기에 비례하고 저항에 반비례한다. 예를 들어 전압이 2배가 되면 전류의 양도 2배 늘어나고, 저항이 3배가 되면 전류의 양은 1/3로 줄어든다.

14 단위인 되, 섬, 말을 구분하는 기준은?

① 부피
② 길이
③ 넓이
④ 깊이

해설
되와 섬, 말은 모두 부피의 단위로 곡식, 가루, 액체 따위의 부피를 잴 때 쓴다. 한 되는 한 홉의 열 배로 약 1.8리터에 해당하며, 한 말은 한 되의 열 배로 약 18리터다. 마찬가지로 한 섬은 한 말의 열 배로 약 180리터에 해당한다.

15 색상의 차이를 이용해 두 개의 영상을 합성하는 기술은?

① 로토브러시
② 크로마키
③ 루미넌스 키
④ 크로미넌스

해설
크로마키(Chroma-key)는 영상합성기술로 두 영상의 색상차이를 이용해 특정한 피사체만을 추출해 다른 영상에 끼워 넣는 기술이다. 추출하고자 하는 피사체가 사람일 경우, 피부색의 보색인 청색이나 녹색의 배경 앞에 사람을 세워 촬영한 후 배경색을 제거하면 배경이 검게 되고 사람만 남게 된다. 그 뒤 배경화면을 따로 촬영하여 추출한 사람의 영상을 합성하는 것이다.

16 14~16세기에 옛 그리스 · 로마의 고전문화를 부흥시키려 했던 문화사조는?

① 바로크
② 르네상스
③ 신고전주의
④ 메디치

해설
르네상스는 중세교회의 권위 몰락과 봉건사회의 붕괴를 배경으로 이탈리아에서 발원하여 전 유럽으로 퍼져나갔다. 종교에서 탈피해 그리스 · 로마의 고전문화를 부흥시키고, 개인을 존중하며 인간적인 근대문화 창조(휴머니즘)를 주장했다. 또한 자연에 대한 관심을 증대시킴으로써 근대과학 발전의 시발점이 되었고, 유럽 근대문명 발전의 원동력이 되었다.

🔒 **09** ② **10** ② **11** ① **12** ① **13** ④ **14** ① **15** ② **16** ②

17 세금 납부의 주체와 상관없이 소비자와 생산자 사이에서 세금이 분담되는 현상은?

① 조세귀속의 원리
② 조세형평의 원리
③ 조세분담의 원리
④ 조세귀착의 원리

해설

조세귀착은 모든 세금을 소비자와 생산자 어느 한 편에 전가하는 것이 아닌, 납부할 조세를 상대에게 이전한 후 그 나머지를 부담하는 것이다. 보통 세금 부과로 상품가격이 높아졌을 때 발생하게 되는데, 가령 가격이 1,000원인 상품에 500원의 세금이 부과되어 1,500원이 되면 소비자의 희망수요량은 줄어들게 된다. 이때 시장의 균형점이 이동하면서 상품의 가격이 1,200원으로 조정된다면, 소비자는 200원의 세금을 부담하고 생산자는 나머지 300원을 부담하게 되는 것이다.

18 다음 중 2014년 완공된 우리나라의 두 번째 남극과학기지는?

① 세종과학기지
② 다산과학기지
③ 장보고과학기지
④ 아라온과학기지

해설

장보고과학기지는 남극 테라노바만에 2014년에 지어진 대한민국의 두 번째 남극과학기지이다. 연면적 4,458m²에 연구동과 생활동 등 16개동의 건물로 구성된 장보고과학기지는 겨울철에는 15명, 여름철에는 최대 60명까지 수용할 수 있다. 우리나라 최초의 남극과학기지는 세종과학기지로 킹조지섬 바턴반도에 1988년 세워졌다.

19 핵확산금지조약에서 인정하는 핵보유국에 해당하는 나라는?

① 이탈리아
② 독일
③ 캐나다
④ 러시아

해설

핵확산금지조약(NPT ; Non Proliferation Treaty)은 핵무기가 무분별하게 제작·사용되는 것을 막기 위해 1966년 UN총회에서 채택된 조약이다. 핵무기를 가지지 않은 나라가 핵무기를 보유하는 것을 금지하고, 핵무기를 가진 나라가 비보유국에 제공하는 것을 방지하기 위함이다. 우리나라는 1975년 정식 비준국이 됐으며, 현재 NPT에서 인정하는 핵보유국은 미국, 영국, 프랑스, 러시아, 중국이다.

20 미국 프로야구리그인 MLB에 대한 설명으로 옳지 않은 것은?

① 미국 프로야구의 최상위 리그에 해당한다.
② 캐나다에서는 두 개 구단이 참가한다.
③ 내셔널리그와 아메리칸리그로 나뉘며 각각 15구단이 참가한다.
④ 두 리그의 1위 구단이 7전 4선승제의 월드시리즈를 치른다.

해설

메이저리그 베이스볼(MLB, Major League Base-ball)은 미국 프로야구의 최상위권 리그로 내셔널리그와 아메리칸리그로 구성되어 있다. 두 리그에 각각 15구단이 참가하며, 내셔널리그는 1876년, 아메리칸리그는 1900년에 창설됐다. 각 리그는 동부·서부·중부로 구별되어 경기를 치른다. 두 리그의 1위 구단이 7전 4선승제의 월드시리즈를 치러 최종 우승팀을 가리게 된다. MLB에 참가하는 캐나다 연고의 구단은 '토론토 블루제이스' 한 팀으로 아메리칸리그 동부지구 소속이다.

21 다음 중 자사의 상품판매량과 고객수요를 의도적으로 줄이는 마케팅 기법은?

① 디마케팅
② 노마케팅
③ 니치마케팅
④ 코즈마케팅

해설
디마케팅(Demarketing)은 소비자들의 건강 및 보호 등 기업의 사회적 책임을 강조하여 기업 이미지를 긍정적으로 바꾸는 효과를 기대하거나 소비자 심리를 자극하여 수익성을 제고하는 방법이다. 담배의 포장에 건강을 해칠 수 있다는 문구를 넣거나, 세계적 패스트푸드 브랜드인 맥도날드에서 '어린이는 일주일에 한 번만 방문하라'는 공익적 캠페인을 펼친 것을 예로 들 수 있다.

22 우리나라 최초의 칸 국제영화제 장편영화 수상작은?

① 사마리아
② 밀양
③ 오아시스
④ 취화선

해설
〈취화선〉은 임권택 감독의 2002년 작품으로 조선 후기의 화가 장승업의 삶을 그렸다. 임권택 감독은 이 작품으로 2002년 칸 국제영화제에서 경쟁부문 감독상을 수상했으며, 이는 우리나라 최초로 장편영화로서 칸 영화제에서 수상한 쾌거라 할 수 있다.

23 1597년 정유재란 때 이순신 장군이 왜군을 상대로 벌인 울돌목 해전의 명칭은?

① 명량해전
② 한산도해전
③ 노량해전
④ 칠천량해전

해설
명량해전은 정유재란 때인 1597년 삼도수군통제사 이순신이 명량(울돌목 : 전라남도 진도와 육지 사이의 해협)에서 왜의 수군을 대파한 해전이다. 앞선 칠천량해전에서 원균이 이끌던 수군이 크게 패하고 전투에 가용할 수 있는 전선은 12척에 불과했는데, 이순신은 열세인 전력으로 울돌목의 조류를 이용해 왜군을 크게 물리쳤다.

24 중산층 소비자가 값이 저렴하면서도 만족감을 얻는 명품을 소비하는 경향은?

① 매스티지
② 메세나
③ 프라브족
④ 앰비슈머

해설
매스티지(Masstige)는 중산층 소비자의 소득수준이 올라감에 따라 값이 저렴하면서도 만족감을 얻을 수 있는 명품을 소비하는 경향을 가리킨다. 명품의 대중화 현상이라고도 한다. 이와 유사한 개념으로 중저가의 소비만 하던 중산층이 감성적인 만족감을 위해 비교적 저렴한 새로운 명품 브랜드를 소비하는 것을 트레이딩업(Trading up)이라고 한다.

방송에 출제됐던 문제들을 모아!
재미로 풀어보는 퀴즈~!~!

01 다음 보기를 보고 공통적으로 연상되는 것은? [장학퀴즈]

> 구텐베르크, 성 베드로 성당, 멘델스존 교향곡 제5번, 헨리 8세

정답

보기를 통해 공통으로 연상할 수 있는 것은 종교개혁이다. 종교개혁은 16~17세기 유럽에서 로마 가톨릭 교회의 쇄신을 요구하며 등장한 개혁운동으로 이 결과 프로테스탄트 교회가 성립됐다.

02 한국 여성 최초로 서양화를 전공했으며 여성에게 억압적인 사회 분위기에 맞서 '이혼고백서' 등 진보적인 여성관을 발표한 인물은? [장학퀴즈]

정답

시인이자 화가인 나혜석은 한국 최초의 여성 서양화가로서 최초의 개인전을 개최하는 등 활발하게 활동했으며, 시대를 앞서가는 진보적인 사고관으로 근대 신여성의 효시로 평가받는다.

03 달걀을 자세히 보면 글자가 적혀있는데, 이 숫자에는 각각 의미가 있다. 맨 끝자리에 적힌 숫자는 무엇을 의미하는가? [옥탑방의 문제아들]

정답

달걀에 적혀있는 9자리 중 맨 끝자리에 적힌 숫자는 사육환경을 뜻하는 것으로 1~4로 분류되며 숫자가 작을수록 가격이 높아진다. 참고로 맨 앞에 숫자 네 자리는 산란일, 영어가 섞인 가운데 다섯 자리는 달걀을 생산하는 농장의 고유번호를 뜻한다.

04 한국 최초의 설화집 '어우야담'에 따르면 당시 인어의 '이것'이 귀해 최고급품으로 거래됐다고 한다. 이것은 무엇인가? [옥탑방의 문제아들]

정답

'어우야담' 속 인어와 관련된 기록에 따르면 인어는 얼굴이 곱고 콧대가 우뚝 솟아 있었으며 손가락과 발가락 사이에는 물갈퀴가 있었다고 한다. 또 인어에게서 짜낸 기름은 시간이 지나도 냄새가 나지 않아 귀했으며, 연료나 등불에 사용했다고 한다.

05 다음 중 맞춤법이 틀린 것은? [우리말 겨루기]

① 고정란
② 인사난
③ 모임난
④ 작품란

정답

②는 '인사란'으로 써야 올바른 표현이다. 신문이나 잡지 따위에서 인사(人事)나 소식을 알리는 기사를 싣기 위해 마련된 지면을 뜻한다.

06 '듣보다'의 바른 뜻풀이는? [우리말 겨루기]

① 듣기도 하고 보기도 하며 알아보거나 살피다.
② 듣지도 보지도 못하다.

정답

'듣보다'는 '듣기도 하고 보기도 하며 알아보거나 살피다'라는 뜻으로 주로 무엇을 찾거나 구하기 위해 알아본다는 의미로 사용된다.

07 19세기 투견장에서 수세에 몰린 약한 개를 부르던 말로 오늘날에는 경기에서 이길 확률이 적은 팀이나 선수를 뜻하는 말은?

[유퀴즈 온 더 블럭]

정답

언더독(Underdog)이란 '밑에 깔린 개'라는 뜻으로 스포츠에서 이길 확률이 적은 팀이나 선수를 뜻하는 말이다. 언더독 효과는 경쟁에서 열세에 있는 약자를 더 응원하고 지지하는 심리현상을 의미한다.

08 '함께'라는 뜻의 프랑스어로 원래 음악 용어였으나 오늘날 다양한 분야에서 균형과 조화를 이룬다는 의미로 사용되는 말은?

[유퀴즈 온 더 블럭]

정답

앙상블(Ensemble)은 '함께'라는 뜻으로 두 사람 이상의 중창 또는 중주를 말한다. 오늘날 영화, 연극, 패션, 과학 등 다양한 영역에서 '조화' 또는 '통일' 등의 의미로 사용되고 있다.

09 중국 춘추시대 거문고의 명수로 이름이 높았던 백아와 그의 벗이었던 종자기의 우정에서 유래한 사자성어로 절친한 우정을 비유할 때 쓰이는 이것은?

[유퀴즈 온 더 블럭]

정답

백아절현(伯牙絶絃)은 '백아가 거문고 줄을 끊었다'는 뜻으로 백아는 종자기가 죽자 자신의 음악을 알아주는 이가 없다며 거문고 줄을 끊고 다시는 거문고를 연주하지 않았다는 이야기에서 유래한 사자성어다. 자기를 알아주는 참다운 벗의 죽음을 슬퍼한다는 의미다.

10 평소 책 읽기를 좋아하는 지석왕이 서가에서 의문의 서신을 발견했다. 물음표에 들어갈 것은?

[문제적 남자]

$$王=5 \quad 木=11 \quad 干=6 \quad 工=?$$

정답

창의적 사고가 필요한 문제로 제시된 한자의 의미를 해석하기보다는 한자의 모양에 주목해야 한다. 모두 좌우 대칭 구조를 가진 한자로 '王'은 다섯 번째 알파벳 'E', '木'은 열 한번째 알파벳 'K', '干'은 여섯 번째 알파벳 'F', '工'은 세 번째 알파벳 'C'를 의미한다. 따라서 물음표에 들어갈 숫자는 3이다.

11 다음 물음표에 들어갈 숫자는?

[문제적 남자]

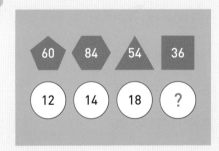

정답

제시된 도형과 숫자들을 활용해 풀 수 있는 문제다. 위에 있는 도형에 적힌 숫자를 해당 도형의 변의 개수로 나누면 아래에 적힌 숫자가 된다. 예시로 숫자 60이 적힌 오각형의 경우 60÷5=12가 된다. 다른 도형들도 같은 방식으로 정답을 구했을 때 물음표에 들어갈 숫자는 36÷4=9가 된다.

취업!
실전문제

최종합격 기출면접	96
대기업 최신기출문제	100
공기업 최신기출문제	116
한국사능력검정시험	132
면접위원을 사로잡는 답변의 기술	142
합격을 위한 레벨업 논술	146
이달의 자격증 정보	150

최종합격 기출면접

SK그룹은 구성원의 지속적 행복을 기업경영의 궁극적 목적으로 하며, 구성원의 행복과 함께 회사를 둘러싼 이해관계자의 행복을 동시에 추구해 나간다는 경영철학에 따라 인재를 채용하고 있다. 이러한 경영철학을 바탕으로 구성원들이 자발적 · 의욕적으로 자신의 능력을 최대한 발휘할 수 있도록 인사관리의 모든 제도와 정책을 수립하고 있다.

SK그룹은 지원자의 가치관, 성격특성, 보유역량의 수준 등을 종합적으로 검증하기 위해 다양한 면접방식을 활용하고 있다. 대상자별 · 계열사별 차이는 있으나 PT면접, 그룹 토의면접, 심층면접 등 최대 3회의 심도 있는 면접과정을 거쳐 지원자의 역량을 철저히 검증하고 있다. 또한 직무에 따라 지원자의 외국어능력을 검증하기 위한 외국어 구술면접을 실시하기도 한다.

1 PT면접

실무진들이 지원자의 문제해결능력, 전문성, 창의성, 기본 실무능력, 논리성 등을 파악하기 위한 면접방식이다. 주어진 과제에 대한 자료를 보고 짧은 시간 안에 정리하여 발표하는 형식으로 진행되며, 직무별로 평가요소가 다르게 적용된다. 정확한 답이나 지식보다 논리적 사고와 의사표현력이 더 중시되기 때문에 기업의 정보나 직무와 관련한 정보를 사전에 확인해보고 자신의 생각을 어떻게 설명해야 할지 생각해두어야 한다.

기출문제

- 열역학 법칙들에 대해 설명해 보시오.
- 물체가 차가운 것에서 뜨거운 것으로 변화하지 않는 이유를 말해 보시오.
- 휴대용 손난로는 왜 갑자기 뜨거워지는가?
- 중국 시장에서 자사의 주력제품 PPS의 판촉 계획을 세워 보시오.
- 해외 투자자본이 우리나라에 미치는 영향의 장단점에 대해 말해 보시오.
- 서울에 미용실이 몇 개나 있겠는가?(돌발질문)
- 보잉 747기에 테니스공이 얼마나 들어가겠는가?
- 가장 관심있는 공정은 무엇이고, 이에 대한 최신이슈는 무엇인가?
- 반도체 공정을 말해 보시오.
- 엔트로피에 대해 설명해 보시오.
- 웨이퍼를 만들 때 실리콘을 사용하는 이유는 무엇인가?
- 소프트웨어 코딩에서 volatile이란 무엇인가?
- HF에 따른 CV Curve에 대해 설명해 보시오.
- 홀 전자 이동에 대해 설명해 보시오.

2 인성면접

SK그룹은 계열사별로 질의시간 및 면접관과 면접자 수가 다르다. 일반적으로 다대일 면접방식으로 진행되며 자기소개서를 바탕으로 한 심층질문이 주를 이룬다. 따라서 지원 시 제출한 자기소개서를 바탕으로 나올 수 있는 예상질문에 대한 답변을 미리 준비하는 것이 좋다.

기출문제

- 상사가 불합리한 지시를 내린다면 어떻게 하겠는가?
- 언제 스트레스를 받고, 어떻게 해소하는가?
- 지원하게 된 동기를 말해 보시오.
- 학창시절 성적이 좋지 않은데 그 이유가 무엇이라고 생각하는가?
- 본인이 떨어진다면 왜 떨어졌다고 생각하겠는가?
- 업무적인 분야에서 본인의 역량은 무엇인가?
- 전공과 무관한 직무에 지원했는데 그 이유는 무엇인가?
- 동아리 활동을 했다면 어떤 동아리였으며 왜 그 동아리를 하게 되었는가?
- 입사한다면 어떤 부서에서 일하고 싶은가?
- 회사에 대해 아는 대로 말해 보시오.
- 우리 회사의 사업분야에 대해 말해 보시오.
- 해외지사 파견에 대해 어떻게 생각하는가?
- 우리 회사가 본인을 뽑아야 하는 이유를 말해 보시오.
- 직무에 대해 아는 것을 말해 보시오.
- 토익 점수가 높은데, 토익스피킹 점수는 왜 낮은가?
- 우리 회사 외에 다른 회사에도 지원하였는가? 그 결과는 어떻게 되었는가?
- 우리 회사의 매출에 대해 말해 보시오.
- 제2외국어 자격증을 가지고 있는가? 대화도 가능한가?
- 여행을 다녀온 지역은 어디이고, 그곳에 왜 갔는지, 무엇을 느끼고 왔는지 말해 보시오.
- 인적성검사 결과 좋지 않았던 부분(융통성, 사회성, 인내력 등)이 있는데 그에 대해 설명해 보시오.
- 기독교인이라고 했는데, 일요일에 출근이 가능한가? 교리상 불가능하지 않는가?
- 가장 힘들었던 경험에 대해 말해 보시오.
- 고객사에서 제품 구매를 꺼릴 때, 어떻게 할 것인가?
- 지각이나 무단결근을 했을 경우 어떻게 대처할 것인가?
- 인생에서 혁신을 이루기 위해 했던 경험이 있는가?
- 가장 의미 있었던 경험과 어려웠던 일은 무엇이었는가?
- 반도체는 매우 어려운 분야인데 왜 반도체를 공부하게 되었는가?
- 석사과정으로 입사하면 2년의 경력을 인정해주는데, 현재 2년의 경력이 있는 사원들과 비교해 보았을 때 본인의 경쟁력은 무엇이라 생각하는가?
- 상사와 트러블이 생긴다면 어떻게 해결할 것인가?
- 현재 준비하고 있는 자격증 시험이 있는가?
- 부모님 중 어느 쪽의 영향을 더 받았는가? 왜 그렇게 생각하는가?

삼성그룹은 '열정 · 창의혁신 · 인간미/도덕성(끊임없는 열정으로 노력하는 인재, 창의와 혁신으로 세상을 변화시키는 인재, 정직과 바른 행동으로 역할과 책임을 다하는 인재'를 인재상으로 내세우며, 이에 적합한 인재를 채용하기 위한 면접전형을 시행하고 있다.

2019년 이전에는 '인성검사-직무면접-창의성 면접-임원면접' 순서로 시행됐지만 2020년부터 코로나19로 인해 화상으로 진행되며, 직무역량 면접은 프레젠테이션(PT)을 하던 방식에서 질의응답 형식으로 대체됐다. 또한 창의성 면접을 시행하지 않는 대신 수리논리와 추리 2영역을 평가하는 약식 GSAT를 30분간 실시한다.

1 PT면접

전문지식과 관련된 질문들이 주를 이루며, 지원자의 생각과 문제해결능력, 기본 실무능력 등을 파악하기 위해 단순 질의응답 형식이 아니라 주어진 주제에 대한 지원자의 발표를 듣고 추가 질문하는 형식으로 진행된다. 따라서 모의면접이나 거울면접을 통해 예시주제에 대한 답변 및 발표태도, 관련 지식 등을 미리 점검해보는 것이 좋다.

기출문제

- 실리콘
- 포토공정
- 집적도
- 다이오드
- MOSFET
- 알고리즘
- 반도체의 개념과 원리
- 갤럭시 S22와 관련한 이슈
- NAND FLASH 메모리와 관련된 이슈
- 공정에 대한 기본적인 지식, 공정과 연관된 factor, 현재 공정 수준으로 문제점을 해결할 수 있는 방안
- 현재 반도체 기술의 방향, 문제점 및 해결방안
- TV 두께를 얇게 하는 방안
- 자율주행차의 경쟁력에 대해 말해 보시오.
- 공진주파수와 임피던스의 개념에 대해 설명해 보시오.
- 보의 처짐을 고려했을 때 유리한 단면형상을 설계하시오.
- Object Orientation Programming에 대해 설명해 보시오.
- DRAM과 NAND의 구조원리와 미세공정 한계에 대해 설명해 보시오.
- 공정(8대공정 및 관심있는 공정)에 대해 설명해 보시오.
- LCD, 광학소재, 광학필름의 활용방법을 다양하게 제시하시오.
- 특정 제품의 마케팅 방안에 대해 설명해 보시오.

2 임원면접

보통 3명의 면접관이 1명의 응시자에게 질문하는 형태의 면접방법으로, 약 30분 내외로 진행된다. 면접 시 시선은 면접위원을 향하고 다른 데로 돌리지 말아야 하며, 대답할 때에도 고개를 숙이거나 입속에서 우물거리는 소극적인 태도는 피하도록 한다. 면접위원과 대등하다는 마음가짐으로 편안한 태도를 유지하면 대답도 자연스러운 상태에서 좀 더 충실히 할 수 있고, 이에 따라 면접위원이 받는 인상도 달라질 수 있다.

기출문제

■ 졸업은 언제 했는가?

■ 졸업하고 취업준비는 어떻게 하고 있는지 말해 보시오.

■ 경쟁력을 쌓기 위해 어떤 것들을 준비했는지 말해 보시오.

■ 학점이 낮은데 이유가 무엇인가?

■ 면접준비는 어떻게 했는지 말해 보시오.

■ 다른 지원자와 차별되는 자신만의 강점은 무엇인가?

■ 살면서 가장 치열하게, 미친 듯이 몰두하거나 노력했던 경험을 말해 보시오.

■ 자신이 리더이고, 모든 것을 책임지는 자리에 있다. 본인은 A프로젝트가 맞다고 생각하고 다른 모든 팀원은 B프로젝트가 맞다고 생각할 때 어떻게 할 것인가?

■ 마지막으로 하고 싶은 말은 무엇인가?

■ 자신의 약점은 무엇이며, 그것을 극복하기 위해 어떤 노력을 했는가?

■ 무노조 경영에 대한 자신의 생각을 말해 보시오.

■ 삼성을 제외하고 좋은 회사와 나쁜 회사를 예를 들어 말해 보시오.

■ 우리 사회가 정의롭다고 생각하는가?

■ 존경하는 인물은 누구인가?

■ 우리 회사의 사회공헌활동에 대해 알고 있는가?

■ 우리 회사의 경제적 이슈에 대해 말해 보시오.

■ 가장 열심히 했던 학교활동은 무엇인가?

■ 지원한 직무와 다른 직무로 배정된다면 어떻게 하겠는가?

■ 기업의 사회적 역할에 대해 말해 보시오.

■ 자기소개를 해 보시오.

■ 대외활동 경험에 대해 말해 보시오.

■ 직무 수행에 있어서 자신의 강점은 무엇인가?

■ 지원동기를 말해 보시오.

■ 출신학교 및 학과를 지원한 이유는 무엇인가?

■ (대학 재학 중 이수한 비전공 과목을 보고) 해당 과목을 이수한 이유는 무엇인가?

■ (인턴경험이 있는 지원자에게) 인턴기간 동안 무엇을 배웠는가?

■ 회사에 어떤 식으로 기여할 수 있는가?

■ 목 놓아 울어본 적이 있는가?

■ 선의의 거짓말을 해본 적이 있는가?

■ 자신의 성격에 대해 말해 보시오.

■ 상사가 본인이 싫어하는 업무를 지속적으로 지시한다면 어떻게 하겠는가?

■ 친구들은 본인에 대해 어떻게 이야기하는가?

대기업 최신기출문제

1. 언어이해

01 다음은 모듈러 주택 공법에 대한 글이다. 글에 대한 설명으로 적절한 것은?

> 모듈러 주택이란 기본 골조와 전기 배선, 온돌, 현관문, 욕실 등 집의 70~80퍼센트를 공장에서 미리 만들고 주택이 들어설 부지에서는 '레고 블록'을 맞추듯 조립만 하는 방식으로 짓는 주택이다. 일반 철근콘크리트 주택에 비해 상대적으로 빨리 지을 수 있고, 철거가 쉽다는 게 모듈러 주택의 장점이다.
>
> 예컨대 5층짜리 소형 임대주택을 철근콘크리트 제작방식으로 지으면 공사기간이 6개월가량 걸리지만 모듈러 공법을 적용할 경우 30~40일이면 조립과 마감이 가능하다. 주요 자재의 최대 80~90퍼센트가량을 재활용할 수 있다는 것도 장점이다. 도시형 생활주택뿐 아니라 대형 숙박시설, 소규모 비즈니스호텔, 오피스텔 등도 모듈러 공법으로 건축이 가능하다.
>
> 한국에 모듈러 주택이 처음 등장한 것은 2003년으로 이는 모듈러 주택 시장이 활성화되어 있는 해외에 비하면 늦은 편이다. 도입은 늦었지만 모듈러 주택의 설계방식이 표준화되고 대규모 양산 체제가 갖추어지면 비용이 적게 들기 때문에 모듈러 주택 시장이 급속하게 팽창할 것으로 예측이 많다.
>
> 하지만 모듈러 주택 시장 전망이 불확실하다는 의견도 있다. 목재나 철골 등이 주로 사용되는 조립식 주택의 특성상 콘크리트 건물보다 소음이나 진동, 화재에 약해 소비자들이 심리적으로 거부감을 가질 수 있다는 게 이유다. 아파트 생활에 길들여진 한국인들의 의식도 모듈러 주택이 넘어야 할 난관으로 거론된다. 소득수준이 높아지고 '탈 아파트' 바람이 일면서 성냥갑 같은 아파트보다는 개성 있는 단독주택에서 살고 싶다는 욕구를 가진 사람들이 증가하고 있다지만 아파트가 주는 편안한 생활을 포기할 사람이 많지 않을 것이라는 분석인 셈이다.

① 일반 콘크리트 주택의 건설비용은 모듈러 주택의 3배 이상이다.

② 모듈러 주택 제작에서 조립과 마감에 소요되는 기간은 6개월이다.

③ 일반 철근콘크리트 주택은 재활용이 불가하다.

④ 모듈러 주택이 처음 한국에 등장한 시기는 해외대비 늦지만, 이에 소요되는 비용은 해외대비 적다.

⑤ 모듈러 주택 공법으로 개성 있는 단독주택 설계가 가능하다.

02 다음 글의 내용을 포괄하는 제목으로 가장 적절한 것은?

우리는 처음 만난 사람의 외모를 보고 그를 어떤 방식으로 대우해야 할지를 결정할 때가 많다. 그가 여자인지 남자인지, 얼굴색이 흰지 검은지, 나이가 많은지 적은지 혹은 그의 스타일이 조금은 상류층의 모습을 띠고 있는지 아니면 너무나 흔해서 별 특징이 드러나 보이지 않는 외모를 하고 있는지 등을 통해 그들과 나의 차이를 재빨리 감지한다. 일단 감지가 되면 우리는 둘 사이의 지위 차이를 인식하고 우리가 알고 있는 방식으로 그를 대하게 된다. 한 개인이 특정 집단에 속한다는 것은 단순히 다른 집단의 사람과 다르다는 것뿐만 아니라, 그 집단이 다른 집단보다는 지위가 높거나 우월하다는 믿음을 갖게 한다. 모든 인간은 평등하다는 우리의 신념에도 불구하고 왜 인간들 사이의 이러한 위계화(位階化)를 당연한 것으로 받아들일까? 여기서 위계화란 특정 부류의 사람들은 자원과 권력을 소유하고 다른 부류의 사람들은 낮은 사회적 지위를 갖게 되는 사회적이며 문화적인 체계를 말한다. 다음에서 우리는 이러한 불평등이 어떠한 방식으로 경험되고 조직화되는지를 살펴보기로 하자.

인간이 불평등을 경험하게 되는 방식은 여러 측면으로 나눌 수 있다. 산업사회에서의 불평등은 계층과 계급의 차이를 통해서 정당화되는데, 이는 재산, 생산수단의 소유 여부, 학력, 집안 배경 등의 요소들의 결합에 의해 사람들 사이의 위계를 만들어 낸다. 또한 모든 사회에서 인간은 태어날 때부터 얻게 되는 인종, 성, 종족 등의 생득적 특성과 나이를 통해 불평등을 경험한다. 이러한 특성들은 단순히 생물학적인 차이를 지칭하는 것이 아니라, 개인의 열등성과 우등성을 가능하게 만드는 사회적 개념이 되곤 한다.

한편 불평등이 재생산되는 다양한 사회적 기제들이 때로는 관습이나 전통이라는 이름 아래 특정 사회의 본질적인 문화적 특성으로 간주되고 당연시되는 경우가 많다. 불평등은 체계적으로 조직되고 개인에 의해 경험됨으로써 문화의 주요 부분이 되었고, 그 결과 같은 문화권 내의 구성원들 사이에 권력 차이와 그에 따른 폭력이나 비인간적인 행위들이 자연스럽게 수용될 때가 많다.

문화인류학자들은 사회집단의 차이와 불평등, 사회의 관습 또는 전통이라고 얘기되는 문화현상에 대해 어떤 입장을 취해야 할지 고민을 한다. 문화 인류학자가 이러한 문화현상은 고유한 역사적 산물이므로 나름대로 가치를 지닌다는 입장만을 반복하거나 단순히 관찰자로서의 입장에 안주한다면, 이러한 차별의 형태를 제거하는 데 도움을 줄 수 없다. 실제로 문화인류학 연구는 기존의 권력관계를 유지시켜주는 다양한 문화적 이데올로기를 분석하고, 인간 간의 차이가 우등성과 열등성을 구분하는 지표가 아니라 동등한 다름일 뿐이라는 것을 일깨우는 데 기여해 왔다.

① 차이와 불평등

② 차이의 감지 능력

③ 문화인류학의 역사

④ 위계화의 개념과 구조

⑤ 관습과 전통의 계승과 창조

해설 글의 첫 문단에서 위계화의 개념을 설명하고, 이러한 불평등의 원인과 구조에 대해 살펴보고 있다. 따라서 글의 제목으로 ④가 가장 적절하다.

🔒 01 ⑤ 02 ④

03 다음 명제를 읽고 판단했을 때 옳지 않은 것은?

> - 비가 많이 내리면 습도가 높아진다.
> - 겨울보다 여름에 비가 더 많이 내린다.
> - 습도가 높으면 먼지가 잘 나지 않는다.
> - 습도가 높으면 정전기가 잘 일어나지 않는다.

① 겨울은 여름보다 습도가 낮다.

② 먼지는 여름이 겨울보다 잘 난다.

③ 여름에는 겨울보다 정전기가 잘 일어나지 않는다.

④ 비가 많이 오면 정전기가 잘 일어나지 않는다.

⑤ 정전기가 잘 일어나면 비가 적게 온 것이다.

해설 제시된 명제를 정리해 보면 '여름은 겨울보다 비가 많이 내림' → '비가 많이 내리면 습도가 높음' → '습도가 높으면 먼지와 정전기가 잘 일어나지 않음'을 알 수 있다. 따라서 비가 많이 내리면 습도가 높고 습도가 높으면 먼지가 잘 나지 않으므로 비가 많이 오지 않는 겨울이 여름보다 먼지가 잘 난다.
① 첫번째 명제와 두번째 명제로 추론할 수 있다.
③ 네 번째 명제와 첫 번째 명제, 두 번째 명제로 추론할 수 있다.
④ 첫번째 명제와 네번째 명제로 추론할 수 있다.
⑤ 네번째 명제의 대우와 첫번째 명제로 추론할 수 있다.

04 제시된 명제가 모두 참일 때, 빈칸에 들어갈 명제로 가장 적절한 것은?

> - 환율이 하락하면 국가경쟁력이 떨어졌다는 것이다.
> - _____
> - 수출이 감소했다는 것은 GDP가 감소했다는 것이다.
> - 따라서 수출이 감소하면 국가경쟁력이 떨어진다.

① 국가경쟁력이 떨어지면 수출이 감소했다는 것이다.

② GDP가 감소해도 국가경쟁력은 떨어지지 않는다.

③ 환율이 상승하면 GDP가 증가한다.

④ 환율이 하락해도 GDP는 감소하지 않는다.

⑤ 수출이 증가했다는 것은 GDP가 증가했다는 것이다.

해설 '환율이 하락하다'를 A, '수출이 감소한다'를 B, 'GDP가 감소한다'를 C, '국가경쟁력이 떨어진다'를 D라고 했을 때, 첫 번째 명제는 A → D, 세 번째 명제는 B → C, 네 번째 명제는 B → D이므로 마지막 명제가 참이 되려면 C → A라는 명제가 필요하다.
따라서 C → A의 대우 명제인 ③이 답이 된다.

05 남자 5명과 여자 3명 중에서 4명의 대표를 선출할 때, 적어도 1명의 여자가 포함되도록 선출하는 경우의 수는?

① 55가지 ② 60가지 ③ 65가지

④ 70가지 ⑤ 75가지

> **해설** 전체 8명에서 4명을 선출하는 경우의 수에서 남자만 4명을 선출하는 경우를 빼면 된다.
> $$_8C_4 - {}_5C_4 = \frac{8 \times 7 \times 6 \times 5}{4 \times 3 \times 2 \times 1} - \frac{5 \times 4 \times 3 \times 2}{4 \times 3 \times 2 \times 1}$$
> $\therefore 70 - 5 = 65$가지

06 첫째와 둘째, 둘째와 셋째의 나이 차이가 일정한 3명의 형제가 있다. 둘째 나이의 3배는 아버지 나이와 같고, 아버지 나이에서 첫째 나이를 빼면 23살이다. 내년에 아버지의 나이는 셋째 나이의 4배보다 4살 적게 될 때, 올해 셋째의 나이는?

① 8살 ② 9살 ③ 10살

④ 11살 ⑤ 12살

> **해설** 둘째 나이를 X살, 나이 차이를 D살이라 가정하면, 첫째와 셋째 나이는 (X+D), (X-D)살 이 되고, 아버지 나이는 둘째 나이의 3배이므로 3X살이다. 아버지의 나이에서 첫째 나이를 빼면 23살이고, 내년 아버지의 나이는 셋째 나이의 4배보다 4살 적음을 방정식으로 나타내면 다음과 같다.
> $3X - (X+D) = 23 \rightarrow 2X - D = 23 \cdots$ ㉠
> $3X + 1 = 4 \times (X - D + 1) - 4 \rightarrow 1 + 4D = X \cdots$ ㉡
> ㉠과 ㉡을 연립하면,
> $2(4D+1) - D = 23 \rightarrow 8D + 2 - D = 23 \rightarrow 7D = 21$
> $D = 3, X = 13$
> 따라서 둘째의 나이는 13살이고, 삼형제는 3살씩 나이 차이가 나므로 올해 셋째의 나이는 $13 - 3 = 10$살이다.

07 지혜와 주헌이가 함께 기숙사에서 나와 회사를 향해 분당 150m의 속력으로 출근하고 있다. 30분 정도 걸었을 때, 지혜는 기숙사에 두고 온 중요한 서류를 가지러 분당 300m의 속력으로 기숙사에 갔다가 같은 속력으로 다시 회사를 향해 뛰어간다고 한다. 주헌이는 그 속력 그대로 20분 뒤에 회사에 도착했을 때, 지혜는 주헌이가 회사에 도착하고 나서 몇 분 후에 회사에 도착하는가?

① 20분 ② 25분 ③ 30분

④ 35분 ⑤ 40분

> **해설** 지혜와 주헌이가 함께 걸어간 거리는 $150 \times 30 = 4,500$m이고, 기숙사에서 회사까지 거리는 $150 \times 50 = 7,500$m이다. 따라서 지혜가 기숙사에 가는 데 걸린 시간은 $150 \times 30 \div 300 = 15$분이고, 다시 회사까지 가는 데 걸린 시간은 $150 \times 50 \div 300 = 25$분이다. 그러므로 지혜와 주헌이가 헤어지고 나서 주헌이가 회사에 도착하는 데 걸린 시간은 20분이고, 지혜가 회사에 도착하는 데 걸린 시간은 40분이므로, 지혜는 주헌이가 도착하고 20분 후에 회사에 도착한다.

🔒 03 ② 04 ③ 05 ③ 06 ③ 07 ①

1. 언어비평

※ 다음 제시문을 읽고 각 문제가 항상 참이면 ①, 거짓이면 ②, 알 수 없으면 ③을 고르시오. [01~03]

- 아이스크림 가게의 하루 판매량은 딸기 맛 1개, 사과 맛 2개, 포도 맛 2개, 복숭아 맛 1개이고, 손님은 총 4명이었다.
- 모든 손님은 1개 이상의 아이스크림을 먹었다.
- A는 포도 맛을 먹었다.
- B와 C 중 한 명은 포도 맛을 먹었다.
- B는 딸기 맛을 먹었다.

---

01 B가 복숭아 맛을 먹었다면, D는 딸기 맛을 먹었다.

① 참 　　　　　　　　　　② 거짓 　　　　　　　　　　③ 알 수 없음

해설 제시된 조건에 따르면 포도 맛 2개와 딸기 맛 1개는 이미 선택되었으므로 B가 복숭아 맛을 먹었다면 D에게 남은 것은 사과 맛밖에 없다.

02 아이스크림을 가장 많이 먹은 손님은 D이다.

① 참 　　　　　　　　　　② 거짓 　　　　　　　　　　③ 알 수 없음

해설 제시된 조건에 따르면 포도 맛 2개와 딸기 맛 1개는 이미 선택되었으므로 D에게 남은 것은 사과 맛 2개와 복숭아 맛 1개이다. 따라서 D는 1~3개를 먹을 수 있으므로 가장 많이 먹었는지는 알 수 없다.

03 주어진 조건에서 한 손님이 먹을 수 있는 아이스크림의 최대량은 3개이다.

① 참 　　　　　　　　　　② 거짓 　　　　　　　　　　③ 알 수 없음

해설 아이스크림은 6개이고, 손님은 4명이다. 주어진 조건 안에서 손님 3명이 각각 1개씩 먹고 손님 1명이 아이스크림 3개를 먹을 수 있으므로 한 손님이 먹을 수 있는 아이스크림 최대량은 3개이다.

※ 다음 제시문을 읽고 각 문제가 항상 참이면 ①, 거짓이면 ②, 알 수 없으면 ③을 고르시오. [04~06]

> • K사 인사팀은 총 15명으로 구성되어 있고, 모두 아침 회의에 참석했다.
> • 회의에 참석한 남직원과 여직원의 비는 3:2이다.
> • 회의 시간에 커피를 마신 사람은 9명이다.
> • 인사팀 직원의 $\frac{2}{5}$ 는 커피를 전혀 마시지 않는다.

04 회의 중 여직원 2명이 커피를 마셨다면, 남은 커피는 모두 남직원이 마셨다.

① 참   ② 거짓   ③ 알 수 없음

해설 두 번째 조건에 의해 남직원은 9명, 여직원은 6명인 것을 알 수 있다. 그러나 제시된 조건만으로는 여직원 2명을 제외한 다른 여직원이 커피를 마셨는지 아닌지 알 수 없다.

05 커피를 마시지 않는 사람이 모두 여직원이라면, 여직원 중에는 커피를 마시는 사람이 없다.

① 참   ② 거짓   ③ 알 수 없음

해설 커피를 마시지 않는 사람은 인사팀 직원의 $\frac{2}{5}$ 이므로 6명이 커피를 마시지 않는다. 여직원의 수가 6명이므로 여직원 중에는 커피를 마시는 사람이 없다.

06 여직원 중 3명은 커피를 마셨고, 2명은 전혀 마시지 않는다면 남직원은 최소 6명 이상이 커피를 마신다.

① 참   ② 거짓   ③ 알 수 없음

해설 여직원 2명만 전혀 커피를 마시지 않는다고 했으므로 여직원은 3명이나 4명이 커피를 마셨다. 커피를 마시는 직원은 9명이므로 남은 커피는 6잔이나 5잔이다. 따라서 남직원은 최소 5명 이상이 커피를 마신다.

🔒 01 ② 02 ③ 03 ① 04 ③ 05 ① 06 ②

07 다음은 2021년 A시 '가'~'다' 지역의 아파트 실거래 가격 지수를 나타낸 자료이다. 이에 대한 설명으로 가장 적절한 것은?

2021년 A시 '가'~'다' 지역의 아파트 실거래 가격 지수

월 \ 지역	가	나	다
1	100.0	100.0	100.0
2	101.1	101.6	99.9
3	101.9	103.2	100.0
4	102.6	104.5	99.8
5	103.0	105.5	99.6
6	103.8	106.1	100.6
7	104.0	106.6	100.4
8	105.1	108.3	101.3
9	106.3	110.7	101.9
10	110.0	116.9	102.4
11	113.7	123.2	103.0
12	114.8	126.3	102.6

※ (N월 아파트 실거래 가격 지수) = $\dfrac{(\text{해당 지역의 N월 아파트 실거래 가격})}{(\text{해당 지역의 1월 아파트 실거래 가격})} \times 100$

① '가' 지역의 12월 아파트 실거래 가격은 '다' 지역의 12월 아파트 실거래 가격보다 높다.

② '나' 지역의 아파트 실거래 가격은 다른 두 지역의 아파트 실거래 가격보다 매월 높다.

③ '다' 지역의 1월 아파트 실거래 가격과 3월 아파트 실거래 가격은 같다.

④ '가' 지역의 1월 아파트 실거래 가격이 1억원이면 '가' 지역의 7월 아파트 실거래 가격은 1억 4천만원이다.

⑤ 2021년 7~12월 동안 아파트 실거래 가격이 각 지역에서 매월 상승하였다.

> **해설** 동일 지역에서는 '1월 아파트 실거래 가격'이 동일하므로 지수의 비교만으로 대소비교가 가능하다. 그런데 '다' 지역의 1월과 3월의 아파트 실거래 가격 지수가 모두 100으로 같으므로 두 기간의 실거래 가격 역시 동일하다는 것을 알 수 있다.
> ① · ② 다른 지역의 실거래 가격을 비교하기 위해서는 해당 지역의 1월 아파트 실거래 가격을 알아야 한다. 그런데 '가', '다' 지역의 1월 실거래 가격을 알지 못하므로 비교가 불가능하다.
> ④ ③번 보기와 같은 논리를 적용하면 같은 지역의 지수의 증가율과 실거래 가격의 증가율도 동일하다는 것을 알 수 있다. 따라서 '가' 지역 지수의 1월 대비 7월의 증가율이 4%이므로 7월의 실거래 가격 역시 1월의 1억원에서 4% 증가한 1억 4백만원임을 알 수 있다.
> ⑤ 동일 지역 간의 비교이므로 지수의 비교만으로도 파악 가능하다. '가'와 '나' 지역의 아파트 실거래 가격지수는 7~12월 동안 상승했지만 '다' 지역은 11월(103.0)보다 12월(102.6)에 지수가 하락했다. 따라서 적절하지 않은 내용이다.

08 다음 자료에 대한 해석으로 적절하지 않은 것은?

구분		저체중	정상	비만
	19세 이상 연령별 비만도 분포 (단위 : %)			
	전체	5.2	69.0	25.8
	19~29세	9.9	74.9	15.2
	30~39세	3.4	72.0	24.6
2012년	40~49세	2.1	66.3	31.6
	50~59세	2.0	62.4	35.6
	60~69세	4.9	65.0	30.2
	70세 이상	13.4	64.4	22.2
	전체	4.7	63.2	32.1
	19~29세	10.4	67.5	22.0
	30~39세	5.6	66.6	27.8
2021년	40~49세	2.2	65.4	32.5
	50~59세	1.0	56.6	42.4
	60~69세	2.0	51.8	46.2
	70세 이상	4.6	63.6	31.7

① 2012년에 비해 2021년의 비만율이 가장 많이 증가한 연령대는 60대이다.

② 2021년 40대 이하 비만율의 평균은 50대 이상 비만율의 평균보다 낮다.

③ 2012년 70대 이상의 비만율과 저체중 비율의 차이는 동년 40대의 비만율과 저체중 비율의 차이와 3배 이상 격차가 벌어진다.

④ 두 해 모두 저체중 비율이 가장 높은 연령대는 비만에서 각각 하위 1위나 2위를 기록했다.

⑤ 2021년 정상체중의 연령대별 최대치와 최저치의 차이는 2012년의 차이보다 적다.

해설 2012년의 차이는 74.9 − 62.4 = 12.5%p, 2021년의 차이는 67.5 − 51.8 = 15.7%p이다.
  ① 60대의 비만율 증가는 46.2 − 30.2 = 16%p으로 가장 많다.
  ② 40대 이하의 비만율 총합은 82.3인 것에 비해 50대 이상의 비만율 총합은 120.3이므로 50대 이상 비만율의 평균이 훨씬 높다.
  ③ 2012년 70세 이상의 비만율과 저체중 비율의 차이는 8.8%p이며, 동년 40대의 차이는 29.5%p이므로 두 수치는 3배 이상의 차이를 보인다.
  ④ 저체중 비율이 가장 높은 연령대는 2012년에는 70세 이상으로 비만율에서 하위 2위를 기록했으며, 2021년에는 20대 이하로서 비만율에서 하위 1위를 기록했다.

1. 언어

01 글에서 〈보기〉가 들어갈 가장 적절한 곳은?

> 법과 정의의 관계는 법학의 고전적인 과제 가운데 하나이다. 때와 장소에 관계없이 누구에게나 보편적으로 받아들여질 수 있는 정의롭고 도덕적인 법을 떠올리게 되는 것은 자연스러운 일이다. 전통적으로 이런 법을 '자연법'이라 부르며 논의해 왔다. 자연법은 인위적으로 제정되는 것이 아니라 인간의 경험에 앞서 존재하는 본질적인 것으로서 신의 법칙이나 우주의 질서, 또는 인간 본성에 근원을 둔다.
>
> 서구 중세의 신학에서는 자연법을 인간 이성에 새겨진 신의 법이라고 이해하여 종교적 권위를 중시했다. 이후 근대의 자연법 사상에서는 신학의 의존으로부터 독립하여 자연법을 오직 이성으로써 확인할 수 있다고 보았다. 이런 경향을 열었다고 할 수 있는 그로티우스(1583~1645)는 중세의 전통을 수용하면서도 인간 이성에 따른 자연법의 기초를 확고히 했다. 그는 이성을 통해 확인되고 인간 본성에 합치하는 법 규범은 자연법이자 신의 의지라고 말하면서, 이 자연법은 신도 변경할 수 없는 본질적인 것이라고 주장했다. __(가)__ 이성의 올바른 인도를 통해 다다르게 되는 자연법은 국가와 실정법을 초월하는 규범이라고 보았다. __(나)__
>
> 그로티우스가 활약하던 시기는 한편으로 종교 전쟁의 시대였다. 그는 이 소용돌이 속에서 어떤 법도 존중받지 못하는 일들을 보게 되고, 자연법에 기반을 두면 가톨릭, 개신교, 비기독교 할 것 없이 모두가 받아들일 수 있는 규범을 세울 수 있다고 생각했다. __(다)__ 나아가 이렇게 이루어진 법 원칙으로써 각국의 이해를 조절하여 전쟁의 참화를 막고 인류의 평화와 번영을 실현할 수 있다고 믿었다. __(라)__ 이러한 그의 사상은 1625년 '전쟁과 평화의 법'이란 저서를 낳았다. 이 책에서는 개전의 요건, 전쟁 중에 지켜져야 할 행위 등을 다루었으며, 그에 대한 이론적 근거로서 자연법 개념의 기초를 다지고, 그것을 바탕으로 국가 간의 관계를 규율하는 법 이론을 구성했다. __(마)__

● **보기** ●

이 때문에 그로티우스는 '국제법의 아버지'로도 불린다.

---

① (가)

② (나)

③ (다)

④ (라)

⑤ (마)

> **해설** (마) 바로 앞의 문장에서는 그로티우스가 자신의 저서 '전쟁과 평화의 법'에서 국가 간의 관계를 규율하는 법, 즉 국제법의 이론을 구성했다고 설명하고, 보기의 내용은 그로티우스가 '국제법의 아버지'라고 불린다고 언급한다. 따라서 보기는 그로티우스가 국제법 이론을 처음으로 구성했다고 설명한 (마)에 들어가는 것이 가장 적절하다.

02 다음 글을 읽고 이해한 내용으로 적절하지 않은 것은?

> 세슘은 알칼리 금속에 속하는 화학원소로 무르고 밝은 금색이며 실온에서 액체 상태로 존재하는 세 가지 금속 중 하나이다. 세슘은 공기 중에서도 쉽게 산화하며 가루 세슘 또한 자연발화를 하는 데다 물과 폭발적으로 반응하기 때문에 소방법에서는 위험물로 지정하고 있다. 나트륨이나 칼륨은 물에 넣으면 불꽃을 내며 타는데, 세슘의 경우에는 물에 넣었을 때 발생하는 반응열과 수소 기체가 만나 더욱 큰 폭발을 일으킨다. 세슘에는 약 30종의 동위원소가 있는데, 이중 세슘-133만이 안정된 형태이며 나머지는 모두 자연적으로 붕괴한다. 자연붕괴하는 것들 중 세슘-137은 감마선을 만드는데, 1987년에 이 물질에 손을 댄 4명이 죽고 200명 이상이 피폭당한 고이아니아 방사능 유출사고가 있었다.

① 세슘은 실온에서 액체로 존재하는 세 가지 금속 중 하나이다.
② 액체 상태의 세슘은 위험물에서 제외하고 있다.
③ 세슘은 물에 넣었을 때 큰 폭발을 일으킨다.
④ 세슘-137을 부주의하게 다룰 경우 생명이 위독할 수 있다.
⑤ 세슘의 동위원소 대부분은 안정적이지 못하다.

해설 제시문에서 액체 상태의 세슘을 위험물에서 제외한다는 내용은 제시되어 있지 않다.

03 같은 반 학생인 A, B, C, D, E의 영어 단어시험 결과이다. 다음 내용을 바탕으로 올바르게 추론한 것은?

> • A는 이번 시험에서 1문제의 답을 틀렸다.
> • B는 이번 시험에서 10문제의 답을 맞혔다.
> • C만 유일하게 이번 시험에서 20문제 중 답을 다 맞혔다.
> • D는 이번 시험에서 B보다 많은 문제의 답을 틀렸다.
> • E는 지난 시험에서 15문제의 답을 맞혔고, 이번 시험에서는 지난 시험보다 더 많은 문제의 답을 맞혔다.

① A는 E보다 많은 문제의 답을 틀렸다.
② C는 가장 많이 답을 맞혔고, B는 가장 많이 답을 틀렸다.
③ B는 D보다 많은 문제의 답을 맞혔지만, E보다는 적게 답을 맞혔다.
④ D는 E보다 많은 문제의 답을 맞혔다.
⑤ E는 이번 시험에서 5문제 이상의 답을 틀렸다.

해설 주어진 조건에 따라 A~E의 시험 결과를 정리하면 다음과 같다.

구분	A	B	C	D	E
맞힌 문제의 수	19개	10개	20개	9개 이하	16개 이상 19개 이하
틀린 문제의 수	1개	10개	0개	11개 이상	1개 이상 4개 이하

따라서 B는 D보다 많은 문제의 답을 맞혔지만, E보다는 적게 답을 맞혔다.

🔒 01 ⑤ 02 ② 03 ③

04 농도 15% 소금물 800g에서 소금물을 조금 퍼내고, 150g의 물을 다시 부었다. 이때 소금물의 농도가 12%였다면 처음에 퍼낸 소금물의 양은 얼마인가?

① 100g

② 150g

③ 200g

④ 250g

⑤ 300g

해설 농도가 15%인 소금물에서 퍼낸 소금물의 양을 xg이라고 하자.

$$\frac{(800-x)\times 0.15}{800-x+150}=0.12$$

$$\rightarrow 800-x=\frac{0.12}{0.15}\times(950-x)$$

$$\rightarrow 800-760=x-0.8x$$

$$\rightarrow x=200$$

따라서 처음에 퍼낸 소금물의 양은 200g이다.

05 C카페는 하루 평균 고객이 100명이다. 모든 고객은 음료를 Take-out을 하거나 카페 내에서 음료를 마신다. 한 사람당 평균 6,400원의 수익을 주며, 카페 내에서 음료를 마시는 고객은 한 사람당 서비스 비용으로 평균 1,500원이 들고, 가게 유지비용은 하루에 53만 5,000원이 든다. 하루에 수익이 발생하기 위해서 필요한 Take-out 고객의 수는 최소 몇 명인가?

① 25명

② 28명

③ 31명

④ 34명

⑤ 37명

해설 Take-out을 하는 고객의 수를 n명이라고 하자. 카페 내에서 이용하는 고객의 수는 $(100-n)$명이다. Take-out을 하는 고객은 6,400원의 수익을 주고, 카페 내에서 이용하는 고객은 서비스 비용인 1,500원을 제외한 4,900원의 수익을 준다.
즉, 전체 수익은

$6,400n+4,900(100-n)$

$\rightarrow 1,500n+490,000$

가게 유지비용에 대한 손익은

$1,500n+490,000-535,000$

$\rightarrow 1,500n-45,000$

이 값이 0보다 커야 수익이 발생하므로

$1,500n-45,000>0$

$\rightarrow 1,500n>45,000$

$\rightarrow n>30$

따라서 최소 31명이 Take-out을 이용해야 수익이 발생한다.

06 다음은 일정한 규칙으로 구성된 숫자를 표에 나타낸 것이다. 빈칸에 들어갈 숫자로 적절한 것은?

2	3	9
4	5	24
6	7	47
8	4	

① 32

② 34

③ 38

④ 40

⑤ 42

해설 첫 번째 줄의 첫째 칸과 둘째 칸의 수를 곱하고 +3을 하면 세 번째 칸의 수가 된다. 두 번째 줄에서는 첫째 줄과 둘째 칸을 곱하고 +4를 하면 셋째 칸의 수가 나오므로 마지막 줄에서도 같은 방식이 적용됨을 추론해 보면, 빈칸에 들어갈 수는 $8 \times 4 + 6 = 38$임을 알 수 있다.

07 프로농구 결승전에서 A, B 두 팀이 시합을 했다. 2쿼터까지 A팀은 B팀보다 7점을 더 얻었고, 3쿼터와 4쿼터에 A팀은 B팀이 얻은 점수의 $\frac{3}{5}$을 얻어 75:78로 B팀이 이겼다. A팀이 3쿼터와 4쿼터에서 얻은 점수는?

① 15점

② 20점

③ 25점

④ 30점

⑤ 35점

해설 B팀이 2쿼터까지 얻은 점수를 x점이라고 하자. A팀이 얻은 점수는 $(x+7)$점이다.

B팀이 3쿼터와 4쿼터에서 얻은 점수를 y점이라 하면, A팀이 얻은 점수는 $\frac{3}{5}y$점이다.

$x+7+\frac{3}{5}y=75 \rightarrow x+\frac{3}{5}y=68 \cdots \bigcirc$

$x+y=78 \cdots \bigcirc$

$\bigcirc$과 $\bigcirc$을 연립하면

$\frac{2}{5}y=10$

$\rightarrow y=25$

따라서 A팀이 3쿼터와 4쿼터에서 얻은 점수는 $\frac{3}{5} \times 25 = 15$점이다.

1. 의사소통능력

01 다음 제시된 문단을 읽고, 이어질 문단을 논리적 순서대로 바르게 나열한 것은?

> 연금제도의 금융논리와 관련하여 결정적으로 중요한 원리는 중세에서 비롯된 신탁원리다. 12세기 영국에서는 미성년 유족(遺族)에게 토지에 대한 권리를 합법적으로 이전할 수 없었다. 그럼에도 불구하고 영국인들은 유언을 통해 자식에게 토지 재산을 물려주고 싶어 했다.

> (가) 이런 상황에서 귀족들이 자신의 재산을 미성년 유족이 아닌, 친구나 지인 등 제3자에게 맡기기 시작하면서 신탁제도가 형성되기 시작했다. 여기서 재산을 맡긴 성인 귀족, 재산을 물려받은 미성년 유족, 그리고 미성년 유족을 대신해 그 재산을 관리·운용하는 제3자로 구성되는 관계, 즉 위탁자, 수익자, 그리고 수탁자로 구성되는 관계가 등장했다.
>
> (나) 연금제도가 이 신탁원리에 기초해 있는 이상, 연금가입자는 연기금 재산의 운용에 대해 영향력을 행사하기 어렵게 된다. 왜냐하면 신탁의 본질상 공·사 연금을 막론하고 신탁원리에 기반을 둔 연금제도에서는 수익자인 연금가입자의 적극적인 권리행사가 허용되지 않기 때문이다.
>
> (다) 이 관계에서 주목해야 할 것은 미성년 유족은 성인이 될 때까지 재산권을 온전히 인정받지 못했다는 점이다. 즉, 신탁원리하에서 수익자는 재산에 대한 운용권리를 모두 수탁자인 제3자에게 맡기도록 되어 있었기 때문에 수익자의 지위는 불안정했다.
>
> (라) 결국 신탁원리는 수익자의 연금운용 권리를 현저히 약화시키는 것을 기본으로 한다. 그 대신 연금운용을 수탁자에게 맡기면서 '수탁자 책임'이라는, 논란이 분분하고 불분명한 책임이 부과된다. 수탁자 책임 이행의 적절성을 어떻게 판단할 수 있는가에 대해 많은 논의가 있었지만, 수탁자 책임의 내용에 대해서 실질적인 합의가 이루어지지는 못했다.

① (가) – (다) – (나) – (라)

② (가) – (나) – (라) – (다)

③ (다) – (가) – (나) – (라)

④ (나) – (라) – (가) – (다)

> **해설** 제시된 단락은 신탁원리의 탄생 배경인 12세기 영국의 상황에 대해 이야기하고 있다. 따라서 이어지는 단락은 (가) 신탁제도의 형성과 위탁자, 수익자, 수탁자의 관계 등장 → (다) 불안정한 지위의 수익자 → (나) 적극적인 권리행사가 허용되지 않는 신탁원리에 기반한 연금 제도 → (라) 연금운용 권리를 현저히 약화시키는 신탁원리와 그 대신 부여된 수탁자 책임의 문제점 순서로 배열하는 것이 적절하다.

02 다음 글을 읽고 이해한 내용으로 가장 적절한 것은?

> 우리는 '재활용'이라고 하면 생활 속에서 자주 접하는 종이, 플라스틱, 유리 등을 다시 활용하는 것만을 생각한다. 하지만, 에너지 역시도 재활용이 가능하다.
>
> 에너지는 우리가 인지하지 못하는 일상생활 속 움직임을 통해 매 순간 만들어지고 또 사라진다. 문제는 이렇게 생산되고 또 사라지는 에너지의 양이 적지 않다는 것이다. 이처럼 버려지는 에너지를 수집해 우리가 사용할 수 있도록 하는 기술이 에너지 하베스팅이다.
>
> 에너지 하베스팅은 열, 빛, 운동, 바람, 진동, 전자기 등 주변에서 버려지는 에너지를 모아 전기를 얻는 기술을 의미한다. 이처럼 우리 주위 자연에 존재하는 청정에너지를 반영구적으로 사용하기 때문에 공급의 안정성, 보안성 및 지속가능성이 높고, 이산화탄소를 배출하는 화석연료를 사용하지 않기 때문에 환경공해를 줄일 수 있어 친환경 에너지활용 기술로도 각광 받고 있다.
>
> 이처럼 에너지원의 종류가 많은 만큼, 에너지 하베스팅의 유형도 매우 다양하다. 체온, 정전기 등 신체의 움직임을 이용하는 신체에너지 하베스팅, 태양광을 이용하는 광에너지 하베스팅, 진동이나 압력을 가해 이용하는 진동에너지 하베스팅, 산업현장에서 발생하는 수많은 폐열을 이용하는 열에너지 하베스팅, 방송전파나 휴대전화 전파 등의 전자파에너지를 이용하는 전자파에너지 하베스팅 등이 폭넓게 개발되고 있다.
>
> 영국의 어느 에너지기업은 사람의 운동에너지를 전기에너지로 바꾸는 기술을 개발했다. 사람이 많이 다니는 인도 위에 버튼식 패드를 설치하여 사람이 밟을 때마다 전기가 생산되도록 하는 것이다. 이 장치는 2012년 런던 올림픽에서 테스트를 한 이후 현재 영국의 12개 학교 및 미국 뉴욕의 일부 학교에서 설치하여 활용 중이다.
>
> 이처럼 전 세계적으로 화석연료에서 신재생에너지로 전환하려는 노력이 계속되고 있는 만큼, 에너지 전환 기술인 에너지 하베스팅에 대한 관심은 계속될 것이며 다양한 분야에 적용될 것으로 예상하고 있다.

① 재활용은 유체물만 가능하다.

② 에너지 하베스팅은 버려진 에너지를 또 다른 에너지로 만든다.

③ 에너지 하베스팅을 통해 열, 빛, 전기 등 여러 에너지를 얻을 수 있다.

④ 사람의 운동에너지를 전기에너지로 바꾸는 기술은 사람의 체온을 이용한 신체에너지 하베스팅 기술이다.

해설 '에너지 하베스팅은 열, 빛, 운동, 바람, 진동, 전자기 등 주변에서 버려지는 에너지를 모아 전기를 얻는 기술을 의미한다'라는 내용을 통해서 버려진 에너지를 전기라는 에너지로 다시 만든다는 것을 알 수 있다.

① 무체물인 에너지도 재활용이 가능하다고 했으므로 일치하지 않는 내용이다.

③ '에너지 하베스팅은 열, 빛, 운동, 바람, 진동, 전자기 등 주변에서 버려지는 에너지를 모아 전기를 얻는 기술을 의미한다'라는 내용에서 다른 에너지에 대한 언급은 없이 '전기를 얻는 기술'이라고 언급했으므로 일치하지 않는 내용이다.

④ '사람이 많이 다니는 인도 위에 버튼식 패드를 설치하여 사람이 밟을 때마다 전기가 생산되도록 하는 것이다'라고 했으므로 사람의 체온을 이용한 신체에너지 하베스팅 기술이라기보다는 진동이나 압력을 가해 이용하는 진동에너지 하베스팅이다.

03 농도가 9%인 A소금물 300g과 농도가 11.2%인 B소금물 250g을 합쳐서 C소금물을 만들었다. C소금물을 20% 덜어내고, 10g의 소금을 추가했을 때, 만들어진 소금물의 농도는?

① 12% ② 13%

③ 14% ④ 15%

해설 A소금물과 B소금물의 소금의 양을 구하면 각각 $300 \times 0.09 = 27g$, $250 \times 0.112 = 28g$이다.

이에 따라 C소금물의 농도는 $\dfrac{27+28}{300+250} \times 100 = \dfrac{55}{550} \times 100 = 10\%$이다.

소금물을 덜어내도 농도는 변하지 않으므로 소금물은 $550 \times 0.8 = 440g$이고, 소금의 양은 44g이다.

따라서 소금을 10g 더 추가했을 때의 소금물의 농도는 $\dfrac{44+10}{440+10} \times 100 = \dfrac{54}{450} \times 100 = 12\%$이다.

04 학교에 가는 데 버스를 타고 갈 확률이 $\dfrac{1}{3}$, 걸어갈 확률이 $\dfrac{2}{3}$일 때, 3일 중 첫날은 버스를 타고, 남은 2일은 순서에 상관없이 버스 한 번, 걸어서 한 번 갈 확률은?

① $\dfrac{1}{27}$ ② $\dfrac{2}{27}$

③ $\dfrac{1}{9}$ ④ $\dfrac{4}{27}$

해설 $\dfrac{1}{3} \times \left(\dfrac{1}{3} \times \dfrac{2}{3} \times 2 \right) = \dfrac{4}{27}$이다.

05 집에서 약수터까지 가는 데 형은 $\dfrac{1}{2}$m/s로 걸어서 10분 걸리고, 동생은 15분이 걸린다. 두 사람이 동시에 집에서 출발하여 약수터를 다녀오는 데 형이 집에 도착했다면 동생은 집에서 몇 m 떨어진 곳에 있는가?(단, 약수터에서 머문 시간은 생각하지 않는다)

① 150m ② 200m

③ 250m ④ 300m

해설 집에서 약수터까지의 거리는 $\dfrac{1}{2} \times (10 \times 60) = 300m$, 동생의 속력은 $300 \div (15 \times 60) = \dfrac{1}{3}$m/s이다.

형이 왕복한 시간은 $10 \times 2 = 20$분이므로 형이 집에 도착할 때까지 동생이 이동한 거리는 $\dfrac{1}{3} \times (20 \times 60) = 400m$이다. 따라서 동생이 집에서부터 떨어진 거리는 $300 - 100 = 200m$이다.

※ S사는 스마트폰을 만들 때 다음과 같은 방법으로 제조번호를 부여한다. 이어지는 질문에 답하시오.
[06~07]

스마트폰 제조번호

제조공장				
한국	중국	베트남	인도	미국
KOR	CHN	VNM	IND	USA

연도				
2015	2016	2017	2018	2019
25	26	27	28	29

모델 종류				
무료	저가형	보급형	일반	프리미엄
KQ	ME	VD	EG	SX

※ 연도 – 제조공장 – 모델 종류 순서로 표기한다.
예 27VNMME : 2017년에 베트남에서 제조된 저가형 스마트폰

06 다음 S사의 스마트폰 제조번호 중 옳은 것은?

① 27EGCHN
② 28SXME
③ 25KORVNM
④ 29CHNEG

해설 29CHNEG은 2019년에 중국에서 제조된 일반형 스마트폰을 의미한다.
① 모델 종류와 제조공장 순서가 바뀌었다.
② 모델 종류가 두 번 들어가고 제조공장이 없다.
③ 모델 종류가 없고 제조공장만 두 번 들어갔다.

07 다음 중 '2017년 한국 공장에서 만든 프리미엄 스마트폰'의 제조번호로 옳은 것은?

① 27KORSX
② 29KORSX
③ 27KORVD
④ 27USASX

해설 2017년-27, 한국-KOR, 프리미엄-SX

공기업 최신기출문제

01 / 한국가스공사

1. 문제해결능력

01 SWOT 분석 결과가 다음과 같을 때, 〈보기〉 중 한국가스공사에 대한 SWOT 분석 내용으로 옳은 것을 모두 고르면?

SWOT 분석 결과

구분	분석 결과
강점(Strength)	• 해외 가스공급기관 대비 높은 LNG 구매력 • 세계적으로 우수한 배관 인프라
약점(Weakness)	• 타 연료 대비 높은 단가
기회(Opportunity)	• 북아시아 가스관 사업 추진 논의 지속 • 수소 자원개발 고도화 추진 중
위협(Threat)	• 천연가스에 대한 수요감소추세 • 원전 재가동 확대 전망에 따른 에너지 점유율 감소 가능성

보기

ㄱ. 해외기관 대비 LNG 확보가 용이하다는 점을 근거로 북아시아 가스관 사업 추진 시 우수한 효율을 이용하는 것은 SO전략에 해당한다.
ㄴ. 지속적으로 감소할 것으로 전망되는 천연가스 수요를 북아시아 가스관 사업을 통해 확보하는 것은 ST전략에 해당한다.
ㄷ. 수소 자원개발을 고도화하여 다른 연료 대비 상대적으로 높았던 공급단가를 낮추려는 R&D 사업 추진은 WO전략에 해당한다.
ㄹ. 높은 LNG 확보 능력을 이용해 상대적으로 높은 가스 공급단가가 더욱 상승하는 것을 방지하는 것은 WT전략에 해당한다.

① ㄱ, ㄴ ② ㄱ, ㄷ ③ ㄴ, ㄷ
④ ㄴ, ㄹ ⑤ ㄷ, ㄹ

2. 의사소통능력

02 다음 중 글에 대한 설명으로 옳지 않은 것은?

우리나라 역시 미래 경제성장의 동력으로 수소경제를 선정하고, 수소경제 선도국가로 도약하기 위해 2019년 수소차와 연료전지를 양대 축으로 하는 '수소경제 활성화 로드맵'과 '수소 인프라 및 충전소 구축방안'을 발표했다. 이어서 2020년 2월에는 '수소경제'를 체계적으로 추진하기 위하여 '수소경제 육성 및 안전관리에 관한 법률'을 세계 최초로 공포했고, 전국 지자체들은 지역별 여건과 특성에 맞는 수소 산업 육성에 참여하고 있다. 한국가스공사도 수소경제에 발맞춰 '수소 사업 추진 로드맵'을 수립, 친환경 에너지 공기업의 책임을 다하고 있다. 정부의 수소 사업에 민간이 선제적으로 참여하기는 쉽지 않은 만큼, 인프라 확충 및 민간의 참여 활성화를 위해서는 공공기관의 선도적인 투자가 필수이다. 이에 한국가스공사는 기존의 천연가스 인프라망을 활용한 수소경제의 마중물 역할을 해 나갈 계획이다. 1983년 우리나라 최초의 천연가스회사로 출발, 뜨거운 열정과 치열한 노력으로 일궈온 기술과 인프라는 우리나라가 수소경제 선도국가로 나아가는 데 든든한 디딤돌이 될 것이다. 아울러 지난 수년간의 천연가스 설비 건설, 운영, 공급 경험을 기반으로 국민에게 경제적이고 안정적인 수소 공급 서비스를 제공하기 위해 힘쓸 것이다. 수소 관련 설비, 운영 등 전반적인 과정에서 한국가스공사가 안전관리 및 최적화에 주도적인 역할을 할 것으로 기대된다. 한국가스공사의 '수소 사업 추진 로드맵'은 국가의 수소 사업을 든든하게 지원하는 역할뿐만 아니라, 공사의 미래 성장 동력을 마련, 수소 에너지를 주도하는 글로벌 기업으로 도약하기 위한 시작이 될 것이다. 한국가스공사는 천연가스 산업의 불모지였던 우리나라에 최초로 LNG를 도입하였고, 이제는 1,156만kL 규모의 LNG 저장 용량과 4,908km의 배관망을 갖춘 국내 최고의 에너지 기업이자, 세계 곳곳에서 다양한 프로젝트를 수행하는 글로벌 기업으로 성장했다. 그 과정에서 변화하는 국내외 에너지 시장을 선도하기 위한 도전과 노력을 멈추지 않았고, 다가올 수소 사회를 위한 준비도 차근차근 진행 중이다. 저탄소 에너지로의 전환은 전 인류에게 주어진 과제이고, 수소 에너지 시대를 향한 경쟁은 이미 시작됐다. 한국가스공사는 이를 기회로 삼고자 한다. 이미 2018년 12월, 한국가스공사법 개정을 통해 수소 에너지의 생산과 공급 관련 사업을 추가하였고, 수소 시장 활성화와 산업 발전을 위해 수소 인프라 구축에 선제적으로 투자하고 있다. 점차 감소하는 천연가스 사용량을 보완·대체하기 위해 수소 발전과 연료전지 사업 등 새로운 시장 발굴에 힘쓰고 있으며, 천연가스와 더불어 수소로 상품을 다양화하여 세계적인 종합 가스 기업으로 도약해 나갈 것이다.

① 수소 관리에 관한 법률은 2019년에 공포됐다.

② 한국가스공사는 원래 천연가스회사로 설립됐다.

③ 한국가스공사는 수소 기술 활성화를 위해 기존의 천연가스 인프라를 활용할 예정이다.

④ LNG는 한국가스공사에 의해 우리나라에 최초로 도입됐다.

해설 '수소경제 육성 및 안전관리에 관한 법률'은 2020년 2월에 공포됐다.

※ G공사는 승진자를 선발하고자 한다. 다음은 승진자 선발방식 및 승진후보자들에 대한 자료이다. 이어지는 질문에 답하시오. [03~04]

하반기 승진자 선발

1. 승진자 선발방식
   • 승진점수(100)는 실적평가점수(40), 동료평가점수(30), 혁신사례점수(30)에 교육 이수에 따른 가점을 합산하여 산정한다.
   • 다음 교육 이수자에게는 아래의 가점을 부여한다.

교육	조직문화	전략적 관리	혁신역량	다자협력
가점	2	2	3	2

   • 승진후보자 중 승진점수가 가장 높은 2인을 선발하여 승진시킨다.

2. 승진후보자 평가정보

승진후보자	실적평가점수	동료평가점수	혁신사례점수	이수교육
A	34	26	22	다자협력
B	36	25	18	혁신역량
C	39	26	24	-
D	37	21	23	조직문화, 혁신역량
E	36	29	21	-

---

03 승진자 선발방식에 따라 승진후보자 A~E 중 2명을 승진시키고자 한다. 동점자가 있는 경우 실적평가점수가 더 높은 후보자를 선발한다고 할 때, 승진할 2명은?

① A, B
② A, C
③ C, D
④ C, E
⑤ D, E

해설 A~E의 승진점수를 계산하면 다음과 같다.

승진후보자	실적평가점수	동료평가점수	혁신사례점수	이수교육	합계
A	34	26	22	다자협력	82+2=84
B	36	25	18	혁신역량	79+3=82
C	39	26	24	-	89
D	37	21	23	조직문화, 혁신역량	81+2+3=86
E	36	29	21	-	86

2순위로 동점인 D와 E 중에 실적평가점수가 더 높은 D가 선발된다. 따라서 승진자는 C와 D이다.

04 내부 인사위원회의 권고에 따라 승진자 선발방식이 다음과 같이 변경되었다. 변경된 승진자 선발방식에 따라 승진자를 선발할 때, 승진할 2명은?

승진자 선발방식 변경

〈변경 전〉

1. 승진점수(100) 총점 및 배점
   • 실적평가점수(40)
   • 동료평가점수(30)
   • 혁신사례점수(30)

2. 혁신역량 교육 가점

교육	혁신역량
가점	3

〈변경 후〉

1. 승진점수(115) 총점 및 배점
   • 실적평가점수(40)
   • 동료평가점수(30)
   • 혁신사례점수(45)
     – 혁신사례점수에 50%의 가중치를 부여

2. 혁신역량 교육 가점

교육	혁신역량
가점	4

① A, D
② B, C
③ B, E
④ C, D
⑤ C, E

해설 변경된 승진자 선발방식에 따라 A~E의 승진점수를 계산하면 다음과 같다.

승진후보자	실적평가점수	동료평가점수	혁신사례점수	이수교육	합계
A	34	26	33	다자협력	93+2=95
B	36	25	27	혁신역량	88+4=92
C	39	26	36	–	101
D	37	21	34.5	조직문화, 혁신역량	92.5+2+4=98.5
E	36	29	31.5	–	96.5

승진점수가 가장 높은 두 명은 C와 D이므로 이 두 명이 승진한다.

1. 수리능력

※ 다음은 요식업 사업자 수 현황에 관한 자료이다. 자료를 참고하여 이어지는 질문에 답하시오. [01~02]

요식업 사업자 수 현황

(단위 : 명)

구분	2018년	2019년	2020년	2021년
커피음료점	25,151	30,446	36,546	43,457
패스트푸드점	27,741	31,174	32,982	34,421
일식전문점	12,997	13,531	14,675	15,896
기타외국식전문점	17,257	17,980	18,734	20,450
제과점	12,955	13,773	14,570	15,155
분식점	49,557	52,725	55,013	55,474
기타음식점	22,301	24,702	24,818	24,509
한식전문점	346,352	360,209	369,903	375,152
중식전문점	21,059	21,784	22,302	22,712
호프전문점	41,796	41,861	39,760	37,543
간이주점	19,849	19,009	17,453	16,733
구내식당	35,011	31,929	29,213	26,202
합계	632,026	659,123	675,969	687,704

01 2021년 사업자 수의 2018년 대비 감소율이 두 번째로 큰 업종의 감소율을 올바르게 구한 것은?(단, 소수점 둘째 자리에서 반올림한다)

① 25.2% ② 18.5%

③ 15.7% ④ 10.2%

해설 2021년 사업자 수가 2018년 대비 감소한 업종은 호프전문점, 간이주점, 구내식당으로 감소율은 다음과 같다.

- 호프전문점 : $\dfrac{41,796-37,543}{41,796} \times 100 ≒ 10.2\%$
- 간이주점 : $\dfrac{19,849-16,733}{19,849} \times 100 ≒ 15.7\%$
- 구내식당 : $\dfrac{35,011-26,202}{35,011} \times 100 ≒ 25.2\%$

따라서 2021년 사업자 수의 2018년 대비 감소율이 두 번째로 큰 업종은 간이주점으로 감소율은 15.7%이다.

02 다음 중 자료에 대한 설명으로 옳지 않은 것은?(단, 비율은 소수점 셋째 자리에서 반올림한다)

① 기타음식점의 2021년 사업자 수는 전년 대비 309명 감소했다.

② 2019년의 전체 요식업 사업자 수에서 분식점 사업자 수가 차지하는 비중과 패스트푸드점 사업자 수가 차지하는 비중의 차이는 5%p 미만이다.

③ 사업자 수가 해마다 감소하는 업종은 두 업종이다.

④ 2020년 일식전문점 사업자 수의 2018년 대비 증가율은 약 15.2%이다.

> **해설** 2020년 일식전문점 사업자 수의 2018년 대비 증가율은 $\dfrac{14{,}675 - 12{,}997}{12{,}997} \times 100 ≒ 12.91\%$이므로 옳지 않은 설명이다.

03 D밴드가 콘서트를 하려고 한다. 전체를 1부, 2부로 나누어 연주시간이 7분인 곡과 3분인 곡을 각각 몇 곡씩 선정해서 1시간 15분 만에 끝내려고 계획했다가, 7분인 곡과 3분인 곡의 수를 서로 바꾸어서 1시간 35분 만에 끝내는 것으로 변경했다. 1부와 2부 사이에 10분간 휴식을 한다고 했을 때, 처음에 연주하려고 계획했던 연주시간이 7분인 곡의 수는?

① 5곡

② 6곡

③ 8곡

④ 10곡

> **해설** 처음에 연주시간이 7분인 곡의 수를 x곡, 3분인 곡의 수를 y곡이라 하면,
> $7x + 3y = 75 - 10 \rightarrow 7x + 3y = 65 \cdots$ ㉠
> $3x + 7y = 95 - 10 \rightarrow 3x + 7y = 85 \cdots$ ㉡
> ㉠, ㉡을 연립하면, $x = 5$, $y = 10$
> 따라서 연주 시간이 7분인 곡의 수는 5곡이다.

※ 다음은 경쟁관계에 있는 A기업과 B기업이 각각의 제품을 광고할 때의 수익구조를 나타낸 표이다. 자료를 보고 이어지는 질문에 답하시오. [04~05]

제품별 수익구조

(단위 : 억원)

구분		B기업	
		제품 M	제품 H
A기업	제품 M	(6, 1)	(-2, 8)
	제품 H	(-2, 6)	(6, 4)

분기별 매출증감률

시기	제품 M	제품 H
1분기	0%	50%
2분기	-50%	0%
3분기	0%	-50%
4분기	50%	0%

• 수익구조에서 괄호 안의 숫자는 각 기업의 홍보로 인한 월 수익을 의미한다.
• 분기별 매출액 50% 증가 시 : 월 수익 50% 증가, 월 손해 50% 감소
• 분기별 매출액 50% 감소 시 : 월 수익 50% 감소, 월 손해 50% 증가

04 1분기에 광고를 하는 경우, A기업과 B기업의 수익의 합이 가장 클 때와 작을 때의 합은?

① 18억원   ② 20억원
③ 24억원   ④ 28억원

해설 1분기에 광고를 할 때는 제품 H의 매출액이 50% 증가하여 표에서 제품 H가 포함된 부분의 수익구조가 변화하게 된다.

(단위 : 억원)

구분		B기업	
		제품 M	제품 H
A기업	제품 M	(6, 1) → 7	(-2, 12) → 10
	제품 H	(-1, 6) → 5	(9, 6) → 15

수익의 합이 가장 큰 경우는 A기업과 B기업이 모두 제품 H를 광고할 때 15억원으로 가장 크고, 가장 작은 경우는 A기업이 제품 H를 광고하고 B기업이 제품 M을 광고할 때 5억원으로 최소가 된다. 따라서 두 기업의 수익이 가장 클 때와 작을 때의 합은 20억원이다.

05 A기업과 B기업이 3분기에 서로 수익이 가장 최소가 되는 제품의 광고를 피하기로 한 경우, 선택하지 말아야 하는 것은?

	A기업	B기업
①	제품 H	제품 H
②	제품 H	제품 M
③	제품 M	제품 H
④	제품 M	제품 M

해설 3분기에 A기업의 수익이 최소가 되는 경우는 A기업이 제품 H를 광고하고 B기업이 제품 M을 광고하는 경우이며, 이때 수익 구조는 (-3, 6)이다. B기업의 수익이 최소가 되는 경우는 A기업이 제품 M을 광고하고 B기업도 제품 M을 광고하는 경우이며, 이때 수익구조는 (6, 1)이다.

06 김 대리는 장거리 출장을 가기 전 주유를 하려고 한다. 주유를 할 때, 세차도 함께 할 예정이다. A주유소와 B주유소의 주유가격 및 세차가격이 다음과 같을 때, B주유소보다 A주유소가 유리한 주유량의 범위는 얼마인가?

구분	주유가격	세차가격
A주유소	1,550원/L	3천원(5만원 이상 주유 시 무료)
B주유소	1,500원/L	3천원(7만원 이상 주유 시 무료)

① 32L 이상 45L 이하

② 32L 이상 46L 이하

③ 33L 이상 46L 이하

④ 33L 이상 47L 이하

해설 세차가격이 무료가 되는 주유량은
- A의 경우 : 1,550a≥50,000원 → a≥32.2이므로 33L부터 세차가격이 무료이다.
- B의 경우 : 1,500b≥70,000원 → b≥46.6이므로 47L부터 세차가격이 무료이다.

주유량에 따른 주유와 세차에 드는 비용은 아래 표와 같다.

구분	32L 이하	33L 이상 46L 이하	47L 이상
A주유소	1,550a+3,000	1,550a	1,550a
B주유소	1,500a+3,000	1,500a+3,000	1,500a

주유량이 32L 이하와 47L 이상일 때, A주유소와 B주유소의 세차가격 포함유무가 동일하므로 이때는 B주유소가 더 저렴하다. 따라서 A주유소가 유리한 주유량 범위는 33L 이상 46L 이하임을 알 수 있다.

🔒 04② 05② 06③

1. 문제해결능력

01 같은 해에 입사한 동기 A~E는 모두 S공사 소속으로 서로 다른 부서에서 일하고 있으며, 이들이 근무하는 부서와 해당 부서의 성과급은 다음과 같다. 부서배치 조건과 휴가조건을 참고했을 때, 다음 중 항상 옳은 것은?

부서별 성과급

비서실	영업부	인사부	총무부	홍보부
60만원	20만원	40만원	60만원	60만원

※ 각 사원은 모두 각 부서의 성과급을 동일하게 받는다.

부서배치 조건

• A는 성과급이 평균보다 적은 부서에서 일한다.
• B와 D의 성과급을 더하면 나머지 세 명의 성과급 합과 같다.
• C의 성과급은 총무부보다는 적지만 A보다는 많다.
• C와 D 중 한 사람은 비서실에서 일한다.
• E는 홍보부에서 일한다.

휴가 조건

• 영업부 직원은 비서실 직원보다 휴가를 더 늦게 가야 한다.
• 인사부 직원은 첫 번째 또는 제일 마지막으로 휴가를 가야 한다.
• B의 휴가 순서는 이들 중 세 번째이다.
• E는 휴가를 반납하고 성과급을 두 배로 받는다.

① A의 3개월 치 성과급은 C의 2개월 치 성과급보다 많다.

② C가 맨 먼저 휴가를 갈 경우, B가 맨 마지막으로 휴가를 가게 된다.

③ D가 C보다 성과급이 많다.

④ 휴가철이 끝난 직후, 급여명세서에 D와 E의 성과급 차이는 세 배이다.

해설 부서배치
• 성과급 평균은 48만원이므로, A는 영업부 또는 인사부에서 일한다.
• B와 D는 비서실, 총무부, 홍보부 중에서 일한다.
• C는 인사부에서 일한다.
• D는 비서실에서 일한다.
따라서 A-영업부, B-총무부, C-인사부, D-비서실, E-홍보부에서 일한다.

휴가
A는 D보다 휴가를 늦게 간다. 따라서 C-D-B-A 또는 D-A-B-C 순으로 휴가를 간다.

02 A공단에서 다음 면접방식으로 면접을 진행할 때, 심층면접을 할 수 있는 최대 인원수와 마지막 심층면접자의 기본면접 종료시각을 옳게 짝지은 것은?

면접방식

- 면접은 기본면접과 심층면접으로 구분된다. 기본면접실과 심층면접실은 각 1개이고, 면접대상자는 1명씩 입실한다.
- 기본면접과 심층면접은 모두 개별면접의 방식을 취한다. 기본면접은 심층면접의 진행상황에 관계없이 10분 단위로 계속되고, 심층면접은 기본면접의 진행상황에 관계없이 15분 단위로 계속된다.
- 기본면접을 마친 면접대상자는 순서대로 심층면접에 들어간다.
- 첫 번째 기본면접은 오전 9시 정각에 실시되고, 첫 번째 심층면접은 첫 번째 기본면접이 종료된 시각에 시작된다.
- 기본면접과 심층면접 모두 낮 12시부터 오후 1시까지 점심 및 휴식시간을 가진다.
- 각각의 면접 도중에 점심 및 휴식시간을 가질 수 없고, 1인을 위한 기본면접시간이나 심층면접시간이 확보되지 않으면 새로운 면접을 시작하지 않는다.
- 기본면접과 심층면접 모두 오후 1시에 오후 면접 일정을 시작하고, 기본면접의 일정과 관련 없이 심층면접은 오후 5시 정각에는 종료되어야 한다.

※ 면접대상자의 이동 및 교체시간 등 다른 조건은 고려하지 않는다.

	인원수	종료시각
①	27명	오후 2시 30분
②	27명	오후 2시 40분
③	28명	오후 2시 30분
④	28명	오후 2시 40분

해설 오전 심층면접은 9시 10분에 시작하므로 12시까지 170분의 시간이 있다. 이 시간에 한 명당 15분씩 면접을 볼 때, 가능한 면접 인원은 $170 \div 15 ≒ 11$명이다. 오후 심층면접은 1시부터 바로 진행할 수 있으므로 종료시간까지 240분의 시간이 있다. 이 시간에 한 명당 15분씩 면접을 볼 때 가능한 인원은 $240 \div 15 = 16$명이다. 즉, 심층면접을 할 수 있는 최대 인원수는 $11 + 16 = 27$명이다. 27번째 면접자의 기본면접이 끝나기까지 소요되는 시간은 $10 \times 27 + 60$(점심 · 휴식시간)$= 330$분이다. 따라서 마지막 심층면접자의 기본면접 종료시각은 오전 9시$+ 330$분$=$오후 2시 30분이다.

03 프랜차이즈 커피숍에서 바리스타로 근무하고 있는 귀하는 종종 가격을 깎아달라는 고객 때문에 고민이 이만저만이 아니다. 이를 본 선배가 귀하에게 도움이 될 만한 몇 가지 조언을 해주었다. 다음 중 선배가 귀하에게 한 조언으로 가장 적절한 것은?

① "절대로 안 된다"라고 딱 잘라 거절하는 태도가 필요합니다.

② 이번이 마지막이라고 말하면서 한 번만 깎아 주세요.

③ 못 본 체하고 다른 손님의 주문을 받으면 됩니다.

④ 규정상 임의로 깎아줄 수 없다는 점을 상세히 설명해 드리세요.

> **해설** 서비스업에 종사하다 보면 난처한 요구를 하는 고객을 종종 만나기 마련이다. 특히 판매가격이 정해져 있는 프랜차이즈 매장에서 가격을 조금만 깎아달라는 고객의 요구는 매우 난감하다. 하지만 이러한 고객의 요구를 모두 들어주다 보면 더욱 곤란한 상황이 발생할 수 있다. 그러므로 고객에게 왜 가격을 깎아줄 수 없는지 친절하게 설명하면서 불쾌하지 않도록 고객을 설득할 필요가 있다.

04 W사원은 팀에서 아이디어 뱅크로 불릴 정도로 팀 업무와 직결된 아이디어를 많이 제안하는 편이다. 그러나 상사인 B팀장은 C부장에게 팀 업무를 보고하는 과정에 있어 W사원을 포함한 다른 사원들이 낸 아이디어를 자신이 낸 아이디어처럼 보고하는 경향이 있다. 이런 일이 반복되자 B팀장을 제외한 팀 내의 사원들은 불만이 쌓인 상황이다. 귀하가 W사원이라면 어떻게 하겠는가?

① 다른 사원들과 따로 자리를 만들어 B팀장의 욕을 한다.

② B팀장이 보는 앞에서 C부장에게 B팀장에 대해 이야기한다.

③ 다른 사원들과 이야기한 뒤에 B팀장에게 조심스레 이야기를 꺼내본다.

④ 회식자리를 빌려 C부장에게 B팀장에 대해 속상한 점을 고백한다.

> **해설** B팀장에게 가지고 있는 불만이므로 본인과 직접 해결하는 것이 가장 올바르다. 비슷한 불만을 가지고 있는 사원들과 이야기를 나누고 개선해줄 것을 바라는 사항을 정리한 후에 B팀장에게 조심스레 말하는 것이 옳다.

05 현재 시각은 오전 11시이다. 오늘 중 마쳐야 하는 다음 네 가지의 업무가 있을 때 업무의 우선순위는 어떻게 되는가?(단, 업무시간은 오전 9시부터 오후 6시까지이며, 점심시간은 12시부터 1시간이다)

업무 내용	처리 시간
ㄱ. 기한이 오늘까지인 비품 신청	1시간
ㄴ. 오늘 내에 보고해야 하는 보고서 초안을 작성해달라는 부서장의 지시	2시간
ㄷ. 가능한 빨리 보내 달라는 인접 부서의 협조 요청	1시간
ㄹ. 오전 중으로 고객에게 보내기로 한 자료 작성	1시간

① ㄱ − ㄴ − ㄷ − ㄹ

② ㄴ − ㄷ − ㄹ − ㄱ

③ ㄷ − ㄴ − ㄹ − ㄱ

④ ㄹ − ㄴ − ㄷ − ㄱ

해설 현재 시각이 오전 11시이므로 오전 중으로 처리하기로 한 업무를 가장 먼저 처리해야 한다. 따라서 오전 중으로 고객에게 보내기로 한 자료 작성(ㄹ)을 가장 먼저 처리한다. 다음으로 오늘까지 처리해야 하는 업무 두 가지(ㄱ, ㄴ) 중 비품 신청(ㄱ)보다 부서장이 지시한 부서 업무사항을 먼저 처리하는 것이 적절하다. 또한, 특별한 상황이 없는 한, 개인의 단독업무보다는 타인 · 타 부서와 협조된 업무를 우선적으로 처리해야 한다. 따라서 '고객에게 보내기로 한 자료 작성(ㄹ)−부서 업무사항(ㄴ)−인접 부서의 협조 요청(ㄷ)−단독업무인 비품 신청(ㄱ)' 순서로 업무를 처리해야 한다.

06 인사팀 팀장인 귀하는 신입사원 공채의 면접관으로 참가하게 되었다. 귀하의 회사는 조직 내 팀워크를 무엇보다도 중요하게 생각하기 때문에 이 점을 고려하여 직원을 채용해야 한다. 다음 중 귀하의 회사에 채용되기에 가장 적절하지 않은 지원자는 누구인가?

① A지원자 : 회사의 가치관과 제 생각이 다르다고 할지라도 수긍하는 자세로 일하겠습니다.

② B지원자 : 조직 내에서 반드시 필요한 일원이 되겠습니다.

③ C지원자 : 동료와 함께 부족한 부분을 채워나간다는 생각으로 일하겠습니다.

④ D지원자 : 회사의 목표가 곧 제 목표라는 생각으로 모든 업무에 참여하겠습니다.

해설 직장은 일을 하는 물리적 장소임과 동시에 업무처리의 만족감 또는 좌절감 등을 느끼는 심리적 장소이기도 하다. 그러므로 회사의 목표와 자신의 가치관 사이에서 오는 차이가 크다면, 그 심리적 스트레스를 감당하기가 너무 버거울 것이다. 조직은 조직생활에 잘 적응하는 사람을 기본적으로 선호하지만 그 다음으로 원하는 것은 '그 과정이 능동적인가'하는 점이다. 따라서 자신과 다른 회사의 가치관까지 수긍한다고 밝힌 A지원자는 회사에 채용될 사원으로서 가장 적절하지 않다.

1. 의사소통능력

01 다음은 C은행의 금융통화위원회 구성 및 운영에 대한 규정이다. 적절하지 않은 설명은?

> • **금융통화위원회의 구성**
> 금융통화위원회는 C은행의 통화신용정책에 관한 주요 사항을 심의·의결하는 정책결정기구로서 C은행 총재 및 부총재를 포함하여 총 7인의 위원으로 구성된다.
> C은행 총재는 금융통화위원회 의장을 겸임하며, 국무회의 심의를 거쳐 대통령이 임명한다. 부총재는 총재의 추천에 의해 대통령이 임명하며, 다른 5인의 위원은 각각 기획재정부 장관, C은행 총재, 금융위원회 위원장, 대한상공회의소 회장, 전국은행연합회 회장 등의 추천을 받아 대통령이 임명한다.
> 총재의 임기는 4년이고 부총재는 3년으로 각각 1차에 한하여 연임할 수 있으며, 나머지 금통위원의 임기는 4년으로 연임할 수 있다.
>
> • **금융통화위원회의 운영**
> C은행 총재는 금융통화위원회를 대표하는 의장으로서 회의를 주재한다. 금융통화위원회의 본회의는 의장이 필요하다고 인정하는 때 또는 위원 2인 이상의 요구가 있을 때 의장이 소집할 수 있는데, 현재는 매월 둘째 주, 넷째 주 목요일에 정기회의가 개최되고 있다. 본회의에 상정되는 안건을 심의·의결하기 위해서는 통상 7인의 금통위원 중 5인 이상의 출석과 출석위원 과반수의 찬성이 필요하며 금융통화위원회가 의결을 한 때에는 의결서를 작성한다. 한편, 본회의의 논의내용에 대해서는 의사록을 작성하고 의사록 내용 중 통화신용정책에 관한 사항에 대해서는 외부에 공개한다.
> 본회의 이외의 회의로는 상정안건과 관련한 논의 등을 위한 간담회, 금융경제동향 등에 관하여 관련부서의 보고를 듣고 서로 의견을 교환하기 위한 협의회 등이 있다. 한편, 대국회 보고를 위한 통화신용정책보고서나 연차보고서, 금융안정보고서, C은행의 예산 등과 같은 중요사안에 대해서는 별도로 심의위원회를 구성하여 보다 면밀한 검토가 이루어지도록 하고 있다.

① 면밀한 검토가 필요한 사안에 대해서는 본회의 외에 별도로 위원회가 구성되기도 한다.

② 금융통화위원회 의장은 C은행 총재이다.

③ 총재와 부총재를 제외한 금융통화위원은 총재가 임명한다.

④ 정기회의 개최를 위해서는 의장을 제외한 금융통화위원 최소 2인의 요구가 필요하다.

해설 총재와 부총재를 포함한 모든 금융통화위원은 대통령이 임명한다.

02 다음 글의 제목으로 가장 적절한 것은?

시장경제는 국민 모두가 잘살기 위한 목적을 달성하려는 수단으로서 선택한 나라살림의 운영방식이다. 그러나 최근에 재계, 정계, 그리고 경제관료 사이에 벌어지고 있는 시장경제에 대한 논쟁은 마치 시장경제 그 자체가 목적인 것처럼 왜곡되고 있다. 국민들이 잘살기 위해서는 경제가 성장해야 한다. 그러나 경제가 성장했는데도 다수의 국민들이 잘사는 결과를 가져오지 못하고 경제적 강자들의 기득권을 확대생산하는 결과만을 가져온다면 국민들은 시장경제를 버리고 대안적 경제체제를 찾을 것이다. 그렇기에 시장경제를 유지하기 위해서는 성장과 분배의 균형이 중요하다.

시장경제는 경쟁을 통해서 효율성을 높이고 성장을 달성한다. 경쟁의 동기는 사적인 이익을 추구하는 인간의 이기적 속성에 기인한다. 국민 각자는 모두가 함께 잘살기 위해서가 아니라 내가 잘살기 위해서 경쟁을 한다. 모두가 함께 잘살기 위해 공동의 목적을 달성하기 위한 수단으로 시장경제를 선택한 것이지만, 개개인은 이기적인 동기로 시장에 참여하는 것이다. 이와 같이 시장경제는 개인과 공동의 목적이 서로 상반되는 모순을 갖는 것이 그 본질이다. 그래서 시장경제가 제대로 운영되기 위해서는 국가의 소임이 중요하다.

시장경제에서 국가가 할 일을 크게 세 가지로 나누어 볼 수 있다. 첫째는 경쟁을 유도하는 시장체제를 만드는 것이고, 둘째는 공정한 경쟁이 이루어지도록 시장질서를 세우는 것이며, 셋째는 경쟁의 결과로 얻은 성과가 모두에게 공평하게 분배되도록 조정하는 것이다. 최근에 벌어지고 있는 시장경제의 논쟁은 국가의 세 가지 역할 중에서 논쟁의 주체들이 자신의 이해관계에 따라 선택적으로 시장경제를 왜곡하고 있다. 경쟁에서 강자의 위치를 확보한 재벌들은 경쟁촉진을 주장하면서 공정경쟁이나 분배를 말하는 것은 반시장적이라고 매도한다. 정치권은 인기영합의 수단으로, 일부 노동계는 이기적 동기에서 분배를 주장하면서 분배의 전제가 되는 성장을 위해서 필요한 경쟁을 훼손하는 모순된 주장을 한다. 경제관료들은 자신의 권력을 강화하기 위한 부처의 이기적인 관점에서 경쟁촉진과 공정경쟁 사이에서 줄타기 곡예를 하며 분배에 대해서 말하는 것을 금기시한다. 모두가 자신들의 기득권을 위해서 선택적으로 왜곡하고 있는 것이다.

경쟁은 원천적으로 공정성을 보장하지 못한다. 서로 다른 능력이 주어진 천부적인 차이는 물론이고, 물려받는 재산과 환경의 차이로 인하여 출발선에서부터 불공정한 경쟁이 시작된다. 그럼에도 불구하고 경쟁은 창의력을 가지고 노력하는 사람에게 성공을 가져다주는 체제이다. 그래서 출발점이 다를지라도 노력과 능력에 따라 성공의 기회가 제공되도록 보장하기 위해서 공정경쟁이 중요하다.

경쟁은 또한 분배의 공평성을 보장하지 못한다. 경쟁의 결과는 경쟁에 참여한 모든 사람의 노력의 결과로 이루어진 것이지, 승자만의 노력으로 이루어진 것은 아니다. 경쟁의 결과가 승자에 의해서 독점된다면 국민들은 경쟁으로의 참여를 거부할 수밖에 없다. 그래서 경쟁에 참여한 모두에게 공평한 분배가 이루어지는 것이 중요하다.

① 시장경제에서의 개인과 경쟁의 상호관계
② 시장경제에서의 국가의 역할
③ 시장경제에서의 개인 상호 간의 경쟁
④ 시장경제에서의 경쟁의 양면성과 그 한계

해설 두 번째 문단의 '시장경제가 제대로 운영되기 위해서는 국가의 소임이 중요하다.'라는 부분과 세 번째 문단의 '시장경제에서 국가가 할 일은 크게 세 가지로 나누어 볼 수 있다.'라는 부분에서 '시장경제에서의 국가의 역할'이라는 제목을 유추할 수 있다.

03 다음 글의 빈칸에 들어갈 내용으로 가장 적절한 것은?

> 한 존재가 가질 수 있는 욕망과 그 존재가 가졌다고 할 수 있는 권리 사이에는 모종의 개념적 관계가 있는 것
> 같다. 권리는 침해될 수 있는 것이고, 어떤 것에 대한 개인의 권리를 침해하는 것은 그것과 관련된 욕망을 좌
> 절시키는 것이다. 예를 들어 당신이 차를 가지고 있다고 가정해 보자. 이때 나는 우선 그것을 당신으로부터 빼
> 앗지 말아야 한다는 의무를 가진다. 그러나 그 의무는 무조건적인 것이 아니다. 이는 부분적으로 당신이 그것
> 과 관련된 욕망을 가지고 있는지 여부에 달려 있다. 만약 당신이 차를 빼앗기든지 말든지 관여치 않는다면, 내
> 가 당신의 차를 빼앗는다고 해서 당신의 권리를 침해하는 것은 아닐 수 있다.
> 물론 권리와 욕망 간의 관계를 정확히 설명하는 것은 어렵다. 이는 졸고 있는 경우나 일시적으로 의식을 잃는
> 경우와 같은 특수한 상황 때문인데, 그러한 상황에서도 졸고 있는 사람이나 의식을 잃은 사람에게 권리가 없
> 다고 말하는 것은 옳지 않을 것이다. 그러나 이와 같이 권리의 소유가 실제적인 욕망 자체와 연결되지는 않는
> 다고 하더라도, 권리를 소유하려면 어떤 방식으로든 관련된 욕망을 가지는 능력이 있어야 한다. 어떤 권리를
> 소유할 수 있으려면 최소한 그 권리와 관련된 욕망을 가질 수 있어야 한다는 것이다.
> 이러한 관점을 '생명에 대한 권리'라는 경우에 적용해 보자. 생명에 대한 권리는 개별적인 존재의 생존을 지속
> 시킬 권리이고, 이를 소유하는 데 관련되는 욕망은 개별존재로서 생존을 지속시키고자 하는 욕망이다. 따라서
> 자신을 일정한 시기에 걸쳐 존재하는 개별존재로서 파악할 수 있는 존재만이 생명에 대한 권리를 가질 수 있
> 다. 왜냐하면, _____

① 생명에 대한 권리를 가질 수 있는 존재만이 개별존재로서 생존을 지속시키고자 하는 욕망을 가질
　수 있기 때문이다.

② 자신을 일정한 시기에 걸쳐 존재하는 개별존재로서 파악할 수 있는 존재는 다른 존재자의 생명을
　빼앗지 말아야 한다는 의무를 지니기 때문이다.

③ 자신을 일정한 시기에 걸쳐 존재하는 개별존재로서 파악할 수 있는 존재만이 개별존재로서 생존을
　지속시키고자 하는 욕망을 가질 수 있기 때문이다.

④ 개별존재로서 생존을 지속시키고자 하는 욕망을 가질 수 있는 존재만이 자신을 일정한 시기에 걸쳐
　존재하는 개별존재로서 파악할 수 있기 때문이다.

해설 개별존재로서 생명의 권리를 갖기 위해서는 개별존재로서 생존을 지속시키고자 하는 욕망을 가질 수 있어야 하며, 이를 위해서
자신을 일정한 시기에 걸쳐 존재하는 개별존재로서 파악해야 한다. 따라서 '자신을 일정한 시기에 걸쳐 존재하는 개별존재로서
파악할 수 있는 존재만이 생명에 대한 권리를 가질 수 있다.'는 빈칸 앞의 결론을 도출하기 위해서는 개별존재로서 생존을 지속
시키고자 하는 욕망이 개별존재로서의 인식을 가능하게 한다는 내용이 있어야 하므로 빈칸에 들어갈 내용으로는 ③이 가장 적
절하다.

04 다음은 한국인의 주요 사망원인에 대한 자료이다. 이를 참고하여 인구 10만명의 사망원인별 인원수를 나타낸 그래프로 옳은 것은?(단, 모든 그래프의 단위는 '명'이다)

> 한국인 10만명 중 무려 185명이나 암으로 사망한다는 통계를 바탕으로 암이 한국인의 사망원인 1위로 알려진 가운데, 그 밖의 순위에 대한 관심도 뜨겁다. 2위와 3위는 각각 심장과 뇌 관련 질환으로 알려졌으며, 1위와의 차이는 20명 미만으로 큰 차이를 보이지 않아 한국인의 주요 3대 사망원인으로 손꼽아진다. 특히 4위는 자살로 알려져 큰 충격을 더하고 있는데, 우리나라의 경우 20대·30대 사망원인 1위가 자살이며, 인구 10만명당 50명이나 이로 인해 사망한다고 한다. 그 다음으로는 당뇨, 치매, 고혈압의 순서이다.

①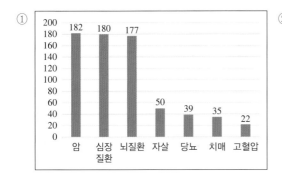

②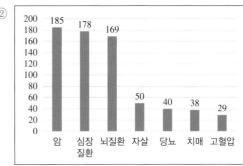

③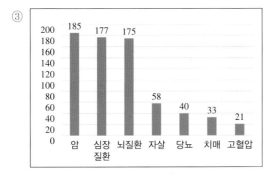

④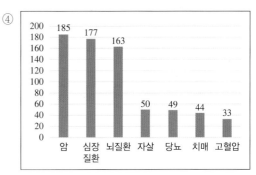

해설 사망원인이 높은 순서대로 나열하면 '암, 심장질환, 뇌질환, 자살, 당뇨, 치매, 고혈압'이며, 암은 10만명당 185명이고, 심장질환과 뇌질환은 각각 암으로 인한 사망자와 20명 미만의 차이이다. 또한 자살은 10만명당 50명이다. 따라서 옳은 그래프는 ②이다.

한국사능력검정시험

기본편(제54회)

01 다음 대회 참가자들이 그릴 장면으로 가장 적절한 것은? [1점]

> **◇◇◇ 시대 그림 그리기 대회**
>
> ◇◇◇ 시대 사람들은 불을 처음 사용했고, 주로 동굴이나 강가의 막집에서 살았습니다. 이 시대 사람들의 생활모습을 그림으로 그려 봅시다.
>
> - 일시: 2021년 ○○월 ○○일 ○○시
> - 장소: 연천 전곡리 유적
> - 주최: □□문화재단

① 가락바퀴로 실을 뽑는 모습
② 반달돌칼로 벼이삭을 따는 모습
③ 주먹도끼로 짐승을 사냥하는 모습
④ 거푸집으로 세형동검을 만드는 모습

기출 태그 #구석기시대 #불의 사용 #막집
#계절 따라 이동생활 #뗀석기 사용

해설

구석기시대에는 불을 처음으로 사용했으며, 사람들은 동굴이나 강가, 바위 그늘에 막집을 짓고 살면서 계절에 따라 이동생활을 했다. 연천 전곡리 유적은 대표적인 구석기시대 유적지로 1978년에 동아시아 최초로 아슐리안 주먹도끼가 발견된 곳이다.
③ 구석기시대 사람들은 주먹도끼, 찍개 등의 뗀석기를 이용해 사냥과 채집을 했다.

02 다음 가상일기의 밑줄 그은 '이 전투'로 옳은 것은? [2점]

> 676년 ○○월 ○○일
> 매소성전투에서 승리한 우리 신라군이 설인귀가 이끄는 당군을 <u>이 전투</u>에서 또다시 격파했다는 소식을 들었다. 수많은 사람의 희생 끝에 삼국통일이 눈앞에 다가왔으니, 이제 백성들이 좀 더 편안하게 살 수 있는 세상이 됐으면 좋겠다.

① 살수대첩
② 기벌포전투
③ 안시성전투
④ 황산벌전투

기출 태그 #기벌포전투 #나당전쟁 #매소성전투
#신라 문무왕 #삼국통일

해설

신라와 당이 동맹을 맺고 연합군을 결성해 백제와 고구려를 멸망시켰다. 그러나 당이 고구려와 백제 땅을 분할해 주기로 한 약속을 어기고 신라까지 복속시키려 하자 분노한 신라의 선전포고로 나당전쟁이 시작됐다. 신라는 675년 설인귀가 이끄는 당군이 침략하자 당의 보급로였던 매소성을 공격해 크게 승리했다. 이후 당은 매소성전투의 패배를 만회하고자 설인귀를 보내 다시 신라를 공격했다. 그러나 신라 문무왕이 기벌포전투에서 승리하면서 당의 세력을 한반도에서 몰아내고 삼국을 통일했다.
② 신라 문무왕은 기벌포전투에서 승리하면서 당의 세력을 한반도에서 몰아내고 삼국통일을 완성했다.

03 밑줄 그은 '이 책'으로 옳은 것은? [1점]

이 책은 승려 일연이 쓴 역사서입니다. 왕력, 기이, 흥법 등 9편으로 구성돼 있으며, 단군의 고조선 건국 이야기가 실려 있습니다.

① 발해고
② 동국통감
③ 동사강목
④ 삼국유사

기출 태그 #일연 #삼국유사 #단군왕검 건국설화
#고조선부터 후삼국까지의 역사

해설

고려 충렬왕 때 승려 일연은 불교사를 중심으로 고조선에서부터 후삼국까지의 역사를 모아 전체 5권 2책으로 〈삼국유사〉를 편찬했다. 권과는 별도로 왕력 · 기이 · 흥법 · 탑상 · 의해 · 신주 · 감통 · 피은 · 효선의 9편목으로 구성돼 각 편마다 다른 주제로 이야기가 수록됐다. 특히 단군을 우리 민족의 시초로 여겨 단군왕검의 건국설화를 수록했다.

④ 고려의 승려 일연은 원 간섭기인 충렬왕 때 불교사를 바탕으로 왕력과 함께 고대 민간설화나 전래기록을 수록한 〈삼국유사〉를 저술했다.

04 다음 외교문서를 보낸 국가에 대한 고려의 대응으로 옳은 것은? [2점]

> 칸께서 살리타 등이 이끄는 군대를 너희에게 보내 항복할지 아니면 죽임을 당할지 묻고자 하신다. 이전에 칸께서 보낸 사신 저고여가 사라져서 다른 사신이 찾으러 갔으나, 너희들은 활을 쏘아 그를 쫓아냈다. 너희가 저고여를 살해한 것이 확실하니, 이제 그 책임을 묻고 있는 것이다.

① 이자겸이 사대요구를 수용했다.
② 서희가 소손녕과 외교담판을 벌였다.
③ 김윤후 부대가 처인성에서 적장을 사살했다.
④ 강감찬이 군사를 이끌고 귀주에서 크게 승리했다.

기출 태그 #고려-몽골 외교관계 #저고여 암살
#승장 김윤후 #처인성전투

해설

몽골은 고려와 강동의 역을 계기로 외교관계를 맺은 이후 많은 공물을 요구하며 고려를 압박했다. 그러던 중 고려에 온 몽골사신 저고여가 본국으로 돌아가다가 암살당한 사건이 발생하자 몽골은 이 사건을 구실로 고려와 국교를 단절하고 살리타가 이끄는 군대로 고려를 침입했다.

③ 몽골의 2차침입 때 승장 김윤후가 이끈 민병과 승군이 처인성에서 몽골군에 대항해 적장 살리타를 사살하고 승리를 거두었다.

05 (가)에 해당하는 책으로 옳은 것은? [2점]

이곳은 전주 사고(史庫)입니다. 사초와 시정기 등을 바탕으로 편찬한 □(가)□ 을/를 보관했던 여러 사고 중 하나입니다. 전주 사고의 □(가)□ 은/는 전란 중에도 소실되지 않았고, 그로 인해 우리의 귀중한 역사가 전해질 수 있었습니다.

① 동의보감

② 경국대전

③ 삼강행실도

④ 조선왕조실록

해설

〈조선왕조실록〉은 편찬하면 모두 4부를 인쇄해 4대 사고에 보관했다. 사고(史庫)는 실록과 중요서적을 보관하던 서고로, 서울의 춘추관과 충주·성주·전주에 있었다. 임진왜란 때 세 곳이 모두 불에 타고, 전주 사고만 남게 되자 조선 조정에서는 전주 사고본을 4부씩 인쇄해 춘추관·묘향산·태백산·오대산·마니산 사고에 보관했다.

④ 〈조선왕조실록〉은 왕이 죽은 뒤에 다음 왕이 즉위하면 춘추관에 실록청을 설치해 사초와 시정기 등을 바탕으로 편찬됐다. 이러한 가치를 인정받아 〈조선왕조실록〉은 유네스코 세계기록유산으로 등재됐다.

06 (가) 인물에 대한 설명으로 옳은 것은? [2점]

이것은 화성성역의궤에 수록된 거중기 설계도입니다. □(가)□ 이/가 기기도설을 참고해 제작한 거중기는 수원 화성 축조에 이용됐습니다.

① 여전론을 주장했다.
② 추사체를 창안했다.
③ 북학의를 저술했다.
④ 몽유도원도를 그렸다.

해설

정약용은 조선 후기의 대표적인 실학자로 〈기기도설〉을 참고해 거중기를 제작했다. 이는 수원 화성을 축조할 때 사용돼 공사기간과 비용을 줄이는 데 기여했다. 화성 축조와 관련된 내용은 김종수가 〈화성성역의궤〉에 기록했다.

① 정약용은 여전론을 통해 마을단위로 토지의 공동소유, 공동 경작, 노동력에 따른 수확물의 분배를 주장했다.

07 (가) 시기에 있었던 사건으로 옳은 것은?
[3점]

① 무오사화
② 병자호란
③ 경신환국
④ 임술농민봉기

기출 태그 #경신환국 #기해예송 #자의대비 복상 #붕당정치 #탕평책·탕평비

해설

- 기해예송(1659): 현종 때 효종의 왕위계승에 대한 정통성과 관련해 자의대비의 복상문제를 놓고 서인과 남인 사이에 예송논쟁이 발생했다. 기해예송 당시 서인은 효종이 둘째 아들이므로 자의대비의 복상기간을 1년으로 주장했고, 남인은 효종을 장자로 대우해 3년 복상을 주장했으나 서인세력이 승리했다.
- 탕평비 건립(1742): 영조는 붕당정치의 폐해를 막고 능력에 따른 인재를 등용하기 위해 탕평책을 실시했다. 이를 알리기 위해 성균관에 탕평비를 건립했다.
- ③ 남인의 영수인 허적이 궁중에서 쓰는 천막을 허락 없이 사용한 문제로 숙종과 갈등을 빚었다. 이후 허적의 서자인 허견의 역모사건으로 허적을 비롯한 남인이 몰락하고 서인이 집권하게 됐다(1680).

08 (가)에 들어갈 문화유산으로 옳은 것은? [2점]

①

불국사 다보탑

②

분황사 모전석탑

③

정림사지 오층석탑

④

경천사지 십층석탑

기출 태그 #경천사지 십층석탑 #일제의 불법약탈 #베델과 헐버트 #1919년 반환

해설

개성 경천사지 십층석탑은 원의 석탑양식에 영향을 받아 만들어진 고려 원 간섭기의 다각다층 대리석불탑이다. 일제강점기에 일본헌병들이 탑을 무력으로 불법반출하자 당시 대한매일신보의 발행인 베델과 코리아리뷰(Korea Review)의 발행인 헐버트가 석탑반출의 불법성에 대해 지속적으로 기고했다. 특히 베델이 헤이그 만국평화회의에 밀사로 파견됐을 때 현지신문에 탑의 불법약탈을 알리며 반환을 위해 노력한 끝에 1919년 국내로 반환됐다. 당시 경복궁 회랑에 보관됐다가 2005년부터 국립중앙박물관에 전시돼 있다.

09 (가)의 활동으로 옳은 것은? [2점]

독립공채상환에 관한 특별조치법안 심사보고서

1983. 12. 재무위원회

……

가. 제안 이유

지금으로부터 64년 전인 1919년, ____(가)____에서는 항일독립운동을 전개하기 위한 자금조달방법의 하나로 소위 '독립공채'라는 것을 발행했음.

이 공채는 대부분 해외교민 및 미국인을 비롯한 외국인을 대상으로 발매됐으며, 이에는 '조국이 광복되고 독립을 승인받은 후 이자를 가산해 상환할 것을 대한민국의 명예와 신용으로 보증한다'고 기재돼 있음.

……

따라서 3·1운동 이후 독립운동을 목적으로 발행된 ____(가)____ 명의의 공채에 대해 국가가 이를 상환할 수 있도록 근거법을 마련, 전 국민의 독립애국정신을 발양하는 동시, 정부의 대내외적인 공신력을 높이고자 함.

① 집강소를 설치했다.
② 만민공동회를 개최했다.
③ 연통제와 교통국을 운영했다.
④ 개벽, 신여성 등의 잡지를 발간했다.

기출 태그 #대한민국 임시정부 #3·1운동 #독립공채 #연통제와 교통국

해설

1919년 학생과 시민 등 각계각층의 사람들이 참여해 일제 강점기 최대 규모의 민족운동인 3·1운동을 전개했다. 이를 계기로 민족의 주체성을 확인하고 대한민국 임시정부가 수립됐다. 대한민국 임시정부는 국외 거주 동포들에게 독립공채를 발행해 독립자금을 마련했다. 광복 이후 1983년 대한민국 정부는 독립공채상환에 관한 특별조치법을 제정해 임시정부 명의로 발행한 독립공채의 상환이 가능하도록 근거를 마련했다. 2000년까지 총 57건의 신고가 접수돼 독립공채상환이 이루어졌다.
③ 대한민국 임시정부는 비밀행정조직으로 연통제와 교통국을 운영해 국내와의 연락망을 확보하고 독립운동자금을 모았다.

10 (가) 명절에 행해지는 세시풍속으로 가장 적절한 것은? [1점]

역사 신문

제△△호   1989년 ○○월 ○○일

____(가)____의 부활, 3일 연휴 확정

우리나라에서는 전통적으로 음력에 근거해 새해의 첫날을 명절로 보내왔다. 하지만 양력이 사용된 후 일제강점기를 거치며 음력 새해의 첫날은 '구정(舊正)'으로 불리는 등 등한시 됐다. 그럼에도 음력으로 명절을 쇠는 전통은 사라지지 않았고, 1985년에 정부는 이날을 '민속의 날'이라는 이름의 국가공휴일로 지정했다. 그리고 1989년 드디어 ____(가)____(이)라는 고유의 명칭으로 변경하고, 연휴로 하는 방안을 확정했다.

① 화전놀이
② 세배하기
③ 창포물에 머리 감기
④ 보름달 보며 소원 빌기

기출 태그 #설날 #음력 1월 1일 #민족 고유명절 #구정 #일제의 전통문화 말살

해설

설날은 우리민족의 고유명절로, 음력 1월 1일에 차례를 지내고 어른들께 세배하며 덕담을 나누기도 했다. 근대에 들어서며 양력이 사용되자 두 개의 설이 생겼고, 일제강점기 때에는 전통문화를 말살시키기 위해 전통적 설날인 음력설을 구정(舊正)으로 부르며 억압했다. 그러나 음력으로 설날을 쇠는 풍속은 사라지지 않았고 1985년 '민속의 날'이라는 국가공휴일로 지정됐다가 1989년 고유명칭인 '설날'로 변경되며 3일간 연휴로 지정됐다.

01 (가) 시대의 생활 모습으로 옳은 것은? [1점]

△△박물관특별전

시간을 품은 돌, (가) 시대로의 여행

- **기간**
  2023년 ○○월 ○○일~
  ○○월 ○○일
- **장소**
  △△ 박물관 특별 전시실

초대의 글

우리 박물관에서는 찍개, 찌르개 등 뗀석기를 처음 사용한 (가) 시대 특별전을 마련했습니다. 동아시아에 찍개문화만 존재했다는 기존학설을 뒤집은 연천 전곡리 출토 주먹도끼도 전시하오니 많은 관람 바랍니다.

① 가락바퀴를 이용해 실을 뽑았다.
② 반달돌칼을 사용해 벼를 수확했다.
③ 많은 인력을 동원해 고인돌을 축조했다.
④ 거푸집을 이용해 세형동검을 제작했다.
⑤ 주로 동굴이나 강가의 막집에서 거주했다.

기출 태그
#구석기시대 #연천 전곡리 유적 #뗀석기 사용
#동아시아 최초 주먹도끼

해설

연천 전곡리 유적은 대표적인 구석기시대의 유적지다. 구석기시대에는 주먹도끼, 슴베찌르개, 찍개 등의 뗀석기를 사용했으며, 연천 전곡리에서 동아시아 최초로 구석기 시대의 전형인 아슐리안형 주먹도끼가 출토돼 동아시아에는 찍개문화만 존재했다는 기존의 학설을 뒤집었다.
⑤ 구석기시대에는 동굴이나 강가에 막집을 짓고 거주하며 계절에 따라 이동생활을 했다.

02 (가) 국가에 대한 설명으로 옳은 것을 〈보기〉에서 고른 것은? [2점]

한국사 온라인강좌

우리 연구소에서는 (가) 의 역사적 의미를 조명하기 위해 온라인강좌를 마련했습니다. 관심 있는 분들의 많은 참여 바랍니다.

강좌주제

제1강 일본에 보낸 외교문서에 나타난 역사의식
제2강 정혜공주 무덤의 구조로 알 수 있는 고분 양식
제3강 장문휴의 등주 공격을 통해 본 대외인식
제4강 인안, 대흥 연호 사용에 반영된 천하관
- **일시**: 2021년 6월 매주 목요일 19:00~21:00
- **방식**: 화상회의 플랫폼 활용
- **주관**: △△연구소

보기

ㄱ. 철전인 건원중보를 발행했다.
ㄴ. 솔빈부의 말이 특산물로 거래됐다.
ㄷ. 지방관을 감찰하고자 외사정을 파견했다.
ㄹ. 거란도, 영주도 등을 통해 주변국과 교류했다.

① ㄱ, ㄴ   ② ㄱ, ㄷ   ③ ㄴ, ㄷ
④ ㄴ, ㄹ   ⑤ ㄷ, ㄹ

기출 태그
#발해 #고구려 계승 #정혜공주묘 #독자적 연호
#당의 등주 공격 #솔빈부

해설

발해는 문왕 때 일본과 주고받은 외교문서에서 '고려국왕'을 자처하는 등 고구려 계승의식을 지니고 있었으며, 중국 지린성에 위치한 문왕의 둘째 딸 정혜공주묘에는 고구려의 고분 양식을 계승한 굴식돌방무덤의 모줄임 천장구조가 나타난다. 또한, 발해는 무왕 때 인안, 문왕 때 대흥이라는 독자적인 연호를 사용했으며, 무왕은 동생 대문예를 보내 흑수말갈을 정벌하고 장문휴의 수군으로 당의 등주 등을 공격했다.
ㄴ. 솔빈부는 발해의 지방행정구역인 15부 중 하나로, 당시 발해는 목축과 수렵이 발달해 솔빈부의 말을 주변 국가에 수출했다.
ㄹ. 거란도, 영주도, 일본도, 신라도와 같은 발해의 교통로들은 상인과 사신들이 이동하는 교역로였으며, 이를 통해 발해가 당, 신라, 일본 등 주변국가와 대외무역을 전개했음을 알 수 있다.

03 (가)에 들어갈 문화유산으로 옳은 것은? [2점]

국보로 지정된 이 마애불은 둥근 얼굴윤곽에 자비로운 인상을 지녀 '백제의 미소'라고 불립니다. 6세기 말에서 7세기 초, 중국을 오가던 사람들의 안녕을 기원하고자 교통로에 만들어진 것으로 보입니다.

한국의 마애불

(가)

①

②

③

④

⑤

> **기출 태그**
> #서산 용현리 마애여래 삼존상
> #백제 화강석 불상 #백제의 미소

> **해설**
> ④ 서산 용현리 마애여래 삼존상은 충남 서산시 가야산 층 암절벽에 조각된 거대한 백제의 화강석 불상이다. 마애 불의 자비로운 인상으로 '백제의 미소'로도 알려져 있으 며, 국보 제84호로 지정돼 있다. 불상은 백제 때 중국으 로 통하는 교통로의 중심지에서 부여로 가는 길목에 위 치하고 있어 당시 중국과 교역이 활발하게 이뤄졌음을 알 수 있다.

04 (가) 국가에 대한 고려의 대응으로 옳은 것은? [2점]

　　(가)　 임금이 강조를 토벌한다는 구실로 친히 군사를 거느리고 와서 흥화진을 포위했다. 양규는 도순검사가 돼 성문을 닫고 굳게 지켰다. ……　(가)　 이/가 강조의 편지를 위조해 흥화진에 보내어 항복하라고 설득했다. 양규가 말하기를, "나는 왕명을 받고 온 것이지 강조의 명령을 받은 것이 아니다"라고 하면서 항복하지 않았다.

① 광군을 조직해 침입에 대비했다.
② 윤관을 보내 동북9성을 개척했다.
③ 화통도감을 설치해 화포를 제작했다.
④ 강화도로 도읍을 옮겨 장기 항전을 준비했다.
⑤ 쌍성총관부를 공격해 철령이북을 수복했다.

> **기출 태그**
> #거란의 고려 침입 #강조의 정변 #양규
> #흥화진전투 #광군 조직

> **해설**
> 거란은 강조의 정변을 구실로 고려를 침입해(2차 침입) 압 록강을 건너 흥화진을 공격했다. 양규는 거란의 압박에도 굴하지 않고 전투를 지휘해 거란군을 물리쳤다(흥화진전 투, 1010).
> ① 고려 정종 때 최광윤의 의견을 받아들여 거란의 침입에 대비하기 위한 광군을 조직했다.

05 (가)에 해당하는 문화유산으로 옳은 것은?

[2점]

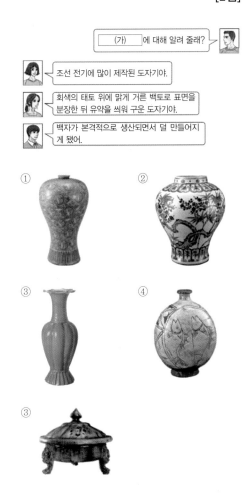

(가) 에 대해 알려 줄래?

조선 전기에 많이 제작된 도자기야.

회색의 태토 위에 맑게 거른 백토로 표면을 분장한 뒤 유약을 씌워 구운 도자기야.

백자가 본격적으로 생산되면서 덜 만들어지게 됐어.

① ② ③ ④ ③

06 (가) 궁궐에 대한 설명으로 옳은 것은? [3점]

조선의 역대 왕들이 가장 많이 머문 궁궐, (가)

서울 종로구 율곡로 99

부용정과 부용지 (정원과 연못)

후원 입구

연경당(접견실)

인정전(정전)

돈화문(정문)

① 도성 내 서쪽에 있어 서궐로 불리었다.
② 제1차 미소공동위원회가 개최됐다.
③ 왕실도서관인 규장각이 설치된 곳이다.
④ 조선물산공진회 개최장소로 이용됐다.
⑤ 인목대비가 광해군에 의해 유폐된 장소이다.

기출 태그 #분청사기 음각어문 편병 #백토와 유약
#국보 제178호

해설
④ 조선 전기에 제작된 분청사기 음각어문 편병은 백토 위에 무늬를 그리고 유약을 칠해 구운 자기로, 국보 제178호로 지정돼 있다.

기출 태그 #창덕궁 #규장각 #조선왕실도서관 #정조
#정책연구기관

해설
③ 정조 때 창덕궁 후원에 지은 왕실도서관인 규장각은 별도 서고에서 서적들을 보관했으며, 새로운 정책을 개발하는 연구기관의 기능도 담당했다.

🔒 03 ④   04 ①   05 ④   06 ③

07 (가)~(마) 지역에 있었던 역사적 사실로 옳지 않은 것은? [2점]

① (가) – 만상이 근거지로 삼아 청과의 무역을 전개했다.

② (나) – 나석주가 조선식산은행에 폭탄을 투척했다.

③ (다) – 만적을 비롯한 노비들이 신분해방을 도모했다.

④ (라) – 동학농민군이 정부와 화해하는 약조를 맺었다.

⑤ (마) – 임진왜란 중 부사 송상현과 첨사 정발이 순절했다.

08 밑줄 그은 '이곳'이 운영되던 시기에 볼 수 있는 모습으로 옳은 것은? [2점]

① 배재학당에 입학하는 학생

② 영선사 일행으로 청에 가는 생도

③ 우정총국 개국축하연에 참석하는 외교관

④ 연무당에서 일본과 조약을 체결하는 관리

⑤ 제너럴셔먼호의 통상요구를 거부하는 평양의 관민

09 (가), (나) 조약 사이의 시기에 있었던 사실로 옳은 것은? [2점]

> (가) 제2조 일본국정부는 한국과 타국 사이에 현존하는 조약의 실행을 완수하는 책임을 지며 한국정부는 금후 일본국정부의 중개를 거치지 않고서는 국제적 성질을 가진 어떤 조약이나 약속을 맺지 않을 것을 약속한다.
> 　제3조 일본국정부는 그 대표자로서 한국 황제폐하의 아래에 1명의 통감을 두되, 통감은 오로지 외교에 관한 사항을 관리하기 위해 서울에 주재하고 직접 한국 황제폐하를 궁중에서 알현할 권리를 가진다.
> (나) 제2조 한국정부의 법령제정 및 중요한 행정상의 처분은 미리 통감의 승인을 거친다.
> 　제4조 한국고등관리를 임명하고 해임시키는 것은 통감의 동의에 의해 집행한다.
> 　제5조 한국정부는 통감이 추천한 일본인을 한국관리로 임명한다.

① 13도 창의군이 서울진공작전을 전개했다.
② 관민공동회가 개최돼 헌의6조를 결의했다.
③ 동학농민군이 우금치에서 관군 및 일본군에 맞서 싸웠다.
④ 영국이 러시아를 견제하기 위해 거문도를 불법점령했다.
⑤ 고종이 헤이그에서 열린 만국평화회의에 특사를 파견했다.

> **기출 태그** #을사늑약·한일신협약 #통감부·군대해산
> #만국평화회의 #헤이그특사

해설
(가) 을사늑약(1905): 대한제국의 외교권이 박탈되고 통감 정치를 규정했다. 조약체결 이듬해 서울에 통감부가 설치됐고, 조약체결의 원흉인 이토 히로부미가 초대 통감으로 부임해 외교와 내정에 간섭했다.
(나) 한일신협약(정미 7조약, 1907.7.): 일제는 고종의 헤이그 특사 파견을 구실로 한일신협약을 체결해 대한제국군대를 강제해산시키는 등 대한제국의 내정을 완전히 장악하고자 했다.
⑤ 고종은 네덜란드 헤이그에서 열린 만국평화회의에 이준, 이상설, 이위종을 특사로 파견해 을사늑약의 무효를 알리고자 했다(1907.4.). 그러나 을사늑약으로 인해 외교권이 없던 대한제국은 일본의 방해와 주최국의 거부로 큰 성과를 거두지 못했다.

10 (가) 민주화운동에 대한 설명으로 옳은 것은? [1점]

① 유신체제가 붕괴되는 계기가 됐다.
② 굴욕적인 한일국교정상화에 반대했다.
③ 양원제 국회가 출현하는 결과를 가져왔다.
④ 신군부의 비상계엄확대가 원인이 됐다.
⑤ 호헌철폐와 독재타도 등의 구호를 내세웠다.

> **기출 태그** #6월민주항쟁 #대통령직선제 요구 #6·29선언
> #이한열·박종철 열사

해설
박종철 고문치사사건과 4·13호헌조치에 반발해 대통령직선제개헌과 민주헌법제정을 요구하는 시위가 전개됐다. 시위 도중 경찰의 최루탄에 맞아 연세대 재학생 이한열이 사망하자 시위는 더욱 격화돼 6월민주항쟁이 전국적으로 확산됐다(1987). 항쟁의 결과 정부는 6·29민주화선언을 발표해 5년 단임의 대통령 직선제를 골자로 하는 개헌을 단행했다.
⑤ 6월민주항쟁 당시 시민들은 호헌철폐와 독재타도 등의 구호를 내세워 민주적인 헌법개정을 요구했다.

발췌 ▶ 2021 한국사능력검정시험 기출이 답이다 심화(1·2·3급)·기본(4·5·6급)

키워드로 살펴보는 채용면접
직업윤리(봉사정신)란?

이번 칼럼에서는 면접을 볼 때 자주 질문을 받는 봉사정신과 관련한 내용을 소개할까 합니다. 최근 신입직원 채용에 있어서 대다수의 기업들이 지원자의 인성적인 측면을 많이 살펴보고 있는데, 그중에 한 가지가 봉사활동에 대한 질문을 하는 것입니다. 이는 대인관계적인 특성이 강한 직무만이 아니라 거의 대부분의 직무에서 매우 중요하게 여기는 항목 중 하나이며, 특히 공공기관이나 공기업의 경우 신입직원에게 가장 중요한 자질 중 하나라고 인식되고 있습니다.

먼저 여러분께 간단한 질문을 드리고 싶습니다. 이 질문은 여러분께서 실제 면접현장에서 답변을 요청받을 수 있는 질문이기도 합니다.

Q. 귀하가 평소 생각하는 봉사의 의미는 무엇인가요?

사실 갑자기 이런 기본적이고 단순한 질문을 받는다면 적잖이 당황하실 수도 있으리라 생각합니다. 하지만 먼저 이러한 질문의 의도를 잠시 생각해 보도록 하지요. 당연히 면접위원이 '봉사'라는 단어의 의미를 몰라서 이런 질문을 하는 것은 아닐 것입니다. 그리고 질문을 자세히 보면 '평소'라는 단어가 있습니다. 따라서 해당 질문은 '봉사'의 사전적인 의미가 아니라 지원자 본인이 살면서 생각하는 봉사의 의미 또는 봉사의 중요성이나 가치관에 대해 답하라는 의미가 될 것입니다. 그렇다면 아래의 두 지원자의 답변을 살펴보겠습니다.

지원자 A

봉사란 국가나 사회 또는 타인을 위하여 자신을 돌보지 아니하고 애쓰는 적극적이고 긍정적인 자세를 말합니다.

지원자 B

봉사란 타인이나 동료를 위하여 자신이 하기 싫은 일이나 거리낌이 있는 일을 적극적인 마음을 가지고 지속적으로 도와주는 행동을 말합니다.

두 사람의 답변이 거의 유사하다고 생각할 수도 있습니다. 차이가 있다면 하나는 사전적인 의미가 강하지만, 다른 하나는 '자신이 행하기 싫은 일이나 거리낌이 있는 일'이라는 내용이 추가되어 있다는 점입니다. 지원자B가 말하는 봉사란 궁극적으로 대부분의 사람이 하기 싫어하거나 거리낌이 있는 어떤 일을 다른 사람을 위해 한다는 의미를 내포하고 있습니다. 특히 '~지속적으로 도와주는 것'이란 내용은 면접위원이 판단하기에 가점을 줄 수 있는 부분입니다.

여기서 정리를 하면, 조직이나 기업에서 원하는 봉사정신이란 다른 사람이 수행하기 싫은 일을 먼저 나서서 행동할 수 있는 적극적인 자세를 말합니다. 즉, 마음속에 가진 가치관이나 생각 이전에 행동으로 보일 수 있어야 한다는 것이지요. 그리고 그것은 단순히 일회성이 아니라 지속적인 생활의 패턴으로 나타나야 한다는 것입니다.

그렇다면 대다수의 기업은 왜 봉사정신이 투철한 사람을 선호하는 것일까요? 그 이유는 많겠지만, 무엇보다 기업에서는 여러 구성원이 모여 협업을 통해 과업을 수행해야 하고, 그러한 과정에서 솔선수범하거나 적극적인 행동으로 직무를 수행할 수 있는 인재를 원하기 때문입니다. 또한 장기적인 관점에서 봤을 때 봉사정신이 투철한 사람은 대부분 직업에 대한 소명의식이 강할뿐더러, 이러한 이유로 근속년수가 상대적으로 더 길게 나타난다는 것은 이미 여러 통계적 수치에 의해 증명이 된 사실이기도 합니다. 따라서 기업의 관점에서 봉사정신이 투철한 사람은 조직의 과업을 수행함에 있어서도 그러한 봉사정신에 따라 조직친화적인 행동을 보일 것이라는 기대 또는 예상이 있기 때문입니다. 그렇다면 봉사정신과 관련된 기본적인 질문을 알아보겠습니다.

> **Q. 귀하가 최근 5년 이내에 경험한 봉사활동에 대해 간단히 소개해 주시겠습니까?**

지원자 C

저는 대학교 2학년 여름방학 때 필리핀에 해외 봉사활동을 다녀온 적이 있습니다. 약 3주의 기간 동안 봉사지역 내의 불우한 아동들에게 간단한 교육활동이나 돌봄 서비스를 했습니다. 이러한 활동이 저에게 가장 큰 보람을 주었습니다.

지원자 D

저는 대학교 때 한 달에 두 번씩 제가 사는 지역의 ○○양로원에 가서 네 시간씩 봉사활동을 한 경험이 있습니다. 대학교 1학년 때부터 졸업할 때까지 약 4년 정도의 시간 동안 지속적으로 봉사를 했습니다.

제한된 분량의 답변이라 이 짧은 답변들만으로 판단하는 것은 다소 어려움이 있겠지만, 면접위원의 관점에서는 봉사활동의 지속성 측면에서 D지원자의

답변에 더 관심이 갈 것이라고 생각됩니다. 간헐적으로 봉사를 했다고는 하나, 비교적 긴 기간 동안 지속적으로 봉사활동을 한다는 것은 그 사람의 내면적인 특징을 반영한다고 볼 수 있기 때문입니다. 물론 C지원자의 답변이 무조건 잘못된 답변이라는 의미는 아닙니다. 하지만 이 두 개의 답변의 내용만 고려했을 때, 제한된 3주라는 기간의 봉사와 비교하여 확실히 D지원자의 답변이 차별성이 있는 것은 사실입니다. 특히 후속 질문의 측면에서 C지원자의 답변보다는 D지원자의 답변에 대한 후속 질문이 아무래도 더 무난하지 않을까 예측됩니다.

> **[지원자C에 대한 후속 질문]**
> 1. 봉사활동을 수행하면서 느낀 보람은 무엇입니까?
> 2. 해당 경험 이외에는 특별히 다른 봉사활동을 한 적은 없으신가요?
> 3. 국내 봉사활동이 아닌 해외 봉사활동에 참여한 특별한 이유가 있나요?

> **[지원자D에 대한 후속 질문]**
> 1. 특별히 일회성이 아니라 장기간 특정 시설에서 봉사활동을 한 이유가 있나요?
> 2. ○○양로원에서 봉사활동을 하면서 특별히 보람을 느꼈던 것은 무엇입니까?
> 3. 주기적으로 봉사활동을 하면서 느꼈던 생각이나 보람은 무엇입니까?

물론 후속 질문은 면접현장에 따라 다양할 수 있기 때문에 일률적으로 말씀드릴 수는 없습니다. 하지만 위의 예시를 비교한다면, C지원자에 대한 후속 질문의 요지는 추가로 다른 봉사활동을 한 경험이 있었는지가 궁금하다는 것이고, D지원자는 긴 기간 봉사활동을 한 지원자의 성향이나 가치관에 대한 질문으로 이어졌다는 것입니다. 따라서 단편적인 경험보다는 지속적이고 긴 기간 동안 이루어진 봉사활동으로 답변하는 것을 권장합니다. 이때 꼭 대단하거나

중요한 활동이 아니라 자그마한 행동이라도 상관 없습니다. 이제 다른 유형의 질문을 살펴보겠습니다.

> **Q. 귀하께서 봉사활동을 하면서 가장 힘들었던 점은 무엇입니까?**

봉사활동에 대한 질문을 받게 된다면, 위와 같은 내용의 질문을 연속으로 받을 가능성이 높습니다. 앞의 질문은 바로 이 질문을 하기 위한 예비 질문으로 볼 수 있기 때문입니다. 위의 질문에 답변하기 전에 먼저 봉사활동 그 자체보다는 봉사활동을 하면서 부딪히는 인간관계나 의사소통의 측면을 부각하는 것이 유리하지 않을지 고려해봐야 합니다. 물론 해당 경험에서 지원자 본인의 노력과 열정으로 극복했다는 후속 결과도 반드시 제시해야 합니다. 봉사는 궁극적으로 어떤 경제적인 이익을 위해서 활동하는 것이 아니므로 봉사활동을 할 때 그 구성원의 조직력이 상대적으로 느슨하거나 덜 강제적일 것입니다. 따라서 그런 환경에서는 당연히 각자의 의견이 부딪힐 때가 많을 수밖에 없습니다. 결국 면접위원이 가장 알고 싶은 것은 그러한 환경에서 다른 사람들과 어떻게 소통하고 어떤 방식으로 설득하거나 경청하는지를 알고 싶은 것입니다. 다음 세 사람의 답변을 살펴보겠습니다.

지원자 E

저는 봉사활동을 하면서 매일 일찍 일어나서 봉사활동에 참가하는 것이 힘들었습니다. 처음에는 힘들었지만, 그 전날 조금 일찍 취침하는 습관을 들여서 나중에는 특별히 어려움이 없이 봉사활동을 하게 됐습니다.

지원자 F

봉사활동을 하다보면 봉사자 사이의 의견충돌이 자주 생기곤 했습니다. 그럴 때마다 저는 항상 리더의 역할

을 자임했습니다. 주위 동료들이 서로 대립할 때에 객관적인 기준과 관점을 제시하여 중간에서 서로의 갈등을 완벽하게 해결하는 역할을 맡았습니다.

지원자 G

봉사활동은 언제나 보람된 일이었지만, 다른 사람과 의견이 달라 힘들 때도 있었습니다. 그럴 때마다 그 사람의 의견을 경청하고 서로의 입장이 어떻게 다른지 고민했습니다. 이러한 저의 진솔한 태도는 다른 사람과의 갈등을 해소하는 데 첫걸음이 됐고, 이후 갈등을 완벽하게 해결하는 역할을 맡았습니다.

세 사람의 답변 중에서 누구의 답변이 반드시 옳다, 틀리다 식의 구별을 하기는 어렵습니다만, 앞서 말한 내용을 참고하여 살펴본다면 아무래도 G지원자의 답변이 가장 가점요소와 후속 질문이 많을 것이라 판단됩니다.

E지원자의 경우 본인의 습관을 개선한 내용을 언급했는데 이것은 구성원으로서의 봉사활동을 평가하기 위한 면접위원의 관점과 상대적으로 거리가 있기 때문에 다른 지원자의 답변보다는 가점을 받을 요소가 다소 부족하다 볼 수 있습니다.

F지원자의 경우는 봉사자 사이에서 갈등이 있을 때 본인이 주도적으로 해결자의 역할을 했다는 것을 강조하고 있습니다. 물론 틀린 답변은 아니지만, 해당 경험이 본인의 어려움을 해결한 것이라기보다는 다른 사람들의 문제를 해결해 준 것이기 때문에 지원자 본인의 어려움을 극복하는 자세를 판단하기에는 한계가 있습니다.

반면 G지원자의 경우는 앞서 두 명의 지원자보다는 면접위원이 판단하기에 공감이 가는 부분이 분명합

니다. 첫째는 다른 사람과 자신의 의견대립이 힘들었지만 그것을 극복하기 위해 구체적인 행동을 했다는 것, 둘째는 상대방을 이기려는 자세가 아니라 솔직하고 진실된 본인의 품성을 강조했다는 것입니다. 또 다른 유형의 질문을 살펴보도록 하겠습니다.

> Q. 그러한 봉사활동이 귀하가 수행할 직무수행에 있어서 어떤 영향을 미칠까요?

기업의 입장에서 가장 알고 싶은 것이 바로 이 질문에 대한 답변일 것입니다. 먼저 질문에 답하기 전에 몇 가지를 고민해 보도록 합시다.

첫째, 봉사는 비경제적인 목적하에 자발적으로 참여하게 된 것이지만, 직무는 경제적인 목적으로 수행하는 것이므로 봉사의 수행보다 직무의 수행이 더 엄중할 것입니다. 둘째, 봉사는 결국 주위의 사람을 돕기 위한 자발적인 행동이므로 향후 직원으로서 직무를 수행할 때 자발적이고 긍정적인 직원이 된다는 것과 연결이 됩니다. 셋째, 봉사의 가장 근본적인 특징은 대부분의 사람이 하기 힘들어하거나 귀찮아하는 행동이라는 것입니다. 따라서 봉사활동의 경험이 있다는 것은 남들이 힘들어하거나 귀찮아하는 행동을 솔선수범할 수 있다는 것을 의미합니다. 이러한 점을 고려하여 다음 예시 답변들을 살펴보도록 하겠습니다.

지원자 H

저는 봉사활동을 통해 다른 사람을 돕는 행동을 지속적으로 하면서 많은 보람을 느꼈습니다. 그러한 보람은 더욱 긍정적이고 자발적인 가치관을 만드는데 큰 계기가 되었습니다. 향후 귀사에서 근무하게 된다면 이러한 긍정적이고 자발적인 태도를 바탕으로 주위 동료들(상사, 관리자 등)과 협업하여 직무에 성과를 창출하는 인재가 되도록 하겠습니다.

지원자 I

봉사활동은 저에게 무척 가치가 있는 경험이었습니다. 물론 봉사활동 그 자체가 늘 쉽거나 즐거운 것은 아니라 어려움과 고비가 있었습니다. 하지만 그것을 극복함으로써 얻게 되는 보람은 저를 근본적으로 성장하게 했습니다. 만약 귀사에서 근무하게 된다면, 직무를 수행하면서 어떤 어려움이 있더라도 제가 봉사활동에서 어려움을 극복한 경험처럼 어려움을 극복하여 조직에 유능한 인재가 되겠습니다.

제시된 두 사람의 답변이 무조건 정답이라고 할 수는 없지만 정해진 정답은 없으므로 위 답변을 참고하여 자신만의 답변을 미리 구성하고 만드는 것이 중요합니다. 다만 강조하고 싶은 것은 있습니다. 기업이 봉사정신과 봉사활동에 관심이 많은 이유는 조직에 적합한 구성원을 찾기 위한 하나의 방법 또는 소재이기 때문입니다. 또한 기업이 알고 싶어 하는 사실은 지원자가 내면에 가지고 있는 봉사에 대한 가치관이나 관념뿐만 아니라 봉사활동을 통해 파악할 수 있는 지원자의 능동적이고 자발적인 행동특성입니다. 따라서 봉사와 관련된 답변을 할 때는 눈으로 보이는 행동의 변화 또는 행동의 특성을 위주로 답변하길 권장합니다. 시대

필자 소개

안쌤(안성수)
채용컨설팅 및 취업 관련 콘텐츠/과제 개발
NCS 채용 컨설팅, NCS 퍼실리테이터
취업 · 채용 관련 강의, 코칭, 경력 및 직업상담
공공기업 외부면접관/면접관 교육 등
취업/채용 관련 칼럼니스트, 자유기고가
저서 〈NCS와 창의적 사고기법으로 접근하기〉 外

전 세계적 식량위기
과학기술이 유일한 해법인가?

기술 발전이 식량위기 극복의 충분조건은 아냐

이상기후와 전쟁, 공급망 위기 등 대외 불안요소가 산재한 가운데 전 세계적인 인플레이션과 함께 식량 위기가 도래하고 있습니다. 한국 역시 식량자급률과 곡물자급률이 낮아 식량위기에 취약한 상황입니다. 식량위기 극복 및 문제 개선을 위해 정책 지원, 유통망 확대 등을 시행하고 있지만, 전쟁과 자연재해에는 마땅한 대안이 없어 안정적 생산을 보장하는 과학기술에 대한 기대감도 높아지고 있습니다. 이에 최근 스마트팜, 인도어팜, 유전자 변형 등의 기술이 농업의 생산방식을 바꾸며 기후변화와 환경파괴에 따른 불안정한 요소들을 제어할 미래 방안으로 떠올랐습니다.

이처럼 과학기술은 응당 식량위기를 해소할 해법으로 기능할 수 있습니다. 하지만 이러한 기술의 발전이 식량위기 극복의 충분조건은 아닙니다. 식량위기를 극복하기 위해선 장기적으로 효과가 나타날 수 있도록 한국 사회에 내재한 구조적 문제를 해결하는 방안도 병행해야 합니다. 두 가지 예시를 통해 식량위기와 과학기술의 관계를 살펴보겠습니다.

예시 답안 1

산불, 가뭄, 전쟁, 홍수, 팬데믹 등이 연이어 발생하며 지구촌이 불안에 휩싸이고 있다. 특히 러시아-우크라이나 전쟁은 밀의 공급 부족을 촉발해 연쇄적인 소비물가 상승의 기폭제로 작용했다. 그러나 심각한 전쟁의 장막에 가려졌을 뿐 식량위기의 조짐은 이미

자연재해로 위기의 신호를 보내고 있었다. 2022년 기록적인 폭우는 대비조차 불가능했고, 대규모 산불에는 문명의 첨단기술조차 속수무책이었다. 또 장기간 폭염은 가뭄으로 이어져 수 세기 동안 잠겼있던 강바닥을 덩그러니 밖으로 내놓고 말았다. 이러한 일련의 사례들은 국지적인 재해라 특정 국가와 그 일대에 피해가 머물 것이라 생각했던 과거 사례와는 양상이 다르다. 현재의 지구촌은 글로벌 식량공급망에 의존해 자국의 수요를 충족하고 있기 때문이다.

특히 한국은 식량자급률 40%대로 국가운영에 식량 수입이 절대적으로 필요한 상황이다. 반면 미국, 캐나다, 프랑스의 식량자급률은 100%를 넘는다. 또한 한국은 곡물자급률이 20% 미만으로 OECD 국가 중 최하다. 밀, 옥수수, 콩 등의 곡물은 쌀과 비교해 극히 미비한 양을 생산하고 있지만, 수요는 쌀을 훌쩍 웃돈다. 이런 상황에서 곡창지대에 문제가 발생할 경우, 수입국의 입장에서는 마땅한 대안이 없다. 공급량을 늘리는데 곡물의 생장기간이 필요한 까닭이다.

각종 재해와 전쟁은 명확한 예측이 어려워 유사한 형태의 식량위기가 매년 반복되는 경향을 보인다. 때문에 식량위기에 대한 해법을 과학기술에서 찾는 게 결코 비현실적인 상황도 아니다. 생장기간 단축과 영양분 강화를 실현한 GMO 작물, 조건을 통제해 생산 효율성을 높인 **스마트팜❶** 등이 꾸준히 발전하고 있다. 특히, 농업의 디지털 혁신을 추구하며 환경개선을 도모하고 있는 부분이 미래 전망을 밝히고 있다. 전 세계 인구가 비약적으로 증가하고, 산업이 고도화를 이룬 데 과학이 미친 영향력은 지대하다. 현재 과학기술을 농업에 적극적으로 적용하는 **6차 산업❷**의 여명기에 있으며, 스마트팜을 통해 이를 체감할 수 있는 수준이다.

한국은 곡물자급률을 높이는 방안이 식량자급률 신장을 위해 중요하다. 기후와 식생의 제약을 과학기술로 극복해야 위기 발생 이전에 곡물을 포함한 식량자급률을 높일 수 있다. 하지만 새로운 기술은 언제나 그렇듯 시행착오를 동반한다. 대표적인 예로 GMO 작물은 부작용에 대한 우려로 대중의 반감이 만만치 않다. 언론에서는 유전자 변형이 초래할 문제를 객관적인 시각으로 다루기보다 다소 자극적인 관점에서 부정적인 부분만 강조한다. 유전자 변형은 여전히 개선이 필요한 영역이기에 우려는 당연하다. 그러나 우려를 넘어 막연한 반대는 과거 광우병 사태와 다르지 않게 실상을 왜곡할 뿐이다. GMO 작물에 대한 사회적 협의체를 구성하고, 다각적인 논의를 통해 안전성에 대한 공감대를 확대하는 접근방법으로 기술의 긍정적인 부분도 제시할 수 있어야 한다.

반면에 스마트팜은 오히려 긍정적인 측면이 과다해 무분별한 기술 도입으로 실패를 양산한 사례다. 생육 작물, 규모, 인력 투입 등을 종합적으로 분석한 후 시작해야 하는 스마트팜에 대해 언론에서는 만능처럼 다루고 있다. 자연조건을 통제한다는 측면에서 식량위기에 대응할 수 있는 유력 기술인 것은 분명하지만, 생산과 운영에는 개별 요건에 대한 분석이 필요하다. 특히 청년이 농업에 도전하는 사례가 증가하고 있는데, 지나친 낙관 탓에 실패로 이어지는 경우도 빈번하다. 또 자칫 6차 산업의 토양을 훼손할 수 있으므로 현실을 우선시해야 한다.

한국의 식량위기는 식량공급망 내 보호무역주의가 태동하면 걷잡을 수 없게 된다. 수요와 공급으로 균형을 찾아가는 시장원리는 농업에서도 마찬가지이기 때문에 식량 부문에서 만큼은 공급이 절대적으로 부족한 상황은 피해야 한다. 식량은 절약, 재활용, 대체 등의 묘수가 통하지 않는 부문이다. 글로벌 식량공급망은 전쟁, 가뭄, 화재, 홍수 등으로 언제든 국내시장과 차단될 수 있다. 안정적인 식량공급은 글로벌 유통망 개발, 곡물 비축량 확대, 농가 생산작물 다변화 지원 등으로 보완할 수 있지만, 외부 변수에서 자유롭기는 어렵다. 그러나 과학기술은 공급 자체를 확대하는 데 기여한다. 앞으로 식량위기는 더욱 난해한 형국으로 나아갈 가능성이 높다. 게다가 기후위기는 식량 생산에 호의적이지 않다. 스마트팜, 인도어팜❸,

GMO 작물 등의 기술은 언제든 들이닥칠 식량위기에 대처할 수 있는 필수불가결한 방안이다. 과학기술에 대한 균형 있는 시각으로 6차 산업의 활로를 열어야 식량자급률의 열위에서 벗어날 수 있다.

---

❶ 스마트팜(Smart Farm) : 농산물, 축산물, 수산물 등의 생산부터 유통 단계에 이르기까지 사물인터넷, 빅데이터, 인공지능(AI) 등의 정보통신기술(ICT)을 이용해 생산의 효율성과 편리성을 높인 농업시스템을 말한다. 이를 통해 생육환경을 적정하게 유지·관리하고 PC와 스마트폰 등으로 원격으로 자동 관리할 수 있다는 점이 장점으로 꼽힌다.

❷ 6차 산업 : 1차 산업인 농림수산업, 2차 산업인 제조·가공업, 3차 산업인 유통·서비스업을 복합해 부가가치를 창출하는 농촌 융·복합 산업이다. 농산물을 생산만 하던 농가에서 고부가가치 상품을 가공하는 것은 물론 향토자원을 이용해 체험프로그램 등 서비스업으로 확대하는 것을 말한다.

❸ 인도어팜(Indoor Farm) : '식물공장'이라고도 하며 관조 절개술과 수경재배 기술을 기반으로 실내에서 LED를 사용해 작물을 재배하는 시설을 말한다. 일반적인 스마트팜보다 초기 투자비용이 낮고 일정한 온도를 유지하기에도 유리하다.

답안 분석

과학기술이 중요하다는 논지로 내용을 구성하고자 지구촌에서 발생하고 있는 자연재해와 전쟁을 사례로 사용했습니다. 식량위기의 발단에 외부 요인의 비중이 크지만, 국내 식량자급률과 곡물자급률이 낮은 부분은 외부 상황과 맞물려 위기를 더욱 심화할 수 있습니다.

과학기술은 이러한 외부 요인이 식량생산에 미치는 부정적인 영향을 차단할 수 있다는 점에서 필요성이 높습니다. 안정적인 곡물 증산으로 식량자급률 향상을 실현한다면 식량위기 극복은 가능합니다. 농업 관련 과학기술 중 스마트팜과 GMO를 소재로 선택해 곡물공급량 증대 방안으로 연결했습니다.

다만 과학기술에 대한 언론의 섣부른 판단이 농업 발전을 가로막을 수 있다는 점을 기술하며 논지에 맞게 내용을 구성했습니다. 과도한 우려와 맹신을 지양해야 과학기술이 농업에 온전히 자리매김할 수 있습니다. 식량위기는 공급 부족에서 기인한다는 사실을 토대로 과학기술을 공급 확대 방안으로 제안했고, 6차 산업의 미래를 제시하며 농업 부문의 발전도 위기 극복의 과제로 다뤘습니다.

예시 답안 2

기후위기로 식탁 위에 올라오는 반찬이 바뀌는 시대다. 연일 치솟는 물가로 구매가 내키지 않고, 원산지까지 감안하자니 마땅한 식재료가 눈에 띄지 않는다. 이런 상황에서 유기농에 붙던 프리미엄 가격은 더욱 높아졌다. 이처럼 식탁 위에 드러난 변화는 서민에게 위협적이다. 특히 식량위기가 발생할 경우, 가장 큰 피해를 입는 대상은 최하위층 가구다. 생존을 위협하는 사회는 곧 붕괴로 이어질 수 있다. 그러나 식량공급을 단기간에 늘리는 데 자연은 결코 해답을 제시하지 않는다. 여러 조건에 부합하는 환경에서 일정 시간 이상을 투자해야 비로소 작물을 수확할 수 있다. 이러한 조건의 제약을 뛰어넘기 위해서는 과학기술이 필요하다.

농업에 과학기술을 활용하는 여러 국가들 중에서도 네덜란드가 대표적인 사례에 해당한다. 네덜란드는 한국보다 작은 영토에서 농업 고도화로 미국에 이은 농산물 수출 규모 2위를 유지하고 있다. 다년간 기술을 집약해 협소한 영토에서 생산효율의 극대화를 이뤘냈다. 최근에는 스마트팜과 인공지능까지 활용하며 더욱 기세를 올리는 중이다. 이처럼 과학기술은 식량자급률을 높일 뿐만 아니라 수출을 통한 소득원 확보에도 일조한다.

반면 그동안 밀, 콩, 옥수수 등의 곡물을 수입에 의존해 온 한국은 러시아-우크라이나 전쟁을 계기로 뒤늦게 곡물자급률 향상을 위한 노력을 기울이기 시작했다. 줄어드는 농가 인구는 스마트팜 기술로 보완하고, **전략작물 직불제**❶ 시행으로 밀과 콩의 국내 생산 체계를 마련하고 있다.

다행히 안보와 결부해 식량의 중요성을 강조해 온 까닭에 한국의 밥쌀 자급률은 100%에 가깝다. 오히려 매년 추가 공급이 지속되는 것과는 반대로 소비량이 줄어 비축 관리에 드는 비용이 증가하는 상황이다. 하지만 한국의 곡물자급률은 구조적으로 쌀과 괴리를 보인다. 밀, 옥수수, 콩은 생산이 가능함에도 불구하고 수입에 의존하고 있는 반면, 쌀은 매해 재고가 증가하는데 증산정책을 고수하고 있기 때문이다. 과학기술로 식량공급량을 높이는 것도 중요하지만, 수요를 기반으로 작물 생산체계를 바로잡는 게 우선이다. 방향이 적절해야 공급량 증대가 효과를 보일 수 있기 때문이다. 쌀처럼 공급으로만 기울어진 구조에서는 과학기술에서 돌파구를 찾는 것이 의미가 없다. 한국의 식량위기는 쌀 중심의 농업구조에서 비롯될 가능성이 높다. 실제로 과거 사례를 보면, 밀 공급이 부족하다고 쌀 수요가 늘어나지는 않았다. 심지어 밥쌀 소비가 비약적으로 증가할 가능성보다 밀과 콩을 더욱 많이 소비할 개연성이 높다. 따라서 반드시 수요와 공급을 연결해 시장을 바라봐야 한다. 농업구조 개선으로 식량의 수요에 맞춰 공급 체계를 수립해야 과학기술이 생산 한계를 극복하는데 탄력을 더할 수 있다.

현재 한국의 곡물자급률은 19%대다. 곡물자급률 향상을 위해서는 가루쌀과 밀의 이모작으로 밥쌀의 초과 생산을 줄이고, 가루쌀과 밀의 혼용으로 국내 수요를 충족해야 한다. 가루쌀의 강점은 밀을 대체할 수 있다는 점이다. 이와 함께 전략작물 직불제로 곡물의 다변화를 모색하며 수입의존도를 낮춰야 한다. 또한 밥쌀의 과잉생산구조를 개선하는 과정에서 반드시 고려해야 할 사항은 종자 개발이다. 한국은 한해 평균 1,000억원 이상의 종자 로열티를 해외기업

에 지불하고 있다. 농업 강국으로 거듭나기 위해서는 종자 개발에 주력해야 한다. 농업구조 개선과 종자경쟁력 강화는 과학기술과 시너지 효과를 발휘할 수 있다. 디지털 전환 환경에서는 농가 인력 부족을 기술로 보완하며 수요와 공급에 바탕을 둔 종자 개발이 가능하다. 이를 통해 식량위기를 극복하며 식탁 위를 구성하는 자유로움을 유지할 수 있다.

---

❶ 전략작물 직불제 : 식량안보 향상 및 쌀 수급 안정 등을 위해 농림축산식품부에서 2023년부터 본격적으로 시행하고 있는 제도다. 밀, 콩, 옥수수 등 수입의존성이 높거나 논에서 밥쌀용 벼 재배를 대체할 수 있어 논 이용률을 높일 수 있는 전략작물을 재배하는 농가에 직불금을 제공하는 형태다.

답안 분석

식량위기를 체감할 수 있는 공간으로 식탁을 설정했습니다. 물가상승으로 식재료 선택에 제한을 받는 상황은 위기의식을 고조합니다. 서민이 받을 경제적 타격이 사회불안과 붕괴로 이어질 수 있음을 언급하며 식량위기를 강조했습니다.

한국보다 작은 영토에서 농업 대국으로 성장한 네덜란드의 사례는 과학기술의 중요성을 나타내는 데 유용합니다. 이 단락에서는 네덜란드처럼 한국이 자체적인 기술로 식량자급률을 높이는 것이 가능함을 제

시했습니다. 또 과학기술은 종자 개발과 농업의 디지털 전환을 포괄합니다. 한국의 농업은 밥쌀에 편중된 생산구조를 갖추고 있습니다. 쌀 소비가 줄고, 밀 소비가 증가하는 지금의 상황과 맞지 않는 생산구조를 혁신해야 식량자급률을 높일 수 있습니다.

밀을 대체할 수 있는 가루쌀은 종자 개발과 관련된 사례입니다. 이를 통해 농업구조 개선의 필요성을 언급했습니다. 로열티 수익은 농업경쟁력 강화에 이어 식량자급률 향상에 이바지할 수 있으므로 중요합니다. 수요 중심의 농업구조 개선은 공급 중심의 과학기술과 균형을 이룹니다. 마지막에는 식탁 위로 장면을 전환해 선택의 자유로움을 덧붙이며 식량위기를 극복해 얻을 수 있는 부분을 체감이 가능한 형태로 기술했습니다. 시대

자기소개서 작성 팁을 유튜브로 만나자!

필자 소개

정승재(peoy19@gmail.com)
홈페이지 오로지첨삭(www.오로지첨삭.한국)
　　　　　오로지면접(fabinterview.com)
　　　　　유튜브 채널 : 오로지첨삭
저서 <합격하는 편입자소서 & 학업계획서>
　　　<합격하는 취업, 자소서로 스펙 뛰어넘기>

공정한 가맹거래 질서 확립을 위해!
가맹거래사

가맹거래사란?

프랜차이즈(가맹)란 가맹본부가 가맹점사업자로 하여금 자기의 영업표지(브랜드)를 사용하여 상품 또는 용역을 판매하도록 하고 그 경영 및 영업활동 등에 대한 지원·교육을 하며, 가맹점사업자는 그 대가로 가맹금을 지급하는 계속적인 거래관계를 말한다. 국내에서는 프랜차이즈 도입 초기부터 외식업 분야를 비롯해 학원, 미용, 극장, 물류, 정보통신 등에 이르기까지 다양한 분야에서 꾸준한 성장세를 보여왔다. 그러나 적지 않은 수의 가맹본부가 영세한 규모로 운영되어 가맹금을 지급받는 가운데 가맹점사업자에 대한 적절한 지원·교육을 제공하지 않는가 하면, 일부 대형 가맹본부에서는 우월한 지위를 이용해 가맹사업자에게 부당한 요구를 하거나 부적법한 통제를 가하는 경우도 있었다.

가맹사업은 특허-상표 등의 지식재산권을 포함해 계약법, 부동산, 마케팅, 세무, 노무 등 여러 분야의 전문성을 요구하는 특수한 분야인만큼 공정한 거래 질서를 확립하고, 가맹사업 전반에 대한 경영 및 법률서비스를 제공하기 위해 가맹거래사 자격시험이 도입됐다. 가맹거래사는 가맹사업의 사업성 검토, 가맹사업 당사자에 대한 교육 및 훈련, 정보공개서와 가맹계약서의 작성 및 수정에 관한 상담이나 자문, 분쟁조정신청대행, 정보공개서 등록신청대행 등 가맹사업에 필요한 전반적인 업무를 모두 수행한다.

자격증 취득정보 및 관련 자격

가맹거래사 시험은 국가전문자격으로 산업인력공단에서 시행하고 있으며, 응시자격에 제한이 없다. 다만 관련 규정에 의해 결격사유에 해당하는 자는 가맹거래사 자격을 취득할 수 없다. 시험은 1차와 2차로 나눠서 치러지며, 두 시험 모두 100점 만점을 기준으로 과목당 40점 이상, 전 과목 평균 60점 이상을 득점해야 한다. 1차 시험은 경제법, 민법, 경영학 3과목으로 구성돼 있으며, 객관식 5지 택일형으로 과목당 40문제가 출제된다. 2차 시험은 가맹사업거래의 공정화에 관한 법령 및 실무, 가맹계약에 관한 이론 및 실무 2과목으로 과목별 논술형 1문항과 서술형 2문항이 출제된다. 2차 시험에 합격한 후에도 실무수습 및 자격증 교부, 가맹거래사 등록을 마쳐야 하며, 등록증을 교부받은 이후부터 가맹거래사 업무를 수행할 수 있다.

가맹거래사는 가맹거래와 관련한 지식재산권과 계약법에 대한 법률서비스를 제공한다는 점에서 법무사, 변호사와 비슷한 업무를 수행한다고 볼 수 있다. 다만 가맹거래사는 가맹거래와 관련된 법률서비스에 특화된 반면, 법무사와 변호사는 가맹거래사보다 포괄적인 법률서비스를 제공하고 시험의 난도도 더 높다. 또 가맹거래와 관련해 노무 분야와 세무·회계 분야의 상담·자문을 행한다는 점에서 노무사, 세무사의 업무영역과도 각각 중첩된다. 따라서 변호사와 회계사, 법무사 자격을 취득한 사람이 가맹거래사 자격을 추가로 취득해 기존의 전문성과 결합해 운영하기도 한다.

자격전망 및 시험일정

가맹거래사는 가맹사업자의 권익보호뿐만 아니라 가맹본부가 제반법령을 준수하도록 하며, 가맹본부의 브랜드 및 노하우와 가맹희망자의 자본을 연결해주는 중간매개자의 역할을 수행한다. 현재에도 많은 산업 분야에서 가맹사업화가 진행되고 있는 만큼 전망이 매우 유망한 전문자격으로 꼽히고 있다.

가맹거래사 자격을 취득하면 가맹거래사가 운영하는 사무실이나 법인에 취직할 수 있으며, 프랜차이즈 본사 등 가맹본부에 취직해 영업관리, 점포개발, 상권개발, 계약관리 업무 등을 수행할 수 있다. 또한 공정거래위원회 등 공기업에 공채로 취직하는 데에도 도움이 된다. 나아가 개인사무실 또는 법인을 설립해 창업을 하고 프랜차이즈 창업에 대한 컨설팅 서비스를 제공할 수도 있다. 시대

제21회 가맹거래사 시험일정

구분	원서접수기간	시험일자	합격자발표
1차	1. 30(월)~2. 3(금)	3. 4(토)	4. 5(수)
2차	5. 8(월)~5. 12(금)	6. 10(토)	8. 16(수)~10.14 (토)

2023 가맹거래사 1차 필기 한권합격

가맹거래사 시험에 주로 나오는 이론들만 수록해 효율적인 학습이 가능하고, 13년간의 기출데이터를 분석해 빈출이론을 한눈에 파악할 수 있도록 했다. 주요 판례를 함께 표기했으며, 2022년 최신기출문제 및 적중예상문제까지 모두 수록한 도서다.

편저 김선조, 김완중, 홍성철

상식 더하기 +

생활정보 톡톡!   **154**

집콕러를 위한 홈필라테스   **156**

유쾌한 우리말·우리글 상식   **158**

세상을 바꾼 세기의 발명   **160**

미래로 가는 IT   **162**

잊혀진 영웅들   **164**

한 입에 꿀꺽! 쉬운 인문학   **166**

문화가 산책   **170**

3분 고전   **172**

독자참여마당   **174**

WHY?

마스크 벗자니 걱정 …
입 냄새의 원인과 예방은?

냄새가 날까봐 벗을 수가 없어요

1월 30일 실내마스크 착용 의무가 해제되면서 모처럼 다중이용시설 등 실내의 많은 곳에서도 마스크의 답답함을 덜게 됐습니다. 그런데 실내마스크가 해제되면서 걱정거리가 생긴 사람들이 있습니다. 바로 입 냄새가 나는 사람들이죠. 그간 코로나19 방역수칙에 따라 마스크를 쓰면서 입 냄새를 숨길 수 있었지만 이제 더는 감출 수 없게 됐습니다.

입 냄새는 왜 나는 걸까?

입 냄새 관리법에 대해 알아볼까요? 우선 입 냄새의 원인을 알아야 합니다. 입 냄새의 80%는 구강 문제로 발생하는데요. 구강 내 특정 세균이 음식물, 치석과 반응해 생성된 악취성 기체로 인해 입 냄새가 나게 됩니다. 치아에 치태, 치석이 쌓여 염증이 있는 환자의 경우 입 냄새가 날 가능성이 높습니다.

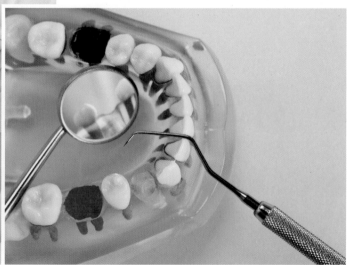

입 냄새는 구강 외 부위에서 발생하기도 하는데요. 비염·축농증 환자는 입 안이 마르면서 구취가 생기기 쉽습니다. 소화기 질환도 입 냄새를 유발하는데, 역류성 식도염 환자의 경우 음식물이 역류하면서 세균이 증식해 입 냄새가 날 수 있죠. 이외에도 신부전, 간경변 등 다양한 질환이 입 냄새를 유발합니다. 입 냄새를 확인하려면 양손을 모아 숨을 뱉거나, 손등에 침을 묻혀서 냄새를 맡아보면 됩니다. 플라스틱 스푼이나 설압자로 혀의 뒷부분을 긁어 냄새를 확인할 수도 있죠.

입 냄새의 예방법은?

그러면 입 냄새는 어떻게 예방할 수 있을까요? 이효정 분당서울대학교병원 치과 교수는 양치를 잘하는 것이 가장 중요하다면서 "규칙적으로 스케일링을 하고 스크레이퍼(혀를 긁는 기구)로 목에 가까운 쪽 혀를 치약을 묻히기 전 피가 나지 않을 정도로 닦아주면 효과가 있다"고 설명했습니다. 또 "물을 자주 섭취하고, 너무 달지 않은 과일과 물기가 많은 섬유질 채소를 먹는 게 도움이 된다"고 덧붙였습니다.

구강 문제로 입 냄새가 날 경우 일단 치석이나 치태, 충치나 잇몸 질환이 있는지 검진해야 합니다. 또 타액분비량을 측정해 구강건조가 심한 경우 타액성분과 비슷한 스프레이를 처방받고, 건조감을 방지하는 연고나 타액이 조금씩 나오게 하는 패치 등을 사용할 수 있습니다. 박혜지 강동경희대치과병원 구강내과 임상교수는 "예방을 잘했는데도 구취가 난다면 치과뿐만 아니라 이비인후과를 찾고, 소화기에 문제가 있을 수도 있기 때문에 병원 내원을 고려해야한다"고 조언했습니다. 시대

마스크 속 입 냄새 걱정 …
혹시 '가성 구취'는 아닐까?

코로나 19로 마스크를 쓰고 생활하는 것이 보편화되면서, 스스로 입 냄새가 난다고 생각하는 사람들도 많아졌습니다. 마스크를 쓰고 호흡하다보니 자신의 날숨을 맡고 그렇게 느끼는 경우가 심심치 않게 있는데요. 걱정을 넘어 공포감까지 유발하기도 합니다. 그런데 전문가들에 의하면 이는 실제 구취가 아닌, '가성 구취'일 가능성이 높다고 합니다.

가성 구취는 실제로는 입 냄새가 거의 나지 않는데도 난다고 느끼는 망상 구취의 일종이라고 합니다. 이런 사람들은 병원에 가서 구취 검사를 해도 구취 유발물질이 측정되지 않는다고 하는데요. 사실 마스크는 착용하는 그 자체만으로 냄새를 만든다고 합니다. 숨을 쉴 때 입에서 침과 세균이 발산하게 되고 이것이 마스크에 달라붙어 번식하며 냄새를 유발하게 됩니다. 이 때문에 마스크의 냄새를 자신의 입 냄새로 오해하는 경우도 많다고 하는데요.

실제로 의사들의 말에 의하면 구취를 호소하며 병원을 찾는 환자들의 30% 정도는 가성 구취라고 합니다. 이런 환자들은 구강 내 질환이나 여타 구취의 원인이 되는 질병을 가진 것이 아닌, 마음에 문제가 있는 것인데요. 우선 지속적인 심리상담을 통해서 입 냄새에 대한 공포를 가라앉히는 것이 필요합니다. 또 입 냄새의 실체가 없음을 정확하게 인지시켜야 한다고 하네요.

세 번째 수업
씨저스

필라테스의 가장 큰 특징은 '안정화(Stabilization)'를 매우 강조한다는 것입니다. 하지만 이번 호에서 소개할 '씨저스(Scissors)' 동작처럼 동적인 동작을 할 때 머리와 몸통은 흔들림 없이 고정하고, 팔도 그저 다리가 몸쪽으로 다가오면 '가볍게 잡아주는' 정도로 쓴다는 것은 쉽지 않은 일입니다. 그래서 강사들도 움직이는 신체부위보다는 고정돼야 하는 부위에 대한 동작설명과 자세교정을 더 많이 하게 됩니다. 많은 강사들이 가장 고민하는 부분이 바로 이러한 동적인 동작을 설명할 때입니다. 수강생들에게 수업할 때는 되도록 부정적인 언어를 사용하지 않도록 교육받았기 때문입니다.

필라테스 수업을 할 때 강사는 최대한 부정적인 언어를 사용하지 않기 위해 노력합니다. 그래서 "머리 움직이지 마세요", "몸통 흔들리지 않아요"라는 말 대신 이렇게 말을 하게 됩니다.

"다리가 혼자 알아서 움직이는 것처럼 동작을 해보세요"

씨저스 동작을 할 때 '골반을 움직이지 않고' 다리가 몸통 쪽으로 가까이 오도록 하려면 장요근이 잘 기능을 해주어야 합니다. 장요근은 엉덩허리근이라고도 하며 장골근(엉덩근)과 대요근(큰허리근)을 합쳐서 부르는 명칭입니다. 요추에서 허벅지까지 연결된 두 근육을 하나의 이름으로 부르는 이유는 일상적인 움직임에서 두 근육이 하는 일이 같기 때문입니다. 복부의 근육들이 사실상 하나로 기능하는 것처럼 장골근과 대요근도 기능적으로는 하나의 근육으로 봅니다.

골반은 자세히 보면 여러 개의 뼈가 합쳐진 구조물인데, 그중에서도 가장 넓적하고 큰 뼈인 장골에 있는 근육이 장골근입니다. 대요근은 척추뼈 중에서도 허리 부분에 붙은 근육을 말합니다. 이 두 근육은 골반과 다리에 위치한 다른 근육들과 함께 관절의 각도가 정상범위를 넘어서 커지는 힘을 방지하고, 두 발로 서 있을 때 자세를 유지할 수 있도록 관여하고 있습니다.

허리와 골반에서 시작되어 아래쪽으로 내려와 허벅지뼈인 대퇴골의 가장 윗부분에 붙은 장요근은 흔히 '사타구니를 접는다'라고 표현하는 고관절의 움직임을 담당하는 근육입니다. 씨저스 동작에서 오른쪽 다리가 얼굴로 가까이 오는 상황이라면 오른쪽 장요근이 수축하는 것이고, 왼쪽 다리가 가까이 오는 상

황이라면 왼쪽 장요근이 수축하고 있다고 볼 수 있습니다. 🏠

HOME PILATES

씨저스(Scissors)

❶ 천장을 보고 누워주세요.

❷ 머리를 들어 올립니다.

❸ 그 상태로 양손으로 오른쪽 발목을 잡아 몸 쪽으로 두 번 당깁니다.

❹ 두 번째 당길 때 얼굴 쪽으로 더 가까이 당겨주세요.

❺ 이때 오른쪽 다리는 무릎을 최대한 편 상태를 유지해 주세요.

❻ 왼쪽 다리는 먼 곳을 향해 최대한 길게 뻗습니다.

❼ 두 다리의 위치를 바꿔 양손으로 왼쪽 발목을 잡아 몸 쪽으로 두 번 당깁니다.

❽ 두 번째 당길 때 이번에도 더 가까이 당겨 다리가 얼굴과 가까워지도록 합니다.

❾ 오른쪽 다리는 멀리 뻗어줍니다.

❿ 오른쪽과 왼쪽을 한 번씩 하면 1회에 해당합니다. 이 동작을 6~10회 반복해 주세요.

필라테스로 배우는 근육의 세계

쉽게 배우는 필라테스! 강사의 지도 없이 혼자서도 따라 할 수 있는 필라테스 동작들과 우리 몸에서 중요한 근육들을 소개한다.

저자 김다은
필라테스 강사이자 아들러를 전공한 상담 전문가. 새로운 프로그램을 만들어 제공하는 콘텐츠 크리에이터로도 활동하고 있다.

천문, 기상과 관련된
우리말

"자연이 하는 일에는
쓸데없는 것이 없다"

- 고대 그리스 철학자, 아리스토텔레스

과거에는 한 해 농사가 나라 전체를 좌지우지할 만큼 농업이 중요하게 여겨졌다. 매일같이 하늘을 쳐다보며 언제 비가 올지 예측하는 것은 백성의 삶을 윤택하게 하는 실용성과 함께, 하늘의 뜻에 따라 왕위에 올랐다는 정통성 차원에서도 지대한 관심사일 수밖에 없었다. 그래서 예로부터 우리 조상들은 천문이나 기상에 매우 민감했고, 해와 달, 구름, 바람 등 각종 현상에 각각의 이름을 붙여가며 하늘의 변화를 살피곤 했다.

기상과 관련된 우리말

해와 관련된 단어로 흔히 해가 떠올라 동쪽 지평선 하늘이 붉어지는 것을 '아침놀', 해 질 무렵 서쪽 하늘이 붉어지는 것을 '저녁놀'이라고 한다. '놀'은 '노을'의 준말인데, 국립국어원에 따르면 본말과 준말이 다 같이 널리 쓰이면서 준말의 효용이 뚜렷이 인정되는 만큼 두 단어 모두 표준어다. 또 해에서 나오는 빛줄기를 일컫는 '햇살'의 '살'은 '해나 별 따위의 천체에서 뻗쳐 오는 기운'이라는 의미로 햇살 외에 '급살', '역마살'처럼 나쁜 기운이라는 의미로도 사용된다. 아울러 나이의 단위인 '살' 역시 하늘에서 뻗어 나온 기운을 몇 년째 받고 있다는 의미이며, 사람이 목숨을 이어나간다는 뜻의 '살다'도 '살'에서 파생된 말이다.

해만큼 중요하게 여겨진 것이 달이다. 우리 민족은 늘 동그란 모습을 유지하는 해보다 매일 밤 모습을 바꾸는 달을 더 중요한 상징으로 여겼다. 그래서 달의 변화하는 모습에 따라 정한 음력을 사용했는데, 음력 초하루에 보이는 달을 '초승달'이라고 불렀다. 원래는 '초생(初生)달'이었으나 형태가 변해 현재는 초승달만 표준어로 인정한다.

천둥과 같은 말로 쓰이는 '우레'는 '하늘이 운다'는 뜻에서 만들어진 단어로 한동안 우레를 한자어로 잘못 인식해 '우뢰(雨雷)'를 표준어로 표기하기도 했다. 통상 '울다'에 접미사 '게'가 합쳐져 '울게−울에−우레'가 됐다고 알려져 있으나, 현재에는 사라져 쓰이지 않는 중세국어 '우르다'에서 파생된 말이라는 의견도 존재한다. '우레'와 유사한 형태로 만들어진 '번개'도 하늘이 번쩍 빛난다는 뜻으로 '번쩍이다'에 접미사 '게'가 합쳐져 '번게'로 쓰이다가 오늘날 '번개'로 바뀐 것이다.

바람과 관련해서도 동풍은 '높새바람', 서풍은 '하늬바람', 남풍은 '마파람', 북풍은 '높바람' 또는 '된바람(센 바람)' 등 다양하게 표현했다. 구름이나 비 또한 모양에 따라 이름을 붙였는데, '뭉게구름', '새털

구름', '꽃구름', '가랑비', '달구비(굵은 비)', '여우비', '싸락눈', '가루눈', '함박눈' 등 예쁜 이름이 많다. 비가 온 뒤 뜨는 '무지개'는 '물로 만든 문'이라는 의미로 '물(水)'과 마루와 방 사이에 난 문(戶)을 뜻하는 '지게'가 합쳐져 만들어진 단어로 원래 '므지게'로 쓰이다가 형태가 변한 것이다.

밤하늘과 관련된 우리말

천체와 관련된 단어도 많다. 해와 달을 제외하고 밤하늘에서 가장 빛나는 금성은 새벽 동쪽 하늘에서 보일 때는 '샛별', 저녁 서쪽 하늘에서 보일 때는 '개밥바라기별'이라고 불렀다. '바라기'는 작은 그릇이라는 뜻의 우리말인데, 개가 배가 고파 저녁밥을 바랄 무렵에 보이는 별이라는 의미에서 붙은 이름이라고 추정하기도 한다.

북쪽 하늘에서 밝게 빛나는 북극성은 우리말로 '붙박이별'이라고 한다. 사람의 눈으로 보면 위치가 거의 변하지 않는 것처럼 보여서 붙은 이름이다. 다른 별들이 북극성을 중심으로 움직이는 자전(自轉)현상에 대해서는 '제돌이'라고 표현했다. 또 밤하늘을 가로질러 흐르는 빛의 띠를 뜻하는 '은하수(銀河水)'를 제주에서는 '미리내'라고 불렀다. 일반적으로 용을 뜻하는 우리말 '미르'와 개울 또는 시내를 뜻하는 '내'가 합쳐져 만들어졌다고 알려져 있다. 시대

알아두면 쓸데 있는 유쾌한 상식사전 -우리말·우리글편-

내가 알고 있는 상식은 과연 진짜일까?
단순한 호기심에서 출발할 수 있는 많은 의문들을 수많은 책과 연구 자료를 바탕으로 파헤친다!

저자 조홍석
아폴로 11호가 달에 도착하던 해에 태어났다.
유쾌한 지식 큐레이터로서
'한국의 빌 브라이슨'이라 불리길 원하고 있다.

살리기 위해 잠재우다
마취제(Anesthetic)

"무통수술에 무통분만이라니! 그건 의사와 환자가 짜고 하는 쇼에 불과합니다."

중구난방으로 떠들어대는 통에 회의장이 소란스러웠다. 그들의 비난을 화살처럼 온몸으로 받고 있던 사내가 의자에서 몸을 일으켰다. 그리고 좌중을 한번 휘둘러본 다음 입을 열었다.

"마취는 쇼가 아닙니다. 마취제의 효과를 믿지 못하겠다면 반대하는 분들께서 마취 없이 수술이나 생살을 도려내는 시술을 받아보시지요. 그런 다음에 반대하셔도 늦지 않습니다."

목소리를 높이던 사람들이 움찔했다. 그러자 이번에는 신학자들이 나섰다.

"수술이나 출산의 고통은 하나님이 우리에게 주신 것입니다. 하나님께서 '내가 네게 임신하는 고통을 크게 더하리니 네가 수고하고 자식을 낳을 것(창세기 3장 16절)'이라 하셨으니 여성이 분만할 때 잉태의 고통을 받는 것은 하나님의 섭리입니다. 이를 피해 가는 것은 하나님의 말씀을 거역하는 일입니다."

이에 사내는 조용히 답했다.

"창세기 2장 21절에 '하나님께서 아담을 깊이 잠들게 하신 후 아담의 갈빗대를 하나 뽑아'라는 구절이 있습니다. 그런데 이때 아담이 통증을 느낀다는 표현이 한 구절이라도 있던가요? 육신을 가르는 데 수반되는 통증을 느끼지 못하도록 깊이 잠들게 하셨다고만 되어 있지요. 마취도 수술할 때 고통을 느끼지 않도록 잠시 깊은 잠을 재우는 것뿐입니다. 이래도 하나님께서 마취를 반대하신다고 할 것입니까?"

이날의 논쟁은 영국사회를 뒤흔들었다. 하지만 혼란은 오래가지 않았다. 영국의 통치자로서 '해가 지지 않는 나라'의 전성기를 이끌었던 빅토리아 여왕이 여덟 번째 아이를 마취제를 이용한 무통분만으로 출산했기 때문이다. 하나님의 마취법까지 들먹이며 마취제의 효과를 설명한 이는 스코틀랜드 출신 산부인과 의사 제임스 영 심슨(James Young Simpson, 1811~1870)이었다.

마취제가 없던 시절, 외과수술은 그야말로 고통의 도가니였다. 환자의 고통은 기본이고, 그것을 눈앞에서 바라보는 것도 모자라 고통에 겨운 환자의 발버둥과 싸우며 시술해야 하는 의사나 간호사들에게도 지옥 같은 일이었다. 때문에 대마나 아편과 같은 자연산 마약은 물론이고 독한 술로 정신을 못 차리게 만드는 방법들이 사용돼왔다. 로마의 네로 황제 시절에는 독한 포도주에 마비효과가 있는 약초 맨드레이크를 넣고 끓인 것을 먹였다는 기록도 있다.

제임스 영 심슨

마취 없는 절단 외과수술(삽화, 1793)

하지만 이 모든 것들은 고통을 얼마간 덜어줄 뿐이었지 완전히 잊게 해주지는 못했다. 그래서 수술 도중 환자가 고통에 의한 쇼크로 죽는 경우도 많았고, 고통이 무서워 수술을 거부하거나 생을 스스로 놓아버리는 사람도 적지 않았다. 이런 고통은 19세기가 돼서도 여전했다. 에딘버러대학의 산부인과 교수 심슨의 고민도 여기에 있었다. 그는 의사로서, 특히 남편으로서 분만의 고통에 주목했다. 질병이나 사고로 인한 수술은 평생에 한 번도 겪지 않을 수 있었지만 분만은 여성이 어머니가 되기 위해서는 피할 수 없는 일이었기 때문이다.

심슨이 처음에 선택한 해결책은 에테르였다. 에테르는 13세기부터 사용돼온 약물로 1800년대 초 중기로 흡입했을 때 통증에 무감해진다는 것이 알려지면서 수술에서 마취제로 사용되기 시작했다. 그런데 에테르는 결정적인 문제가 있었다. 마취에 걸리고 마취에서 깨는 데 시간이 너무 오래 소요돼서 즉각적인 수술이 필요할 때 사용하기 어려웠고, 과용하면 환각이나 사망까지 야기한다는 것이었다.

심슨의 연구는 새로운 마취용 물질을 찾는 데 집중됐다. 1847년 11월 4일, 그날 저녁에도 심슨은 전날과 마찬가지로 두 명의 동료와 화학물질들을 대상으로 실험을 했다. 그날의 실험대상은 클로로포름이었다. 실험을 위해 클로로포름을 흡입했고, 시간이 지나면서 그들은 기분이 좋아지고 유쾌해지기 시작했다. 그리고 다음 날 아침 눈을 뜰 때까지 정신을 잃고 쓰러져 있었다는 것을 확인했다.

클로로포름의 마취효능을 직접 확인한 심슨(펜화, 1847)

이후 심슨은 무통분만에 클로로포름을 사용한 것을 시작으로 팔 절단수술에까지 효과를 보았다. 심슨의 성과는 의학 교과서에 실렸고, 관심을 보인 왕실 초청으로 빅토리아 여왕을 진료하기도 했다. 이는 나중에 빅토리아 여왕이 여덟 번째와 아홉 번째 아이를 낳을 때 심슨의 클로로포름을 이용한 무통분만을 선택하는 데 영향을 줬다. 영국정부와 왕실도 그 공로를 인정해 스코틀랜드 출신인 심슨에게 준남작(Baronet)의 귀족작위를 수여하기도 했다.

현재 클로로포름은 이전의 에테르가 그랬듯 부작용과 위험성에 의해 프로포폴, 리도카인 등에 자리를 내준 지 오래다. 그러나 심슨의 발견으로 마취제가 상용화되면서 과거에는 감히 생각할 수도 없었던 맹장수술 등 내부 장기에 대한 수술이 가능해졌다. 의학기술이 새로운 시대를 맞은 것이다. ■

환경과 IT의 만남!?
스마트그리드

2023년 들어 가스와 전기를 비롯한 각종 공공요금이 오른다는 소식이 들리면서, 가계는 물론이고 소상공인·기업들의 불안감도 커졌다. 전 세계적인 에너지 대란이 갈수록 심화되면서 각국은 비명을 지르고 있다. 특히 전기 없이 단 하루도 살 수 없는 현대인들과 국가에게 전력 부족은 좀처럼 해결할 수 없는 발톱 밑의 가시 같은 고통이 된다. 이에 따라 전기의 생산은 물론이고 전력을 효율적으로 공급·관리할 수 있는 방안이 고안되고 있는데, 그 중 하나가 이번 호에서 이야기할 '스마트그리드' 다.

스마트그리드(Smartgrid)는 한마디로 '지능형 전력망'이라고 할 수 있다. 가정과 산업전반에서 쓰이는 전력망에 IT기술을 접목하여 전기수요를 지능적으로 조절하고 관리하는 시스템인 것이다. 가정에서 사용하는 가전제품과 공장에서 돌아가는 제조설비 등 전기가 통하는 것이라면 무엇이든 연결되어 효율적으로 관리가 가능하다. 전기수요를 효율적으로 관리할 수 있다는 것은 다시 말해 전기를 시간대별로 선택적으로 사용할 수 있다는 뜻이다. 가령 가정에서도 전력이 많이 드는 가전제품을 사용하고자 할 때에는 전기료가 가장 저렴한 시간대를 골라 사용할 수 있다. 이는 전력을 공급하는 쪽과 소비하는 쪽이 실시간으로 전력생산과 관련된 정보를 네트워크로 주고받을 수 있기 때문에 가능한 일이다.

다시 말해 스마트그리드의 요점은 전력의 효율적 관리다. 기존의 전력발전은 공급자가 수요량을 미리 예측하고 혹시 모를 상황을 대비해 예비율을 둬 예측량보다 15% 정도 더 많이 전력을 생산한다. 이렇게 전력을 생산하기 위해서는 필요한 것들이 많다. 익히 알려졌다시피 아직까지 우리나라를 비롯한 많은 국가에서는 여러 전력생산 방식 중에서도 화석연료를 이용한 발전비중이 높다. 전기를 생산하기 위해서는 물질을 태워서 열에너지를 얻을 연료가 필요하고, 발전설비와 에너지를 전기로 변환해 실어 나를 배전소와 전선도 있어야 한다. 그러나 이런 과정에 보태어 전력 사용량이 하루 중에도 일정하지 않다보니 결과적으로 버려지는 전기도 많다. 스마트그리드는 이러한 비효율을 극복하기 위한 대안인 것이다.

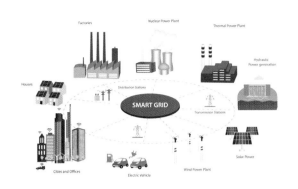

전기를 똑똑하게 다루는 방법

스마트그리드의 작동원리는 무엇일까? 스마트그리드의 핵심적인 기술은 AMI(Advanced Metering Infrastructure)라고 할 수 있다. 소비전력량을 파악하는 기존의 원격검침시스템인 AMR(Automatic Meter Reading)이 진보한 형태다. AMI의 주축이 되는 장치로는 스마트미터가 있다. 기계식 전력량계에 통신기능을 추가한 것인데, 실시간으로 전력사용량을 측정하고 이에 대한 데이터를 모아 전력공급자에게 전달한다. 이러한 정보들은 공급자 측에서 빅데이터로 통합하여 관리한다. 소비자는 스마트폰으로 간단하게 자신의 전력사용 분석내용을 살펴볼 수 있고, 공급자는 어떤 시간대에 전력을 공급하는 것이 효율적인지 파악한다. 그리고 시간대에 따라 적절한 가격으로 전력을 공급할 수 있다.

스마트그리드를 더 폭넓게 사용하면 가정뿐 아니라 기업과 공장, 도심 이곳저곳의 전력사용정보를 IT 기술로 포집하여 필요한 시간대에 필요한 전력을 군더더기 없이 나눌 수 있다. 정보들은 적합한 사용자 인터페이스(UI)로 구성된 애플리케이션으로 각 소비자들이 실시간으로 확인할 수 있다. 그래서 스마트그리드는 도시 전체의 인프라를 네트워크로 연결시켜 관리하는 '스마트시티' 개발에도 필수적인 요소다. 더 나아가 스마트그리드는 화석연료를 대체하게

될 친환경에너지 사용에도 도움이 된다. 전력생산이 불규칙한 친환경에너지는 그 특성상 생산전력을 저장하기 어려운 면이 있다. 그러나 스마트그리드를 활용하면 필요한 곳곳에 안정적으로 전력망을 확대·보급할 수 있게 된다. 또 전력공급관리에 인공지능을 활용하니, 사고나 공급중단 위기에도 선제적으로 매끄럽게 대응할 수 있다.

아직 상용화로의 갈길은 멀어

2022년 2월 러시아의 우크라이나 침공으로 시작된 에너지대란으로 스마트그리드의 필요성이 부각되고 있다. 세계적 IT기업을 보유한 미국과 에너지위기 직격탄을 맞은 유럽도 노후화된 전력망을 현대화하기 위해 막대한 비용을 투자하고 있다. 특히 에너지원료 대부분을 수입하는 우리나라의 경우 조금이라도 더 에너지를 아끼면서 사용할 필요가 있다. 정부는 2018년부터 2022년까지 지능형 전력망을 확산하기 위해 4조 5,000억원 정도의 자금을 투자해왔다. 실제로 한국전력공사는 2009년부터 2013년까지 제주도 구좌읍에 스마트그리드 실증단지를 조성하기도 했다.

이처럼 시장규모는 점점 커져가고 있으나, 아직까지 우리나라는 가시적인 성과를 내지 못하고 있는 실정이다. 먼저 현재의 전력공급시스템을 뒤엎고 스마트그리드가 적용된 모델로 교체하는 비용이 만만치 않다. 지난 2016년까지 진행된 제1차 지능형 전력망 기본계획에서는 AMI 보급목표를 미처 달성하지 못한 것으로 나타났다. 그러나 집집마다 AMI가 설치돼야만 스마트그리드를 실현할 기본요건이 마련될 수 있어 관련 대책이 필요하다. 아울러 네트워크가 수반되는 특성상 보안문제도 반드시 해결해야 할 문제다. 🔲

폭력은 없었다, 강제로 해산되기 전까지!
윌리엄 린튼

우리나라의 독립운동은 과거 우리만의 문제였으며 우리만의 과업이었다고 생각해왔다. 그러나 세계는 이미 우리의 독립운동을 '제국주의에 저항하고 이를 퇴치하기 위한 평화운동이자 인도주의운동'이라는 관점에서 바라보았고, 바라보고 있다. 하지만 2022년 3월까지 외국인 독립유공자는 전체 독립유공자의 0.43% 정도에 불과하다. 우리가 편협하게 민족주의 관점에서만 생각하는 동안 인류애적 관점에서 자유와 평화를 위해 함께 싸워준 사람이 있다.

**행진은 질서정연했습니다.
폭력도, 반항도 없었습니다.
일본정부가
군중을 강제로 해산하기 전까지는 말입니다.**

윌리엄 린튼
(1891.2.8~1960.10.13)

1919년 5월 강단에 오른 스물여덟 살의 선교사는 열띤 어조로 증언을 이어나갔다. 미국 애틀란타에서 열린 남장로교 평신도대회에 참석한 사람들은 숨을 죽이고 귀를 기울였다. 그날의 증언은 지역신문에 '세계역사에서 가장 놀라운 저항'이라는 제목으로 신문에 실렸다.

이어서 지역신문인 애틀란타저널에는 그날의 증언과 기조를 같이하는 기고글도 올라왔다. '한국인들이 어떻게 자유를 추구하는지에 대한 한 애틀랜타인의 증언(Atlantian tells how Koreans are seeking liberty)'이라는 제목이 붙어 있었다. 앞서 평신도대회에서 증언했던 청년 선교사가 쓴 글이었다. 청년은 전국을 돌면서 같은 내용의 증언도 이어갔다.

"3월 1일 전국에서 남녀노소를 불문한 인파가 쏟아져 나왔다. 폭력이나 무질서는 없었다. 일본정부가 이 봉기를 억누를 수 있는 유일한 수단은 참가자들을 체포하는 것이었다. 그래서 그들은 기병대를 보내 사람들을 말발굽으로 짓밟았다. 하지만 행진은 계속됐다. 결국 일본은 수천명의 한국인들을 총으로 쏘고 검으로 찔렀다. 감옥은 한국인들로 차고 넘쳤다. 어린이도, 노인도, 양반도, 종도, 그야말로 모든 사람이 있었다. 수천명의 항일운동가들이 총검에 짓밟혔으나 누구도 (폭력적) 저항을 하지 않았다."

그리고 비폭력 시민저항과 일제의 폭력진압의 실상을 고발하는 동시에 그 나라, 바로 한국 독립의 필요성과 지원의 필요성을 역설했다. 국가와 민족을 뛰어넘어 독립을 염원하는 한국을 돕고자 했던 청년 선교사는 한국에서 '인돈'으로 불린 윌리엄 알더만 린튼(William Alderman Linton)이었다.

린튼은 조지아공대 전기공학과를 수석으로 졸업하고 제너럴 일렉트릭(General Electric)에 입사가 예정되어 있던 수재였다. 그런 그가 보장된 미래를 뒤로 하고 아시아 동쪽 끝 작은 나라 대한제국으로 향한 것은 작은 우연 때문이었다.

그는 어머니가 사망한 후 대학 기숙사 대신 노스애비뉴 교회의 장로 집에서 기거하고 있었는데, 그 집에 한 선교사가 방문한 것이다. 1903년부터 목포에서 선교활동을 해온 선교사 존 프레스톤(John F. Preston)이었다. 프레스톤과의 대화를 통해 한국행을 결심한 린튼은 남장로교 선교사라는 신분으로 한반도 땅을 밟았다. 1912년 6월의 어느 날, 그때 그의 나이 스물두 살이었다.

린튼의 가족

린튼이 정착한 곳은 군산이었다. 이 시절 군산은 일제의 미곡수출항이었다. 조선총독부의 비호 아래 대규모 농장이 건설됐고, 군산의 주민들은 일본인 소유 농장의 소작농이 되거나 낮은 임금을 받고 부두에서 가혹한 육체노동을 감수하고 있었다. 그곳에서 그는 군산선교지부에 속한 영명학교에서 교육선교를 시작으로 1년 만에 한국어를 익혀서 우리말로 성경과 영어를 가르쳤다. 1917년 전임이었던 베너블 선교사가 한국을 떠났을 때에는 영명학교 교장으로 임명됐다.

그러는 사이 1919년 3월이 됐다. 전국 각지에서 만세시위가 벌어졌다. 이에 그는 3월 5일로 예정된 군산의 만세운동을 은밀히 지원했다. 후에 일제가 그의 집과 교회 등을 수색했을 때 쓰고 남은 독립선언서 등사본만 2,000매가 넘었다. 또한 동료 교사들과 함께 만세운동을 선동하기도 했다. 이런 분위기 속에서 군산의 3·5만세운동은 호남 최초의 만세운동으로 당시 참여인원만 3만 7,000여 명에 달했고, 이후 전북지역에서 28차례에 걸쳐 일어난 만세운동의 촉매역할을 했다.

1919년 5월 안식년을 맞아 미국으로 돌아갔지만, 그는 그곳에서 강연과 기고를 통해 한국 만세운동의 정당성을 알리고 일제의 만행을 폭로했으며, 지지를 호소했다. 그리고 끝내 돌아와 영명학교, 전주신흥학교, 기전여학교 교장을 역임했다. 그러다 민족지도자로 불리던 이들마저 변절하고 신사에 먼저 나아가던 때에 전주신흥학교 교장으로서 신사참배를 거부해 1940년 결국 미국으로 추방됐다.

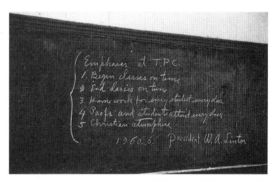

린튼이 학교 칠판에 남긴 유언(1960년 6월)

린튼은 1946년 광복을 맞은 한국에 돌아왔다. 그리고 1956년 한남대(옛 대전대학)를 설립하고 1960년 암으로 세상을 떠날 때까지 초대 총장으로서 대학의 기반을 다지는 데 헌신했다. 대한민국정부는 2010년 외국인으로는 드물게 독립운동과 인재양성, 사회정의 구현에 앞장선 공로로 건국훈장 애족장을 추서했다. ◼

생존을 위한 이동, 유럽을 점령하다

게르만족 대이동

Volkerwanderung

200년간 계속된 북방 게르만족의 대규모 남하

#반달족 #수에비족 #부르군드족 #프랑크족

'제국의 과정 : 파괴'(1836), 토머스 콜

410년 8월 24일.

제국의 심장이자 '영원의 도시' 로마에 불길이 치솟았다. 도시의 방어선은 진즉 무너졌다. 시내를 관통하는 테베레강을 따라 약탈이 벌어졌다. 남자들은 죽임을 당했고, 여자들은 겁탈을 당했다. 칼과 도끼를 피해 달아나다가 넘어뜨린 등잔이 만든 화재와 이방인들이 보란 듯이 저지른 방화에 불길과 연기가 사방에서 치솟았다. 도시의 자부심이던 동상들은 머리가 잘리고 손발이 잘려나갔다. 공공시설뿐만 아니라 역대 황제들의 묘소도 산산이 파괴됐다. 그렇게

아테네에 입성하는 알라리크 1세(1920년대)

로마는 사흘 동안 북방의 이민족, 알라리크 1세가 이끄는 서고트족에게 무참히 짓밟혔다. 로마의 시인 성 제롬은 그날을 이렇게 기술했다.

**전 세계를 정복했던
도시가 정복당했다.**

2년 전, 408년에도 서고트는 로마를 포위하고 테베레강을 봉쇄해 항구를 통해 들어오는 곡물의 유입을 막았다. 이에 제국과 서고트족 사이에 협상이 시작됐다. 포위를 푸는 대신 서고트는 단순명료한 조건을 던졌다.

**모든 재산과 이민족 노예들을
모두 내놓아라.**

조건을 수락하면 로마에게 무엇을 남겨주겠냐고 묻는 제국 사자의 질문에 대한 답도 단순명료했다.

너희의 목숨!

서고트는 로마의 목숨값으로 2t이 넘는 금과 13t이 넘는 은, 4,000벌의 실크튜닉에 3,000장의 염색 가죽, 그리고 후추 1t을 넘게 받고 물러났다. 그러나 제국 내 안전한 정착이라는 목표가 흐지부지되자 2년 만에 다시 쳐들어온 것이었다. 200년, 길게는 700년 동안 이어질 게르만족 남하의 신호탄이었다.

'410년, 반달족의 로마약탈'(1890). 조셉 노엘 실베스트르

200~700년에 걸친 남하

게르만족은 원래 라인강과 도나우강 북동쪽에서 수렵과 목축, 농경에 종사하며 부족 단위의 원시적인 생활을 했다. 그들은 크게 동게르만족, 서게르만족, 북게르만족으로 나뉜다. 동게르만족에는 반달족·부르군트족·고트족, 서게르만족에는 앵글로족·색슨족·롬바르드족·수에비족·프랑크족, 북게르만족에는 노르만족이 있었다. 이들의 사회형태는 부족 형태에 지나지 않았지만, 충성과 보호라는 맹약을 근간으로 하는 전사조직을 갖고 있었다.

그런데 2세기경부터 남쪽, 지중해 연안의 번성한 문명을 침범하기 시작했다. 역사학자들은 이때 남하원인으로 기온하강, 인구증가, 경작지부족 등을 꼽는다. 초기 남하의 최종 목적지는 로마 영내였고, 추위와 배고픔을 피해 남하한 이들의 최종 목표는 약탈이나 점령이 아닌 정착이었다. 하지만 로마제국은 이들을 받아들이지 않았다. 때문에 로마의 장성(리메스)과 방위군단에 막혀 라인강을 두고 제국과 대치만 할 뿐이었다. 그러다 3세기 로마제국의 힘이 약해졌다. 국경방위도 소홀해졌다. 기회였다. 그들은 소규모로 제국 영역에 들어와 하급관리와 농민, 용병으로 원주민과 동화되어 살아가기 시작했다. 적어도 이때까지의 남하는 평화적 이주였던 것이다.

이러한 이주는 훈족의 서진과 함께 378년 서고트족에 의해 군사적인 침략으로 바뀌었다. 물론 이들이 처음부터 로마제국을 군사적으로 침략한 것은 아니었다. 376년 훈족의 공격을 받고 도나우강을 건너 동로마제국으로 쫓겨 왔고, 동로마제국의 황제 발렌스의 허락하에 트리키아(오늘날 불가리아)에 정착했다. 하지만 트리키아 총독 루피키누스가 서고트족을 착취하고 탄압하자 이에 서고트족이 반기를 들었다. 결과는 황제 발렌스가 전사한 제국의 패배였다.

프랑스, 에스파냐를 거쳐 북아프리카까지

그 후로도 이들은 발칸반도에 있는 로마의 속주들을 약탈하면서 정착할 곳을 찾아 이리저리 떠돌아다녔다. 이들의 침략행위는 테오도시우스 1세가 연방형태로 모이시아에 정착시킬 때까지 4년 이상 계속됐다. 테오도시우스 1세가 이들을 정착시킨 것은 그의 입장에서 보면 제국군을 게르만용병이 대신하고 있는 상황에서 이민족에 대한 차별은 로마제국의 멸망으로 이어질 수 있는 사안이기 때문이었다. 테오도시우스 1세가 기독교를 국교로 선포한 것도 이민족을 하나로 단결시키기 위해서였다.

그러나 평화는 테오도시우스 1세의 사망과 함께 물거품이 돼 버렸다. 재위를 이은 아르카디우스 황제가 서고트족에 대한 지급금 약속을 어겼기 때문이었다. 결국 서고트족을 비롯해 게르만의 일파인 반달족, 알란족, 수에비족이 라인강을 넘어와 침략행위를 이어갔다.

승리하는 횟수만큼 게르만족들의 기세가 높아졌다. 서고트족은 서로마제국으로 창끝을 돌려 3회에 걸친 이탈리아원정 끝에 로마를 정복하고 약탈을 자행했다. 이후로도 그들은 서진을 계속했고, 갈리아를 거쳐 에스파냐에 도착해서야 정주했다. 이 외 반달족, 수에비족, 부르군드족 등 동게르만족들 역시 라인강을 건너 갈리아로 들어왔고, 나아가 북아프리카까지 진출했다. 그리고 일개 부족의 지위를 탈피하여 번듯한 왕국으로서 서로마제국의 영토를 침식하며 동맹국의 지위를 쟁취했다.

이 모든 것이 100년에서 길게는 200년 동안에 일어났다. 그로 인해 영국과 북아프리카까지의 영토를 자랑하던 서로마제국은 각지에 정주한 게르만족이 세운 왕국에 잠식돼갔고, 연이은 항전으로 국력을

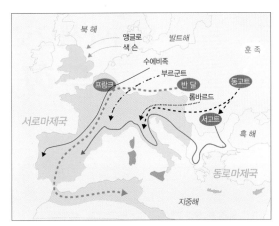

게르만족의 이동경로

소모해갔다. 결국 로마제국의 본산이라 할 수 있는 서로마제국은 476년 멸망하고 말았다. 서유럽의 주인이 로마인에서 게르만족으로 바뀐 것이다.

교회사적으로도 게르만족의 대이동은 큰 의미를 갖는다. 당시 교회는 로마제국 안에서 제도를 변화시키는 등 그 지위는 확고했지만, 사람들 내면 깊이 자리 잡지는 못한 상태였다. 그런데 게르만족에 의해 제국의 권위가 실추되고 행정의 붕괴와 침략의 위험으로 생활이 불안해지자 세속생활이 중심이던 다신교는 더 이상 위로가 될 수 없었다. 결국 그들은 기독교에서 위안을 찾았다. 무너진 행정조직과 황폐해진 사회의 혼란 속에서 교회가, 그리고 기독교가 유일한 희망으로 떠오른 것이다.

한편 지중해 쪽으로 남하한 게르만족들이 원주민에게 동화하거나 가톨릭과 대립하는 과정에서 소멸한 것과 달리 프랑크족을 비롯한 몇몇 강력했던 부족들은 그리스정교를 신봉하는 동로마제국에 대항하여 가톨릭교회와 제휴하여 게르만문화가 가득한 자신들의 왕국을 건설했다. 중세 서유럽 봉건사회의 시작이었다. 시대

영화와 책으로 보는 따끈따끈한
문화가 소식

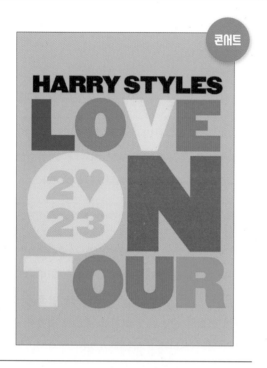

콘서트

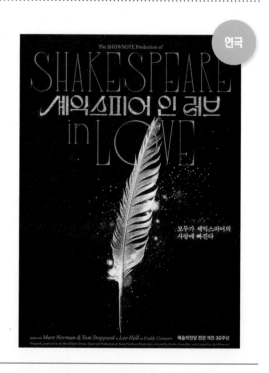

연극

해리 스타일스 첫 내한 공연

2023년 그래미 어워드에서 '올해의 앨범' 타이틀을 수상한 영국 가수 해리 스타일스가 첫 내한 공연을 연다. 4인조 보이밴드 '원디렉션(One Direction)'의 멤버로도 활동 중인 해리 스타일스는 2010년 영국의 오디션 프로그램인 '엑스 팩터'를 통해 얼굴을 알렸다. 이후 원디렉션을 결성하면서 영국 내 정상급 팝밴드로 발돋움했고, 빌보드 앨범차트 1위 등극과 함께 총 7,000만장 이상의 음반 판매고를 올리며 인기를 얻었다. 2016년 원디렉션이 무기한 활동 중지를 발표한 이후 그는 솔로 활동을 선언했으며, 2019년 그래미 어워드에서 '베스트 팝 솔로 퍼포먼스'를 수상하기도 했다.

주요 출연진 해리 스타일스 등
장소 KSPO 돔
날짜 2023.03.20

셰익스피어 인 러브

영국을 넘어 인류를 대표하는 극작가, 윌리엄 셰익스피어의 이야기를 소재로 한 연극이 한국 관객을 찾는다. 작품의 배경이 된 1999년작 동명영화는 이미 베를린 국제영화제와 아카데미, 골든글로브에서 다수의 상을 석권한 명작으로 평가받았다. 이 작품은 〈빌리 엘리어트〉 등을 쓴 영국 극작가 리 홀의 손으로 무대로 옮겨지게 됐다. 작품에 담긴 이야기의 골조는 '희곡 〈로미오와 줄리엣〉이 셰익스피어의 실제 이야기였다면?'이라는 상상력을 바탕으로 이뤄져 있다. 여기에 16세기 영국의 낭만과 유머를 가미해 유쾌하게 즐길 수 있는 작품이다.

주요 출연진 정문성, 정소민, 송영규 등
장소 예술의전당 CJ 토월극장
날짜 2023.01.28 ~ 2023.03.26

다비드 자맹 : 프로방스에서 온 댄디보이

1970년 프랑스 남부의 작은 도시 님므에서 태어난 화가 다비드 자맹은 어린 시절부터 고향에서 멀리 떨어진 도시에서 순수미술을 공부했으며, 1996년부터 세계 평단으로부터 주목을 받아 유망한 작가로 이름을 올렸다. 2021년 첫 내한 개인전에 이어 두 번째로 열린 그의 개인전에서는 오리지널 유화 작품 130여 점을 감상할 수 있다. 그의 유화는 청량함과 다정함을 겸비한 것으로 유명하다. 이번 전시회에서는 '댄디'라고 이름 붙인 그의 초상화 시리즈와 반 고흐, 피카소 등 그가 경애하는 거장들의 작품을 재해석한 유화를 맛볼 수 있다. 또 이번 한국 전시를 위해 손흥민, 김연아, 박찬욱 등 한국 스타들을 소재로 한 작품들도 특별히 선보인다.

장소 더현대서울   **날짜** 2023.02.04 ～ 2023.04.27

윌리엄 유리 하버드 협상법

'어떻게 더 나은 협상가가 되는지'에 대해 가르쳐온 세계 최고의 협상전문가 윌리엄 유리가 '윌리엄 유리식 하버드 협상법'을 완성해 출간했다. '하버드 로스쿨 글로벌 협상연구소'의 최고 연구위원으로 활동 중인 윌리엄 유리는 '성공적인 협상'을 방해하는 가장 큰 적수가 까다로운 상대가 아닌 바로 '나 자신'이라고 주장한다. 내가 진정 원하는 욕구와 가치를 찾아내 충족시키지 못한다면, 절대 만족할 만한 협상을 했다고 할 수 없다는 것이다. 그는 비즈니스 현장, 가족 간 다툼, 국가 간 분쟁 등 수많은 사례를 소개하면서, '나 자신'이 원하는 가치의 중요성을 전달하고 협상법을 터득하기 위한 구체적 실천법을 제시한다.

저자 윌리엄 유리   **출판사** 트로이목마

기후위기인간

평범한 취업준비생이 일상에서 맞닥뜨린 기후위기에 대한 이야기를 전해준다. 웹툰 〈기후위기인간〉의 작가 '구희'가 오밀조밀 그려낸 작품들이 한 권의 책으로 엮여 출간됐다. 이 웹툰은 우리가 일상에서 흔하게 만나게 되는 기후문제의 현장과 이에 대한 인식, 실천방향을 쉽고 유머러스하게 전달한다. 그가 전하는 '기후위기대처 실천법'은 대개 사소하게 지나칠 수 있는 것들이지만 결코 행하기 어렵지 않다. 또 책을 통해 제시하는 기후문제 또한 우리가 일상에서 흔히 직면할 수 있어 쉽게 공감을 산다. 우리는 귀여운 그림과 이야기에 미소를 지으면서도, 어느새 지구를 위해 나부터 뭔가를 해봐야겠다는 마음을 먹게 될 것이다.

저자 구희   **출판사** 알에이치코리아

내 인생을 바꾸는 모멘텀

박재희 교수의
마음을 다스리는 고전이야기

아프더라도 살을 도려내라

고육계(苦肉計) – 〈삼십육계(三十六計)〉

살다 보면 아프고 고통스러울 때가 있습니다. 끔찍하게도 특히 나의 가장 소중한 부분을 잘라내야 할 때가 그렇습니다. 예를 들어 영국의 어느 등산가가 바위 틈에 낀 자신의 팔목을 스스로 자르고 생존에 성공한 것이나, 자연계의 도마뱀이 유사시 자신의 꼬리를 포기하고 잘라내 생존하는 것도 당장은 아프고 고통스럽지만 일단은 살아야 한다는 생존을 위한 계책입니다. 이것을 병법에서는 고육계(苦肉計)라고 말합니다.

때로는 고통이 기쁨이 될 수도 있다고 합니다. 고통이 심해져 극에 다다르면 또 다른 기쁨이 찾아오듯이 내가 아끼는 것을 버리고 포기했을 때 새로운 살이 돋아날 수 있다는 역설입니다.

세상엔 버려야 될 것과 버려서는 안 될 것이 있습니다. 버려서는 안 될 것은 생존에 대한 열정과 희망입니다. 반면 버려야 할 것은 목표를 달성하는 데 방해가 되는 못된 습관과 안일함입니다. 당장 힘들더라도 못된 습관을 도려내는 순간 새로운 생존과 희망을 볼 수 있을 것입니다. 지금은 고통스럽고 아프더라도 고육계(苦肉計)는 생존을 위한 대안입니다.

敗戰計 – 苦肉計
패전계 – 고육계

절대열세가 예상될 때 쓰는 전략

–

내 몸을 상하게 하여
거짓을 진짜로 믿게 하라!

아픔은 잠시지만
기쁨은 영원합니다.

苦	肉	計
쓸 고	살 육	계책 계

흑우생백독(黑牛生白犢)

중국 춘추시대 송(宋)나라에 3대에 걸쳐 어질고 의로운 행동을 하는 농부가 살고 있었습니다. 하루는 그 집에서 기르는 검은 소가 까닭 없이 흰 송아지를 낳았습니다. 이에 그는 공자를 찾아갔습니다.

"우리 집에 흰 송아지가 태어났습니다. 그런데 그 부모되는 소는 모두 검은 소입니다. 이게 무슨 일일까요?"

공자는 다음과 같이 대답했습니다.

"그것은 길한 징조이니 그것을 하늘에 바시치오."

농부는 공자의 말에 의문을 갖지 않고 공자가 시키는 대로 했습니다. 그런데 1년 후 갑자기 농부의 눈이 멀었습니다. 아무런 이유도 없이 말이지요.

시간이 흘러 검은 소가 또 새끼를 낳았습니다. 이번에도 흰 송아지였습니다. 농부는 아들을 불렀습니다.

"나는 앞이 안 보여 불편하니 이번에는 네가 공자 선생에게 가서 어떤 의미인지 여쭤보도록 해라."

이때 아들이 말했습니다.

"지난번에도 공자 선생이 시키는 대로 송아지를 하늘에 바쳤지만 아버지 눈만 멀었습니다. 그런데도 또다시 그분에게 의견을 물으려 하십니까?"

그러자 농부가 빙그레 웃으며 말했습니다.

"성인의 말씀은 처음에는 어긋나는 일이 있더라도 뒤에는 반드시 들어맞는 법이다. 공연한 투정 말고 어서 그분께 답을 구해 오너라."

아들은 불만이 컸지만 아버지가 시키는 대로 공자를 찾아갔습니다.

"선생님, 이번에도 우리 집 검은 소가 흰 송아지를 낳았습니다. 이게 무슨 의미일까요?"

공자가 말했습니다.

"참으로 길한 조짐이오. 이번에도 그 송아지로 하늘에 정성껏 제사를 지내시오."

아들이 집으로 돌아와 공자의 말을 전하니 아버지가 말했습니다.

"공자 선생이 이르는 대로 행하자꾸나."

그러나 이번에도 불행이 찾아왔습니다. 제사를 지낸 지 1년이 지났을 때 아들의 눈도 보이지 않게 된 것입니다.

그런데 얼마 뒤 초나라가 쳐들어와 그들이 사는 성까지 포위하는 일이 벌어졌습니다. 장정들은 모두 성 위로 올라가 싸우다가 태반이 죽었습니다. 그러나 이들 부자는 앞을 볼 수 없었기 때문에 전장에 나갈 수 없었고, 결과적으로 화를 면할 수 있었습니다. 더 놀라운 것은 초나라 군사들이 포위를 풀고 물러나자 그들 부자의 눈이 멀쩡해진 것입니다.

검은 소가 흰 송아지를 낳았다[黑牛生白犢]는 이 이야기는 슬프고 괴로운 일이 있으면 기쁘고 즐거운 일도 있는 법이니 어려울 때 절대 낙담하지 말라는 교훈을 줍니다. 더불어 좋은 일이 있다 해서 경거망동하면 안 된다는 경고이기도 합니다. 좋은 시절이 한없이 계속될 것이라고 자만하거나 흥청망청하다 보면 어느 순간 갑자기 끝없는 나락으로 떨어질 수도 있습니다.

흑우생백독은 매사에 일희일비하지 말고 어려울 때 미래에 올 좋은 시절에 대한 희망을 잃지 말고, 좋은 시절에 어려울 때를 대비하는 삶의 지혜가 필요하다는 성현의 충고입니다. 그러니 지금 어렵더라도 희망을 잃지 말아야겠습니다. 시대

黑	牛	生	白	犢
검을 흑	소 우	날 생	흴 백	송아지 독

완전 재미있는 낱말퀴즈

가로

❶ 수도는 런던이며 영국의 구성국 중 하나
❸ 일의 끝맺음
❹ 그곳에 있지 아니함
❻ 범죄혐의가 뚜렷하지 않아 정식으로 입건되지는 않았으나 내부적으로 조사의 대상이 된 사람
❽ 외국에 머물면서 공부하는 학생

세로

❶ 다정하고 금실이 좋은 부부를 비유적으로 이르는 말
❷ 텔레비전에서 방송되는 극
❺ 용도를 바꾸거나 가공해 다시 사용할 수 있는 제품
❼ 외부적인 구속이나 무엇에 얽매이지 아니하고 자기 마음대로 할 수 있는 상태

	1			2	
				3	
	4	5			
		6		7	
				8	

참여방법 보기를 보고 가로세로로 낱말퀴즈를 풀어보세요. 낱말퀴즈의 빈칸을 모두 채운 사진과 함께 〈이슈&시사상식〉 3월호에 대한 감상평을 이메일(issue@sdedu.co.kr)로 보내주세요. 선물이 팡팡 쏟아집니다!

❖ 아래 당첨선물 중 받고 싶으신 도서와 이름, 주소, 전화번호를 함께 남겨주세요.

〈이슈&시사상식〉 2월호 정답

		1윤	달		
	2권	리			
	리				
	장		6평	민	7회
	3전	4문	점		유
		해		8책	9망
5잠	재	력			구

참여해주신 모든 분들께 감사드립니다.
당첨되신 분께는 개별적으로 연락드립니다.

당첨선물
정답을 맞힌 독자분들 중 가장 인상적인 감상평을 남기신 분께는 〈발칙하고 유쾌한 별별 지식백과〉, 〈소워니놀이터의 띠부띠부 직업놀이〉, 〈지금 내게 필요한 멜로디〉, 〈미국에서 기죽지 않는 쓸만한 영어 : 일상생활 필수 생존회화〉 등 푸짐한 선물을 드립니다!

❖ 참여하실 때는 반드시 희망 도서를 하나 골라 기입해주세요.

상식을 채워주는 책

 정＊철(화성시 반송동)

해가 바뀔 때마다 많은 것들이 바뀌곤 한다. 이런 시기일수록 세상에 어떤 일들이 벌어지는지 정확하게 목도하는 것이 중요하다고 생각한다. 이 도서는 여러 사건사고와 사회이슈 중에서도 필요한 정보만을 정리해 알려주는 책이다. 그동안 관심이 부족했거나 정확한 정보를 찾기 힘들다는 이유로 상식을 멀리하고 살았는데, 이 책을 읽으면서 부족했던 상식이 채워지는 느낌이 들었다. 중요하면서도 꼭 알아야 하는 내용만 정리했기 때문에 기본적인 지식을 확장하는 데 많은 도움이 된다. 취업 관련 정보와 논술 및 토론을 준비할 수 있는 자료도 있어 여러모로 유익하다.

알토란 같은 상식잡지

 유＊승(성남시 분당구)

〈이슈&시사상식〉은 지난 한 달간 화제가 됐던 이슈와 시사상식을 알토란처럼 모아놓은 상식전문 잡지다. 본문의 핵심이라고 할 수 있는 이달의 이슈 등이 수록된 '핫이슈' 파트를 포함해 시사상식문제와 용어를 알 수 있는 '필수 시사상식', 취업 관련 정보 및 기출문제가 수록된 '취업! 실전문제', 재미있는 읽을거리가 가득한 '상식 더하기'까지 다양한 코너로 구성되어 있다. 시사 현안별로 시험에 나올만한 문제들을 이 책 한 권으로 살펴볼 수 있고, 취업과 입시 목적이 아니더라도 상식의 스펙트럼을 넓힐 수 있는 유익한 도서라는 생각이 들었다.

얕지만 두터운 지식창고

 김＊환(인천시 부평구)

SD에듀에서 매월 꾸준히 출간되고 있는 월간지 〈이슈&시사상식〉. 이 책에는 뉴스에서 많이 나오는 어려운 시사용어들이 쉽고 깔끔하게 정리되어 있고, 기업의 취업일정 및 기출문제를 제공하고 있어 취업과 관련한 실전감각을 쌓을 수 있다. 이 도서의 핵심이라고 할 수 있는 이달의 이슈에는 총 20개의 이슈가 정리되어 있는데, 지난 한 달간 가장 화제가 됐던 이슈들을 한눈에 파악할 수 있게 구성되어 있다. 뉴스를 봐도 관련 정보가 부족해 이해가 안 되거나 어려운 사람들 혹은 바빠서 뉴스를 챙겨볼 시간이 없는 사람들에게 추천한다.

알차게 담긴 다양한 정보들!

 정＊은(고양시 일산서구)

우리나라 및 전 세계 각지의 뉴스와 시사상식 정보가 담긴 〈이슈&시사상식〉. 이 책에는 우리가 살면서 꼭 알아야 할 정보들을 한눈에 파악할 수 있도록 여러 코너가 주제별로 잘 정리되어 있다. 계속해서 변화를 거듭하는 세상의 흐름에 발맞춰 관련 이슈들이 쏟아져 나오는데, 이 책을 보다 보면 그러한 변화를 다양한 구성과 코너를 통해 쉽게 파악할 수 있어서 좋다. 또 시사용어와 상식과 관련된 문제, 취업에 도움이 될 만한 정보들이 한 권에 알차게 담겨 있어서 취업준비생들뿐만 아니라 직장인이나 학생 등 시사 공부에 관심 있는 누구라도 꾸준히 읽으면 좋을 것 같다.

독자 여러분 함께해요!

〈이슈&시사상식〉은 독자 여러분의 리뷰를 기다리고 있습니다. 분야·주제 모두 묻지도 따지지도 않습니다. 보내주신 리뷰 중 채택된 리뷰는 다음 호에 수록됩니다.

참여방법 ▶ 이메일 issue@sdedu.co.kr

당첨선물 ▶ 정답을 맞힌 독자분들 중 가장 인상적인 감상평을 남기신 분께는 〈발칙하고 유쾌한 별별 지식백과〉, 〈소워니놀이터의 띠부띠부 직업놀이〉, 〈지금 내게 필요한 멜로디〉, 〈미국에서 기죽지 않는 쓸만한 영어 : 일상생활 필수 생존회화〉 등 푸짐한 선물을 드립니다!

❖ 참여하실 때는 반드시 희망 도서를 하나 골라 기입해주세요.

나눔시대

함께 배우고 성장하는 배움터! (주)시대고시기획 시대교육(주) 입니다.
앞으로도 희망을 나누는 기업으로서 더 큰 나눔을 실천하겠습니다.
나눔은 행복입니다.

재외동포재단, 경인교육대학교
한국어능력시험 관련 교재 기증

장병 1인 1자격,
학점 취득 지원

전국 야학 지원
청소년, 어린이 장학금 지원

> **숨은 독자를 찾아라!**
>
> 〈이슈&시사상식〉을 함께 나누세요.
>
> 대학 후배들이 하루의 대부분을 보내고 있을 동아리 사무실에 〈이슈&시사상식〉을 선물하고 싶다는 선배의 사연
>
> 마을 도서관에 시사월간지가 비치된다면 그동안 아이들과 주부들이 주로 찾던 도서관을 온 가족이 함께 이용하게 될 것으로 기대한다는 희망까지…

〈이슈&시사상식〉, 전국 도서관
및 희망자 나눔 기증

양서가 주는 감동은 나눌수록 더욱 커집니다. 저희 〈이슈&시사상식〉도 힘을 보태겠습니다.
기증 신청 및 추천 사연을 보내주세요. 사연 심사 후 희망 기증처로 선정된 곳에 1년간 〈이슈&시사상식〉을 무료로 보내드립니다.

* 보내주실 곳 : 이메일(issue@sdedu.co.kr)
* 희망 기증처 최종 선정은 2023 나눔시대 선정위원이 맡게 됩니다. 선정 여부는 개별적으로 알려드립니다.

SD에듀
(주)시대고시기획

맞춤형
핏 모의고사

"**합격**" 보장! 각종 '시험' 합격 대비 도서

각 분야의 1등 강사진과 집필! 공무원 시험부터 NCS 및 각종 기업체 취업 시험, 중졸/고졸 검정고시와 같은 학습 관련 시험 및 매경테스트, 그리고 IT 관련 시험 및 TOPIK, G-TELP, ITT 등의 어학 시험 등 각종 시험에서의 '합격'을 보장하는 도서!

9급 공무원

경찰공무원

군무원

PSAT

지텔프(G-TELP)

NCS 기출문제

SOC 공기업

대기업 · 공기업 고졸채용

ROTC 학사장교

육군 부사관

한국사능력검정시험

영재성 검사

일본어 한자

토픽(TOPIK)

영어회화

엑셀